As Mulheres Mais Perversas da História

Shelley Klein

As Mulheres Mais Perversas da História

tradução
Dinah de Abreu Azevedo

Publicado pela primeira vez na Inglaterra em 2003 por Michael O'Mara Books Limited

Título do original: The most evil women in history
Capa: Pimenta Design
Imagens da capa: Catarina II (©Archivo Iconografico S.A./CORBIS); Tsi-hi e Myra Hindley (© Aulton-Deutsch Collection/CORBIS); Lizzie Borden (© Bettman/CORBIS); Elena Ceausescu (© Bernard Bisson/CORBIS SYGMA); Gravura (©Mary Evans Picture Library)
Coordenação editorial e editoração: AGWM Artes Gráficas
Preparação: Mineo Takatama
Revisão: Alessandra Miranda de Sá

Dados Internacionais de Catalogação na Publicação (CIP)
(Câmara Brasileira do Livro, SP, Brasil)

Klein, Shelley
As mulheres mais perversas da história / Shelley Klein ; tradução Dinah de Abreu Azevedo. — São Paulo : Editora Planeta do Brasil, 2004.

Título original: The most evil women in history

ISBN 85-89885-46-1

1. Biografias coletivas 2. Ditadoras - Biografia 3. Mulheres assassinas — Biografia I. Título.

04-6077 CDD-920.02

Índices para catálogo sistemático:
1. Mulheres perversas : Biografia : Coletâneas 920.02

2004

EDITORA PLANETA DO BRASIL LTDA.
Alameda Ministro Rocha Azevedo, 346 — 8º andar
01410-000 — São Paulo-SP
vendas@editoraplaneta.com.br

sumário

Introdução

O homem que não conhece mulheres doentias não conhece as mulheres
S. WEIR MITCHELL

Desde que Eva colheu aquela maçã fatídica da Árvore do Conhecimento do Bem e do Mal no Jardim do Éden, as mulheres têm usufruído, ou sofrido (dependendo do ponto de vista), de personalidade dividida, ou limítrofe. Como são elas que trazem as crianças ao mundo e pertencem ao gênero do qual se supõe que nutrir e cuidar sejam uma segunda natureza, as mulheres já foram chamadas de sexo delicado, belo sexo e sexo frágil, porém quando uma mulher se desvia desse caminho e comete o tipo de crime pelo qual os *homens* costumam ser responsabilizados, ela não é difamada só pelo ato em si, mas também pelo fato de ser mulher. "Como pôde ter feito uma coisa tão horrível?", perguntam as pessoas; mas, na verdade, querem dizer: "Como uma *mulher* pôde ter feito uma coisa tão horrível? Claro que é antinatural. É claro que ela deve ser um monstro".

Este livro reúne quinze mulheres cujos crimes, em um momento ou outro, mancharam as páginas da história. Das imperatrizes romanas a filhas ciumentas, passando por donas de casa entediadas, todas foram culpadas de crimes horríveis. Considerar suas perpetradoras mais monstruosas que seus congêneres masculinos pelo fato de serem mulheres é um tema controvertido, mas não está em discussão o caráter grotesco dos crimes.

Mesmo que se reconheça isso, a história dessas mulheres faz parte de fato, ainda que genérica e imperfeitamente, de categorias mais restritas, embora se possa dizer que várias delas cruzam as fronteiras e entram em outras categorias, além daquelas nas quais foram incluídas. Apesar disso, não há dúvida de que se pode dizer que Lizzie Borden e Audrey Marie Hilley pertencem àquele grupo de mulheres que cometeram crimes porque estavam "atrás de dinheiro". Messalina, Agripina, a Jovem, e a imperatriz chinesa Tsi-hi poderiam ser consideradas "grandes conspiradoras", mesmo que tenham muito em comum com inimigos do povo como Catarina II, da Rússia, conhecida como Catarina, "a Grande", a rainha Ranavalona de Madagascar e Elena Ceausescu. O leitor seria perdoado por pensar que, no pior dos casos, Mary Ann Cotton, Marie Noe e Rose West mostraram, de forma cabal, terem sido "madrastas", enquanto outras mulheres talvez não tenham sido mais que "vítimas da mídia" e do preconceito público, algo que tanto Grace Marks quanto Aileen Carol Wuornos teriam muitos motivos para dizer que foram — ou teriam sido, caso ambas não tivessem morrido. Por fim, há mulheres, como Myra Hindley e Karla Homolka, tão escravizadas por seus amantes, que sofreriam qualquer degradação e cometeriam ou participariam de qualquer crime, por mais hediondo que fosse, para se manterem perto deles. O fato de ambos os amantes serem homens não é algo que possa ser completamente ignorado em nenhum desses dois casos. Utilizei essas categorias ao organizar este livro em vez de adotar uma abordagem rigidamente cronológica, que, no fim, acrescenta pouca coisa à explanação da natureza dessas mulheres e de seus crimes.

Brutais e mórbidos, alguns crimes apresentados aqui com detalhes envolveram estupro e tortura; outros, produtos químicos, como ácido arsênico; não há nada de bonito ou delicado nos atos descritos neste livro. Mas como comparar as atividades criminosas de uma rainha xenófoba em Madagascar com as de uma dona de casa suburbana, e vice-versa? Como comparar o tratamento dispensado por Catarina II aos servos com o conferido por Marie Noe aos filhos, ou como comparar o assassinato de centenas de estrangeiros com os cometidos por Rosemary West? Embora Catarina II e sua classe social fossem responsáveis pela morte de centenas, talvez milhares de pessoas, atuaram numa época em que essas atrocidades eram comuns. Essa observação cabe também às duas imperatrizes romanas, Valéria Messalina e Agripina, a Jovem, pois, embora o assassinato não fosse de modo algum uma prática aceita, também não era considerado um crime tão inusitado assim, dado que era a melhor forma de se livrar dos adversários políticos. Se você não matasse seu inimigo, ele sem dúvida mataria você. Isso não quer dizer que essas duas mulheres poderosas não fossem infames, mas o contexto moral no qual essas imperatrizes e rainhas atuaram separa-as de fato das Rosemary Wests e das Karla Homolkas da vida.

Se Messalina ou Catarina II podem alegar certa imunidade em relação às acusações que lhes foram feitas, o que dizer de Elena Ceausescu? Nascida em 1919 e governando seu país junto com o marido durante as décadas de 1970 e 1980, ela não tem a desculpa de pertencer a uma era diferente, menos civilizada. Na verdade, se isso a que chamamos mal existe mesmo, com certeza Elena Ceausescu foi uma de suas personificações. Mesmo que nunca tenha sujado as mãos de sangue de forma direta, foi a responsável pelo fato de milhares de crianças terem sido mandadas para orfanatos onde sofreram não só de condições degradantes, mas também da submissão a um ambiente que levou muitas delas a morrer de forma lenta e cruel. Elena Ceausescu também lançou toda uma nação na pobreza enquanto ela e seus amigos viviam em grande estilo, importando comidas exóticas e roupas suntuosas. No julgamento dela, a defesa recomendou-lhe alegar instabilidade mental, mas, arrogante até o fim, ela recusou o conselho. Pessoalmente, foi o pior erro que poderia ter cometido; do ponto de vista da nação, foi uma bênção. Como disse Nicu Teodorescu (o advogado de defesa dela) numa entrevista para a *Times*, "quando vi [os Ceausescu] mortos, não senti nada, como advogado. Mas, como cidadão, eu, como todo o mundo, rejubilei-me. Foi o Natal mais lindo de toda a minha vida".

Por mais triste que seja, se Elena Ceausescu não era comprovadamente louca, não se pode dizer a mesma coisa de outras pessoas. Por exemplo: duas das mulheres incluídas neste livro, Audrey Marie Hilley e Marie Noe, manifestaram sintomas psicológicos tão estranhos que, mesmo que sua saúde mental não fosse inteiramente responsável por seus crimes, certamente não ajudou nenhuma das duas a se livrar das conseqüências. Audrey Marie Hilley em particular provavelmente se teria beneficiado com um tratamento psiquiátrico em vez de ser encarcerada numa penitenciária pública, pois, se quisermos nos considerar uma sociedade civilizada, com certeza temos de tratar nossos criminosos (ao mesmo tempo que os punimos) com o mínimo respeito.

Essa questão nos leva ao caso extraordinário de Myra Hindley, que, até o momento de sua morte, em 2002, era a presa mais insultada da Grã-Bretanha. Como todos sabem, Myra, junto com seu cúmplice, Ian Brady, matou quatro crianças e um adolescente de dezessete anos, mas o que ocorreu a ela depois que foi presa daria para escrever um outro livro. Condenada como o mais pervertido dos seres — uma mulher que mata crianças pequenas —, Myra logo se tornou símbolo de tudo quanto é antinatural. Nesse sentido, o público foi sugestionado por uma fotografia tirada para os arquivos da polícia na qual ela olha direto para a lente da câmera com um ar que aparentava desafio. De cara amarrada e com o cabelo pintado de um loiro assustadoramente branco, parece dura como aço. "Olhem para mim", grita a fotografia, "sou o que sou". Toda vez que Myra tentou conseguir liberdade condicional, foram feitas petições, enviadas cartas de protesto à Downing Street e transmitidas entrevistas com os pais de suas vítimas pela televisão. O furor foi tal que nenhum ministro da Justiça ousou assinar os documentos que lhe permitiriam sair da prisão. Mas, em uma sociedade civilizada, na qual o sistema carcerário se baseia na reabilitação, negar os direitos a uma prisioneira é no mínimo uma injustiça. Myra não deveria ter recebido o mesmo tratamento dispensado a outros prisioneiros (homens) que cometeram crimes semelhantes, que foram soltos em regime de liberdade condicional depois de admitir a culpa e cumprir as penas? O que distinguia Myra do resto do grupo? A única resposta que faz algum sentido é que ela era considerada um monstro. Mulheres não assassinam crianças, portanto uma mulher que faz isso não pode ser mulher. Porém essa criatura também não é um homem; é pior que os dois, é um ser híbrido, uma aberração que não se encaixa em nenhum papel socialmente aceitável e, por isso, nunca deve ter permissão de voltar para a sociedade. Na verdade, ela é como Bertha Mason, a criação da autora vitoriana Charlotte Brontë, uma louca que precisa ser confinada a todo o custo.

Essas considerações me fazem lembrar das três assassinas vitorianas incluídas neste livro. Hoje em dia, quantas vezes não ouvimos dizer que "a sociedade" é a culpada de tudo o que há de errado no mundo? É uma afirmação que se tornou tão familiar que quase perdeu o sentido. Mas poderíamos dizer que os crimes de Lizzie Borden, Grace Marks e Mary Ann Cotton podem ter relação com a posição social delas. As mulheres da era vitoriana, a menos que tivessem sorte, dependiam dos pais, irmãos e maridos em todos os aspectos da vida. As mulheres não podiam votar, as oportunidades de trabalho delas restringiam-se praticamente às fábricas ou às tarefas domésticas, e mesmo depois de casadas não podiam conservar as propriedades. Presas numa camisa-de-força em qualquer caminho para o qual se voltassem, a vida na era vitoriana não foi muito fácil para as mulheres. Apesar disso, nem todas apelaram para o assassinato. Portanto, o que Lizzie, Grace e Mary tinham de especial que as levou a recorrer ao crime?

Aparentemente, o motivo de Lizzie era o dinheiro de uma herança; no entanto também se poderia dizer que, tendo sofrido durante anos o violento controle patriarcal do pai avarento, ela o assassinou para se "libertar". Grace, por outro lado, não tinha pai rico que a sustentasse; teve de sair de casa para trabalhar como criada. A posição humilde de "empregada para todo tipo de serviço", combinada à inveja que tinha de outra criada que havia subido na escala social, levou Grace, então com dezesseis anos, a cometer uma atrocidade que poderia ser vista tanto como um ato contra a trajetória de pobreza quanto contra as próprias vítimas.

Finalmente, temos Mary Ann Cotton, que assassinou tantos maridos e crianças que perdemos a conta! Quais foram os motivos do crime dela? Aqui também o dinheiro parece estar na raiz do problema. Aterrorizada com a possibilidade de ser deixada sem vintém, Mary Ann abriu caminho numa família após outra por meio de assassinatos, para ter certeza de que nunca teria de encarar a ignomínia de um asilo vitoriano.

Por estranho que pareça, "ignomínia" foi uma das principais razões citadas pela assassina mais contemporânea deste livro, Karla Homolka, para explicar por que não foi embora assim que descobriu a verdadeira inclinação do marido. Karla (ao menos foi o que ela disse) temia perder o amor dos pais, bem como a aprovação pública, se revelasse os crimes. Além do mais, afirmou também que tinha sido espancada tão violentamente pelo marido que não poderia ir à polícia por medo de que ele a matasse. A síndrome da esposa espancada é um problema reconhecido (que acaba com a vida de muitas mulheres no mundo inteiro, todo ano), mas é difícil aceitá-lo como motivo para participar de tortura, estupro e assassinato. É claro que essa questão levanta outra. Se Karla Homolka não tivesse conhecido Paul Bernardo, será que teria cometido aqueles crimes horríveis? Na verdade, essa é uma pergunta que poderia ser feita ao fazer referência a várias mulheres incluídas neste livro. Se Rosemary West não tivesse conhecido Fred West, será que agora estaria cumprindo dez sentenças? O que teria sucedido se Myra Hindley não tivesse conhecido Ian Brady, ou se Grace Marks não tivesse conhecido James McDermott? É uma pergunta para a qual não há resposta, mas é interessante de se fazer assim mesmo porque, freqüentemente, as mulheres que matam mais de uma pessoa (com exceção de assassinatos domésticos) tendem a cometer tais atos com uma ou mais pessoas.

Aileen Carol Wuornos foi uma exceção a essa regra. Quando a polícia da Flórida percebeu que havia um assassino serial à solta a princípio achou que era um homem. Todas as sete vítimas tinham sido atacadas e mortas, e era natural supor que um homem estivesse por trás disso, uma vez que armas e mortes em série são mais comumente associadas à identidade masculina. Os assassinatos foram considerados tão inusitados, porque foram cometidos por uma mulher, que Hollywood apadrinhou a história e fez vários filmes sobre ela.

Mas, estatisticamente, é preciso observar que as mulheres não são o sexo letal. Na verdade, representam menos de dois por cento dos assassinos seriais[1] do mundo, de modo que podemos concluir que as razões de elas fazerem tanto furor na mídia têm pouco que ver com os crimes delas e, como já disse, muito mais que ver com seu gênero. Afinal de contas, no julgamento de Lizzie Borden, o juiz resumiu a situação ao dizer que para o júri considerá-la culpada dos crimes de que estava sendo acusada seus membros teriam de acreditar que ela era um "demônio": uma aberração. Depois pediu ao júri (composto exclusivamente de homens) que olhasse para a acusada e perguntou se ela parecia uma dessas criaturas. Obviamente não parecia, de modo que ela foi absolvida.

Se uma mulher se encontra na frente de um juiz e é declarada inocente, muito bem. Se for declarada culpada, no entanto, dependendo do crime que cometeu, ela pode muito bem ser enforcada por ser considerada um demônio.

SHELLEY KLEIN
Abril de 2003

---

1 Embora, como observa Oliver James em seu excelente livro intitulado *Juvenile violence in a winner-loser culture: socio-economic and familial origins of the rise of violence against the person,* Free Association Books, 1995: "O assassinato de crianças é o único crime violento que as mulheres têm mais probabilidade de cometer que os homens".

foram considerados Nos [illegible], [illegible] por [illegible], que Hollywood [illegible] histórias [illegible] [illegible].

Mas, [illegible] é preciso observar que as mulheres [illegible] [illegible] [illegible] um meio de [illegible] [illegible] dos [illegible] [illegible] [illegible] [illegible] [illegible] que as [illegible] [illegible] [illegible] [illegible] [illegible] [illegible] [illegible] [illegible] [illegible] [illegible] [illegible] [illegible] [illegible] gênero. [illegible] [illegible] [illegible] [illegible] de Lucas [illegible] [illegible] [illegible] para [illegible]

[illegible] [illegible] [illegible] [illegible] [illegible] [illegible] [illegible] [illegible] [illegible]

[illegible]

[illegible]

Lizzie Borden
Os assassinatos de Fall River

Lizzie Borden pegou um machado
E deu quarenta machadadas na mãe.
E depois de ver o que tinha feito
Deu quarenta e uma no pai.
VERSINHOS INFANTIS DA ERA VITORIANA

Às 11h15 da manhã de 4 de agosto de 1892 foi cometido um dos mais famosos assassinatos em dupla dos Estados Unidos na pacata cidadezinha de Fall River, em Massachusetts. Os anais de crimes do século XIX não estariam completos sem a inclusão dessa atrocidade porque, se não foi o crime mais cheio de imaginação do mundo, certamente foi um dos mais sanguinários, e o principal suspeito se tornaria o centro do julgamento mais comentado que os Estados Unidos já viram.

Lizzie Borden nasceu em Fall River no dia 19 de julho de 1860, filha de Andrew e Sarah Borden. O primeiro trabalho de Andrew Borden foi de agente funerário, mas ele também foi astuto homem de negócios que acumulou dinheiro suficiente para investir em imóveis. Em 1892, era um homem rico: dono de muitas propriedades arrendadas e diretor de vários bancos. Fotografias dele mostram um homem magro, grisalho, com os cantos da boca virados para baixo, a epítome de um patriarca do século XIX: ar de homem virtuoso, severo, econômico com dinheiro e absolutamente inflexível. Sobre a mulher dele, Sarah Borden, pouco se sabe, além de ter tido duas filhas, Emma e Lizzie; morreu depois de sofrer uma complicação uterina em 1863, quando Lizzie tinha três anos de idade. Aos quarenta, Andrew Borden teve uma segunda esposa, Abby Durfree Gray. Depoimentos posteriores descreviam uma mulher muito tímida, atarracada, que não deixava de ter alguns atrativos. Apesar de o marido não ser dado a grandes demonstrações de sentimento, diziam que era louco por ela. Infelizmente, não se podia dizer o mesmo a respeito das filhas dele, que se ressentiram da presença da madrasta desde o início, considerando-a um obstáculo à herança que era delas por direito. O ressentimento também deve ter sido alimentado pelas condições difíceis nas quais viviam essas quatro pessoas porque, apesar da riqueza óbvia, Andrew Borden havia optado por residir num bairro sujo e pobre.

Fall River não era a cidade mais linda do mundo. A atividade principal da cidade resumia-se na indústria de algodão, e nas proximidades espalhavam-se algumas oficinas de fiação. Andrew Borden morava no número 92 da Second Street, uma casa estreita flanqueada por outras casas também estreitas, a rua toda parecendo ter sido construída sem qualquer preocupação com espaço ou luz. O interior da casa não era melhor: mal mobiliada; uma cozinha, uma sala de visitas e uma copa embaixo e, em cima, quatro quartos, um toucador e um sótão. Para diminuir ainda mais a pouca civilidade que reinava na família, os cômodos do andar superior podiam ser divididos em duas metades separadas. Para isso, bastava trancar a porta que comunicava o quarto de casal aos outros quartos. Depois que essa porta era trancada, o acesso ao quarto de casal só era possível pela escada do fundo, e aos outros quartos, pela escada da frente. Como prova da tensão que dominava as relações na casa da família Borden antes dos assassinatos, a porta de comunicação era mantida permanentemente trancada de ambos os lados. Esse era o ambiente da Second Street, 92, em 1892. Só havia mais uma pessoa na casa, uma empregada irlandesa chamada Bridget Sullivan, contratada para fazer todo tipo de serviço. Em 1892, Bridget tinha vinte e seis anos e trabalhava para os Bordens fazia pouco menos de três anos. Conhecia bem ambas as filhas, e, tanto quanto mostram os documentos, as três mulheres se davam bem. Lizzie Borden não era particularmente bonita; tinha uma vasta cabeleira ruiva, olhos de um azul-claro e, como a madrasta, era gordinha. Mas aí terminam as semelhanças. Lizzie, ao contrário de Abby Durfree Gray, era razoavelmente sociável. Dava aulas na escola dominical, era secretária da Fruit and Flower Mission e gostava de trabalhar para a Women´s Christian Temperance Union. Em 1890, Lizzie também tinha feito uma viagem à Europa, visitando as principais cidades. Esse era um passatempo popular das jovens damas norte-americanas do século XIX, como mostram os romances de Henry James. Propensa a discussões, Lizzie tinha tido várias brigas com o pai por causa de dinheiro. Queria melhorar a casa e levar uma vida mais confortável, mas Andrew Borden considerava os pedidos dela exorbitantes, quando não um desperdício.

Por outro lado, Emma, a irmã mais velha de Lizzie, era muito mais contida. Não estava envolvida com a Igreja, certamente não era extravagante em matéria de dinheiro e, em geral, tinha uma relação apática com a vida (que alguns comentários maldosos ligavam ao fato de ser solteirona).

No final de julho de 1892, Emma Borden foi visitar alguns amigos da família em Fairhaven. Poucas pessoas da classe social dela ficavam na cidade nos meses de junho, julho e agosto, quando o calor atingia o auge: elas escapavam para a zona rural. Lizzie Borden não acompanhou a irmã, resolveu visitar amigos em New Bedford, mas voltou poucos dias depois.

No dia 3 de agosto de 1892, um dia antes dos assassinatos, Fall River padecia de uma onda de calor[1]. A temperatura, antes mesmo de o sol chegar ao zênite, situava-se entre os 37 e 38 graus,

1 Uma descrição exultante dessa cena na área da ficção pode ser encontrada no conto "The fall river axe murders", publicado na coletânea intitulada *Black Venus*, Chatto & Windus, 1985. As frases iniciais são: "Calor, calor, calor... muito cedo, antes de soar o apito da fábrica, tudo bruxuleia e tremula sob o ataque do sol branco e furioso já alto no ar parado".

o que deixava todos letárgicos e de mau humor, sufocados pelo calor, mas Andrew e Abby Borden sofriam ainda mais por causa de uma manifestação incomum de doença. A primeira coisa que Abby tinha feito naquela manhã fora consultar o dr. Bowen, o médico da família, acerca de uma dor de estômago muito severa. Ao examinar a paciente, o dr. Bowen achou que era apenas um caso de intoxicação moderada por alimento, e mandou-a para casa.

Mais tarde, naquele mesmo dia, o irmão da sra. Borden, John Vinnicum Morse, visitou o número 92 da Second Street e verificou que o casal continuava a passar mal. Disseram-lhe que tinham se sentido indispostos na noite anterior e Lizzie também havia tido um mal-estar à noite. Ao perguntar pelo estado de Lizzie, Vinnicum Morsen foi informado de que, apesar do desconforto, ela levantara-se e saíra. Na verdade, Lizzie tinha dado uma volta para comprar ácido prússico na farmácia do sr. Smith, no que parece, para limpar um casaco de pele de foca. O farmacêutico, Eli Bence, lembra-se claramente de Lizzie Borden insistindo em comprar essa substância, pois, apesar dos protestos da moça, ele havia se recusado a vendê-la alegando tratar-se o ácido prússico forte demais para as necessidades dela (prestou depoimento a respeito desse incidente no inquérito, com dois de seus assistentes, mas Lizzie Borden perseverou em afirmar que não havia chegado nem perto da farmácia).

Depois Lizzie visitou uma vizinha, Alice Russell, que afirmou que ela parecia agitada e indisposta. Lizzie disse a Alice que achava que alguém estava tentando matar a família. No ano anterior, algumas propriedades de Andrew Borden, até mesmo a casa da Second Street, 92, tinham sido assaltadas. Haviam roubado dinheiro, um relógio e aproximadamente trinta dólares em ouro. Sendo um homem frugal, que contava cada centavo, Andrew Borden ficou furioso. Chamou a polícia e fez um boletim de ocorrência, mas alguns dias depois ouviram-no dizer ao delegado Rufus B. Hilliard: "Temo que a polícia não consiga encontrar o verdadeiro ladrão". Nesse contexto, a palavra "verdadeiro" pareceu estranha ao delegado, e o resto da polícia acreditava que Andrew Borden sabia quem era o ladrão (as suspeitas recaíram sobre Lizzie), mas não queria vê-lo na cadeia.

Enquanto isso, Lizzie, na presença de Alice Russell, disse que um dos inimigos do pai dela pretendia matá-lo. Estava convencida de que a doença que o pai, a mãe e ela própria haviam adquirido da noite para o dia tinha sido causada pelo envenenamento do leite que tinham tomado. Alice Russel tentou acalmar Lizzie, em vão. Curiosamente, no julgamento, os advogados de Lizzie tentaram atribuir a conversa ao "incômodo mensal" dela. Ao se despedir da srta. Russel, suas palavras foram: "Estou sentindo uma nuvem escura sobre a cabeça e não consigo me livrar dela".

O dia 4 de agosto de 1892 começou como o dia anterior. Tendo pernoitado na casa dos Bordens, John Vinnicum Morse tomou um lauto café da manhã com seus anfitriões, apesar de eles ainda sofrerem de cólicas estomacais. Na verdade, o café da manhã foi tão farto que Bridget, mais tarde também se locupletando das sobras, passou mal no quintal da casa.

Às 9h15 da manhã, Morse saiu da casa para visitar parentes, e Andrew Borden, para resolver alguns negócios no centro da cidade. Pouco depois Lizzie desceu e, enquanto Bridget se ocupava

BETTMANN/CORBIS

Lizzie Borden, fotografada antes do assassinato do pai e da madrasta, em agosto de 1892. "Essa solteirona carola de quarenta anos... parecia mais uma matrona respeitável do que uma criminosa sedenta de sangue." As atitudes do século XIX em relação às mulheres da sua classe e formação facilitaram muito para que Lizzie literalmente escapasse impune dos assassinatos.

com suas obrigações domésticas, sentou-se para tomar um desjejum leve. Em seguida, Abby Borden pediu a Bridget que limpasse os vidros das janelas do andar de baixo; assim, pegando um balde e um pano, Bridget foi para o quintal passando por uma porta lateral. O interessante é que a porta não tinha sido trancada. Mais tarde, Bridget declarou que, ao esfregar as vidraças, não viu ninguém nos cômodos do andar de baixo além dos moradores da casa e, mais ou menos uma hora depois, após terminar aquele serviço, voltou para dentro, trancando a porta lateral.

Em seguida, aproximadamente às 10h40, o sr. Borden voltou para casa. Como tinha esquecido a chave, e as portas da casa estavam trancadas, teve de bater para poder entrar. Bridget a abriu. Assim que o sr. Borden entrou no corredor, ela disse ter ouvido uma gargalhada estranha vinda do andar de cima, perto do quarto de hóspedes. Bridget insistiu em dizer que a gargalhada era de Lizzie, mas no tribunal Lizzie jurou que estava na cozinha quando o pai voltou para casa. Não havia a menor dúvida de que, ao entrar na casa, o sr. Borden fora informado pela filha de que Abby

BETTMANN/CORBIS

Andrew J. Borden, cidadão rico e proeminente de Fall River, Massachusetts — "ar de homem virtuoso, severo, econômico com dinheiro e absolutamente inflexível". As onze machadadas que levou na cabeça e no rosto deixaram-no praticamente irreconhecível. A cabeça de sua mulher foi decapitada com um golpe violento no pescoço; ao todo, ela sofreu treze golpes.

Borden havia recebido um bilhete de alguém que estava doente e tinha saído. (Esse bilhete nunca foi encontrado pela polícia; mais tarde a falta dele foi usada pela promotoria como evidência de mais uma das numerosas mentiras de Lizzie.)

Ignorando a ausência aparente da esposa, o sr. Borden subiu as escadas e dirigiu-se ao quarto de dormir, do qual voltou pouco depois para acomodar-se na sala de visitas. Deitou-se num sofá para descansar e se refrescar do calorão. Lizzie estava ocupada passando roupa, e Bridget havia voltado a limpar as vidraças do lado de dentro. Às 10h55, Bridget foi para o quarto dela, no andar superior, para descansar um pouco antes do almoço, e Lizzie foi ao quintal ou ao sótão. (Durante o interrogatório, ela foi muito vaga em relação ao lugar exato a que tinha ido ou sobre o que estava fazendo exatamente.) Mas não resta a menor dúvida de que ao voltar descobriu o que seu principal advogado de defesa, George D. Robinson, descreveria como "um dos crimes mais covardes e diabólicos cometidos em Massachusetts". Diria também que "o exame das vítimas revelou que a sra. Borden havia sido assassinada por um instrumento cortante e terrível, que golpeou a cabeça dela dezoito vezes, treze das quais lhe esmagaram o crânio; e, no andar de baixo, deitado no sofá, o sr. Borden estava morto, com o corpo mutilado, com onze golpes na cabeça, quatro dos quais lhe esmagaram o crânio"[2].

Segundo o depoimento dele, foi o corpo de Andrew Borden que Lizzie havia "descoberto" primeiro. Ele ainda se encontrava deitado no sofá, com a bochecha direita encostada na almofada, mas por causa dos ferimentos estava praticamente irreconhecível. O sangue escorria pelo rosto, um dos olhos foi quase dividido em dois e projetava-se para fora da órbita, o nariz havia sido cortado e na região da face havia onze cortes. O crânio fora esmagado como se não fosse mais resistente que a casca de um ovo.

A confusão tomou conta da casa. Lizzie começou a gritar para que Bridget descesse e depois mandou a empregada buscar o

---

2 Trechos de transcrições do arrazoado final da defesa de Lizzie Borden.

médico da família. Havia sangue nas paredes da sala de visita e manchas de sangue visíveis no carpete e no sofá.

Segundo os arquivos da polícia, o dr. Bowen chegou às 11h30 da manhã e, às 11h45, sete policiais, junto com o médico-legista, William Dolan, estavam lá. O dr. Bowen saiu da casa pouco depois para mandar um telegrama a Emma Borden informando-a sobre o crime. Infelizmente, quando ela voltou recebeu notícias ainda piores, pois Bridget e uma vizinha, uma certa sra. Addie Churchill, tinham ido ao segundo andar e descoberto Abby Borden boiando de cabeça para baixo numa poça formada pelo próprio sangue dela. A cabeça tinha sido quase separada do corpo por meio de um golpe violento no pescoço, ao passo que outro golpe havia arrancado um pedaço enorme da pele do crânio. (Mais tarde conjeturou-se que Abby Borden teria morrido por causa do primeiro golpe, pois, embora os ferimentos fossem extensos, havia pouco sangue respingado nas paredes e nos móveis.)

A investigação estava a pleno vapor. Em primeiro lugar, o policial Michael Mullaly perguntou a Lizzie Borden se havia machadinhas na casa, ao que ela respondeu afirmativamente. Bridget levou o policial ao porão, onde encontrou quatro machadinhas, e uma delas estava coberta de sangue seco e pêlos (que mais tarde se descobriu serem de uma vaca) e outra com o cabo quebrado e coberta de cinzas. A segunda machadinha foi finalmente apresentada como prova no tribunal. Nesse ínterim, Lizzie começou a ser interrogada sobre sua atividade durante os assassinatos e, ao dizer à polícia que tinha ido ao sótão procurar chumbadas para linha (ela queria ir pescar com a irmã em Fairhaven), um policial, o sargento Philip Harrington, e um colega dele examinaram o cômodo. O chão do sótão estava coberto por uma fina camada de poeira, sem marcas de pés ou mãos, ou de qualquer outra desordem.

Depois de terem sido fotografados *in situ*, às 3 horas da tarde, ambos os cadáveres foram removidos até a copa, onde, numa mesa, o dr. Dolan realizou as autópsias. Tanto o estômago de Abby quanto o de Andrew foram retirados e levados por um mensageiro ao dr. Edward S. Wood, professor de química de Harvard, para saber se as duas vítimas tinham sido envenenadas antes de serem mortas a golpes de machadinha. Não há dúvida de que o dr. Bowen havia mencionado o mal-estar por que ambos haviam passado no dia 3 de agosto e talvez temesse a ocorrência de algo mais sinistro. Afinal de contas, seria mais fácil matar alguém que já estivesse incapacitado por um veneno e, como sugere este trecho do jornal Fall River Daily Herald de 8 de agosto de 1892:

> *Josiah A. Hunt, diretor da casa de correção, que tem uma grande experiência como representante da lei desta cidade, ao falar da tragédia, propôs uma teoria que até agora não foi considerada pela polícia ou, se a foi, eles estão levando o público para a pista errada. Disse o sr. Hunt: "Em minha opinião, tanto o sr. Borden quanto sua esposa foram mortos antes que os assassinos dessem um único golpe, provavelmente envenenados com ácido prússico, que causa morte instantânea. O uso da machadinha foi apenas para desviar a atenção daqueles que encontrassem os corpos. Acredito que essa é a verdadeira versão da história, pois, se estivessem vivos quando o primeiro golpe foi dado, a ação do coração teria sido suficiente para fazer o sangue se espalhar muito mais do que mostram os relatos fornecidos pelos jornais. A carnificina foi muito grande para o sangue se espalhar tão pouco".*

Mas, apesar das suspeitas de Josiah Hunt, quando os resultados da autópsia chegaram do laboratório do dr. Wood, de Harvard, mostraram resultado negativo em relação a ácido prússico e a outros venenos semelhantes. A autópsia dizia o seguinte. "Eu [dr. Wood] verifiquei que ambos os estômagos estavam com aparência absolutamente normal. O estado deles parece ser de boa saúde. Não há nenhuma evidência, nenhuma inflamação ou resquício de ação de qualquer substância letal ou algo do gênero".

Assim, desde então tem havido muita discussão sobre a possibilidade de Lizzie ter usado arsênico, cuja presença é difícil de detectar, a menos que a vítima tenha recebido pequenas doses durante um longo período. Além disso, amostras retiradas do estômago não são os melhores indicadores quando se procura identificar a presença desse veneno.

Nesse ínterim, enquanto os corpos do pai e da mãe de Lizzie estavam sendo examinados no andar de baixo, no pavimento superior ela era interrogada pelo delegado John Fleet. Quando lhe foi perguntado se achava que o tio John ou a empregada Bridget poderiam ter cometido os crimes, ela respondeu negativamente. Na opinião de Lizzie, os assassinatos haviam sido cometidos por uma pessoa que tinha invadido a casa: alguém desconhecido dos moradores. Enquanto viveu, Lizzie nunca deixou de repetir essa assertiva.

Emma Borden chegou de Fairhaven naquela noite e viu que o corpo do pai e o da madrasta esperavam para ser levados pelos agentes funerários. Deve ter sido um momento extremamente difícil, e o dr. Bowen, ciente disso, receitou sulfato de morfina para Lizzie acalmar os nervos. Finalmente, por volta das 9 horas da noite, os corpos foram levados, e a polícia foi embora.

Sábado, dia 6 de agosto de 1892, deveria ser o dia dos funerais. Houve realmente um culto religioso, mas o enterro dos corpos foi adiado quando o dr. Wood informou à polícia que desejava fazer mais uma autópsia, que envolvia um procedimento tétrico, ou seja, a decapitação tanto do corpo de Andrew quanto do de Abby Borden para a confecção de moldes de gesso das duas cabeças (a cabeça de Andrew Borden nunca voltou ao caixão).

É claro que esse tipo de pedido, isto é, remoção de partes do corpo, não teria parecido inusitado se o assassinato dos Borden não se tivesse tornado um caso célebre, manchete de jornais municipais e nacionais. Por exemplo: a manchete do *The New York Times*, de 5 de agosto de 1892, dizia: "CHACINADOS EM CASA: o sr. Borden e sua esposa foram mortos em plena luz do dia"[3]. Logo se tornou o primeiro assassinato a ganhar destaque nacional e chegar aos

3 O primeiro parágrafo desse artigo diz o seguinte: "FALL RIVER, Mass., 4 de agosto — Andrew J. Borden e sua esposa, dois dos moradores mais antigos, mais ricos e mais respeitáveis da cidade, foram brutalmente assassinados com um machado às 11 horas da manhã de hoje em sua casa, na Second Street, que fica a poucos minutos de distância da prefeitura. A família Borden era composta de pai, mãe, duas filhas e uma criada. A outra filha passava alguns dias em Fair Haven. O resto da família esteve doente de três a quatro dias, e o dr. Bowen, o médico da família, pensou que seus membros tinham sido envenenados".

jornais de todo o território dos Estados Unidos. Enquanto isso, o foco do inquérito passou para a queima de um vestido por Lizzie Borden, no domingo, 7 de agosto. No inquérito, Lizzie disse que na manhã dos assassinatos usava um vestido de algodão de listras azuis e brancas. Mas, quando os policiais encarregados do caso lhe pediram que entregasse o vestido, ela lhes entregou um vestido de seda azul-marinho, como se não notasse que ele não coincidia com a descrição original que ela havia feito.

Finalmente, a srta. Russell, que havia dormido na casa da família Borden na noite seguinte aos assassinatos para ajudar a consolar Emma e Lizzie, contou uma outra história. No depoimento, insistiu em dizer que tinha visto Lizzie enfiar um vestido de veludo cotelê azul-claro no velho fogão da cozinha. Emma Borden disse que isso foi feito por ordem dela, pois o vestido tinha sido manchado de tinta, porém os policiais que deram uma busca na casa logo depois dos assassinatos disseram que não conseguiam se lembrar jamais de ter visto essa peça de roupa.

No inquérito, levado a efeito nos dias seguintes, essa questão seria crucial para a decisão de prender Lizzie Borden. Mais suspeito ainda foi o fato de que, ao ser interrogada pelo promotor público, Hosea M. Knowlton, Lizzie tornou-se cada vez mais confusa sobre os lugares onde havia estado no dia 4 de agosto. Ficou visivelmente agitada com as perguntas de Knowlton, que era, como mostra o trecho das transcrições do inquérito, extremamente persistente:

> *Pergunta: Onde estava quando seu pai voltou para casa?*
> *Resposta: Estava lá embaixo na cozinha, lendo uma revista velha que tinha sido deixada no guarda-louça; uma* Harper's Magazine *velha.*
> *Pergunta: Tem certeza?*
> *Resposta: Não tenho certeza se estava lá ou na copa.*
> *Pergunta: Onde estava quando a campainha tocou?*
> *Resposta: Acho que estava no meu quarto, no andar de cima.*
> *Pergunta: Então estava no andar de cima quando seu pai voltou para casa?*
> *Resposta: Eu estava na escada quando ela [Bridget] abriu a porta para ele... Só fiquei lá em cima o tempo suficiente para levar as*

roupas e costurar o gancho da manga. Acho que não fiquei lá em cima por mais de cinco minutos.
[Algum tempo depois o promotor público voltou ao assunto.]
Pergunta: Lembra-se de ter dito vários vezes que estava no andar de baixo e não no andar de cima quando seu pai voltou para casa? Será que se esqueceu?
Resposta: Não sei o que disse. Respondi a tantas perguntas e estou tão confusa que não estou falando coisa com coisa. Estou lhe dizendo exatamente tudo o que sei.[4]

Na melhor das hipóteses, eram afirmações vagas; na pior, uma recusa em dizer a verdade. Com o depoimento da srta. Russell, o juiz Josiah Blaisdell, do Tribunal do Segundo Distrito, resolveu acusar Lizzie de ambos os assassinatos no dia 12 de agosto de 1892, motivo pelo qual ela foi chamada a se apresentar diante do tribunal do júri. Lizzie Borden declarou-se inocente.

A essa altura, a imprensa estava alvoraçada. O crime ficou conhecido no mundo inteiro, e todos especulavam se Lizzie era culpada. Além disso, numa jogada que parece antecipar o caso de Aileen Wuornos, no qual as feministas saíram em defesa dela, grupos de mulheres apoiaram a causa de Lizzie. Entre elas havia sufragistas, lideradas por uma mulher chamada Lucy Stone (uma abolicionista de Massachusetts e fundadora da Associação Americana do Direito ao Voto), ao lado da Liga de Temperança das Mulheres Cristãs, dirigida por Susan Fessenden.

O julgamento, realizado em New Bedford, no condado de Bristol, a menos de 25 quilômetros de Fall River, durou exatamente duas semanas, de 5 a 20 de junho de 1893. Havia três juízes, como era o costume daquela época: Josiah Blaisdell, que presidiu a corte, e os juízes adjuntos Caleb Blodgett e Justin Dewey. O júri de doze homens era composto por fazendeiros e comerciantes. Também estavam presentes cerca de trinta membros da imprensa, entre os quais representantes do *Boston Globe* e do *The New York Sun*.

---

4 Para ler a transcrição desse depoimento na íntegra, acesse os arquivos da Secretaria de Justiça de Fall River no seguinte endereço: www.frpd.org

Casa número 92 da Second Street, onde os assassinatos foram cometidos. Apesar da fortuna, Andrew Borden fazia questão de viver nessa propriedade decadente situada numa parte mal-afamada da cidade. Cinco semanas depois da absolvição, Lizzie e a irmã mudaram-se para uma casa maior, numa área valorizada de Fall River.

Lizzie Borden entrou no tribunal em grande estilo. Flanqueada por dois ardorosos defensores, os reverendos Buck e Jubb (que havia realizado o culto religioso do funeral do pai e da madrasta dela), ela trajava a última moda, com um vestido preto de pêlo de cabra angorá com mangas bufantes e um chapéu preto de renda. O promotor público era Hosea Knowlton, assistido por William H. Moody, que começou com três declarações, com as quais ele disse que a promotoria seria capaz de provar a culpa da ré sem sombra de dúvida.

Primeiro, ele disse que Lizzie havia planejado os assassinatos para obter ganhos financeiros substanciais; depois, que ela tinha executado os planos ao pé da letra; e, em terceiro, que suas mentiras constantes ao ser interrogada pela polícia não era o comportamento de uma mulher inocente.

As alegações de Moody eram convincentes: delineavam tanto um motivo financeiro como uma boa quantidade de evidência circunstancial ligando a acusada aos crimes. Mas ele exagerou um pouco no efeito dramático quando, ao apresentar uma peça de roupa em cima da mesa disposta à sua frente (que mais tarde seria apresentada como prova), levantou o papel que cobria dois objetos horríveis: as cabeças em gesso do sr. e da sra. Borden. Compreensivelmente, Lizzie desmaiou, mas logo se recuperou e se manteve assustadoramente calma durante o resto do julgamento, evocando apenas seu direito constitucional de ficar em silêncio, dizendo apenas: "Sou inocente. Deixo meus advogados falarem por mim". O promotor seguiu em frente. Para provar a primeira alegação, o motivo financeiro, Knowlton e Moody chamaram John Vinnicum Morse para depor; ele afirmou que Andrew Borden estava mudando o testamento e o novo teria deixado 25 mil dólares para Emma e 25 mil dólares para Lizzie, ao passo que o resto dos bens dele (aproximadamente meio milhão de dólares) ficaria para Abby Borden.

A seguir Knowlton e Moody passaram para a "predisposição" de Lizzie ao crime, tentando fazer que o depoimento dela durante o inquérito pudesse ser usado como prova. Infelizmente para a promotoria, e grande sorte de Lizzie, os advogados dela (principalmente Andrew Jennings e Melvin Adams) fizeram objeções ao fato, afirmando que as declarações tinham sido feitas antes de ela ser formalmente acusada. Acrescentaram ainda que o pedido de Lizzie se fazer representar pelo conselho de advogados durante o inquérito havia sido negado. Os juízes concordaram com Jennings e Andrews e, com isso, privaram a promotoria da prova mais crucial. Mas isso não foi o pior de tudo, pois os problemas da promotoria se agravaram ainda mais quando um dos juízes invalidou também o depoimento de Eli Bence, afirmando que ele se havia recusado a vender ácido prússico a Lizzie, uma vez que não tinha sido encontrada nenhuma evidência de envenenamento.

Em seguida, a promotoria tentou provar que a machadinha encontrada no porão da casa da família Borden fora o instrumento do crime. Os promotores disseram que mostrara sinais de ter sido limpa recentemente, não só com água e sabão, mas também com cinza. A extensão dos ferimentos encontrados em ambas as vítimas também correspondia ao tamanho da lâmina da machadinha. Mas não havia nenhuma prova conclusiva que pudesse ligar a machadinha à ré.

Finalmente, a promotoria alegou dificuldade de Lizzie se lembrar exatamente do lugar em que se encontrava no momento dos crimes. Mas, em seu depoimento, o dr. Bowen afirmou ter lhe dado sulfato de morfina, não apenas na noite seguida à morte do pai como também durante o inquérito e enquanto ela estava na cadeia aguardando o julgamento. Mais tarde, a defesa de Lizzie usaria esse depoimento, ao afirmar que a medicação teria afetado as faculdades mentais dela, e talvez até alterado suas recordações do local em que havia estado no dia 4 de agosto.

Depois de doze dias, a promotoria terminou o trabalho dela. Havia apresentado os fatos de maneira clara e lógica, mas tinha sido gravemente prejudicada durante o processo.

A defesa, por outro lado, só precisou de dois dias para apresentar sua versão da história, mesmo que suas alegações fossem de alcance muito maior. Conduzida por três advogados — Andrew Jennings, George Robinson e Melvin Adams —, a defesa insistiu em dizer que a situação vivida no número 92 da Second Street não tinha nada que ver com aquela descrita pela promotoria.

Em vez de Lizzie Borden ser a assassina, os advogados de defesa estavam convencidos de que alguém havia invadido a casa e, sem ser visto por nenhum de seus ocupantes, matara tanto o sr. quanto a sra. Borden antes de descer furtivamente até o porão e fugir pelo quintal. Com essa situação em mente, a defesa arrolou várias testemunhas para dizer que um estranho misterioso havia rondado as vizinhanças na época dos assassinatos. Além disso, também chamaram Emma Borden.

Emma tinha ficado do lado da irmã desde o momento em que Lizzie foi acusada dos crimes. Agora lhe pediam para depor e testemunhar que não havia nenhum motivo para a irmã caçula assassinar Andrew e Abby Borden. Ela se saiu bem, colocando-se no centro do palco e respondendo de uma forma direta, convincente.

No dia 19 de junho, George Robinson fez seu arrazoado final, que foi, na opinião de todos, um discurso extraordinário, cuja essência pode ser resumida numa pequena declaração que fez diretamente ao júri: "Para achar que [Lizzie Borden] é culpada", disse Robinson, "vocês também têm de achar que ela é um demônio. Senhores, ela parece demônio?"

Sentada tranqüilamente no banco dos réus, essa solteirona carola de quarenta anos, sobriamente vestida de preto e flanqueada pelos dois reverendos, parecia mais uma matrona respeitável do que uma criminosa sedenta de sangue. Mas, como se não bastasse, o juiz Dewey (que havia sido nomeado para o Supremo Tribunal pelo próprio George Robinson) voltou-se para o júri a fim de resumir o processo, porém repetiu quase tudo o que a defesa havia dito, como se fosse um evangelho.

O júri precisou de pouco mais de uma hora para voltar com o veredito. Na segunda-feira, dia 19 de junho, Lizzie Borden foi absolvida do assassinato do pai e da madrasta. Saiu do tribunal como uma mulher livre.

Hoje parece impossível que uma defesa tão frágil tenha absolvido uma pessoa com tanta facilidade, mas, em 1893, praticamente ninguém jamais tinha ouvido falar que uma respeitável senhora de classe média havia sido acusada de um crime desses.

Em geral, as mulheres eram consideradas "anjos do lar"[5], uma frase cunhada pelo poeta Coventry Patmore, isto é, acima de qualquer suspeita ou de qualquer coisa tão primitiva e corrupta quanto um assassinato.

Cinco semanas depois do julgamento Lizzie e Emma compraram uma mansão de treze quartos, o número 306 da French Street, que ficava numa região valorizada e elegante de Fall River. Lizzie (que a essa altura havia mudado o nome para "Lizabeth A. Borden") levou uma vida confortável, viajando freqüentemente para Boston, Nova York e Washington para ir ao teatro, mas, em 1897, o nome dela voltou às manchetes dos jornais, quando foi presa pelo roubo de dois quadros da loja da Tilden-Thurber Company. Parece que os quadros tinham sido descobertos na casa de Lizzie Borden, mas o caso não chegou aos tribunais e nada mais foi dito a esse respeito. Ecos do roubo cometido na Second Street 92 voltaram à mente de muitos cidadãos.

Por fim, Lizzie conheceu uma atriz chamada Nance O'Neil, uma mulher por quem se apaixonou loucamente. Nos dois anos seguintes, as duas tornaram-se inseparáveis. Lizzie deu uma grande festa para a amiga, convidando toda a companhia de teatro — um evento que sem dúvida chocou os moradores recatados de Fall River. Certamente esse acontecimento não agradou a Emma Borden, pois foi durante essa época que Emma se mudou do número 306 da French Street. Desde o julgamento ela se dedicava cada vez mais à irmã, mas aceitar a relação de Lizzie com Nance era demais. Inicialmente, Emma viveu com o reverendo Buck e a família dele, mas acabou mudando-se de Fall River: foi para Newmarket, em New Hampshire. Ela só voltaria a ser alvo de comentários em 1923, quando brigou com Lizzie por causa da venda de alguns bens que pertenciam a ambas.

Lizzie Borden morreu no dia 1º de junho de 1927, de complicações surgidas depois de uma cirurgia da vesícula biliar. Nove

5 Termo extraído do poema de Patmore que louva o amor conjugal, *The angel in the house* (1854-1863), que exalta as virtudes da graça, da delicadeza e da simplicidade, que toda dama vitoriana, além de admirar, também deveria possuir.

dias depois, morreu Emma Borden. Ambas as irmãs deixaram bens consideráveis; os de Lizzie totalizavam cerca de 260 mil dólares, que ela dividiu entre familiares e amigos, além de ter deixado uma quantia para a Liga de Salvação dos Animais. Elas foram enterradas no túmulo da família, junto com a mãe e os restos mutilados (no caso de Andrew Borden, sem a cabeça) do pai e da madrasta.

Audrey Marie Hilley
Segredos e mentiras

Os compostos de arsênico inorgânico... são transportados pelo sangue para diversas partes do corpo, onde atacam violentamente os tecidos, produzindo efeitos mais pronunciados nos capilares. A intensidade da toxemia depende da quantidade de droga administrada e da rapidez com que é absorvida.

GONZALES, VANCE, HELFERN E UMBERGER,
MEDICINA LEGAL, PATOLOGIA E TOXICOLOGIA, 2ª ED.

A história de Audrey Marie Hilley faz lembrar a vida de uma cidadezinha do interior dos Estados Unidos da década de 1960. Na superfície, parecia só haver cercas de estacas pintadas de branco, limpas, claras e alegres, mas, por baixo dela, ocultavam-se segredos de natureza muito mais sombria. Quando Audrey Marie Hilley foi presa, em 12 de janeiro de 1983, a vida dela tinha ficado tão sinistra, cheia de misteriosas histórias de gêmeos, incêndios inexplicáveis, obituários falsificados e trágicas doenças do sangue, que qualquer pessoa seria perdoada se pensasse que toda aquela história triste tinha algo das maquinações de David Lynch, o pouco convencional diretor de cinema norte-americano.

Audrey Marie Hilley nasceu no dia 4 de junho de 1933 na cidadezinha industrial de Blue Mountain, no norte do Alabama, durante a Grande Depressão dos Estados Unidos. Blue Mountain não era um lugar particularmente pitoresco; apenas uma base manufatureira com enormes fábricas de tecidos de algodão. Numa delas trabalhavam Huery Frazier e Lucille Meads, pais de Audrey Marie. Levavam uma vida dura, lutando com dificuldade e sem nenhuma perspectiva de melhora. Quando Audrey Marie nasceu, Lucille não podia sequer se dar ao luxo de ficar em casa e cuidar do bebê; voltou logo ao emprego, deixando Marie (como ela passou a ser chamada) com parentes. Diziam que nunca houve dúvida de que Marie foi uma criança muito amada, a quem os pais deram tudo o que podiam. Na verdade, faziam extravagâncias para garantir que ela sempre estivesse bem vestida e bem alimentada, o que nem sempre se podia dizer de outras crianças da cidade. Estavam decididos a dar à filha uma vida melhor e mais bem-sucedida que qualquer um dos dois jamais havia tido. Com isso em mente, quando Marie tinha doze anos, os Frazier resolveram mudar-se de Blue Mountain para uma cidade um pouco maior e mais cosmopolita, Anniston.

Se Blue Mountain era industrializada, em Anniston viviam os donos de fábricas e os empresários. A cidade também se vangloriava de ter uma escola melhor, o que era importante para os

FOTO DE *POISONED BLOOD* POR PHILIP E. GINSBURG, 1987

"Robbi Homan", que, depois de sua "morte", voltou como a irmã gêmea, "Teri Martin", chegou a convencer até o marido enlutado de "Robbi", numa fotografia tirada quando ela morava em New Hampshire, enquanto fugia da polícia no Alabama. Na realidade, o verdadeiro nome dela era Audrey Marie Hilley, uma estelionatária de mão-cheia, e também uma assassina.

Fraziers, uma vez que em Blue Mountain a educação, epecialmente para meninas, era precária. Marie foi matriculada na Quintard Junior High School, onde logo se fez notar. Era uma criança bonita e inteligente, dedicada aos estudos. Também entrou para vários cursos de ensino técnico, como o Future Teachers of America e o Commercial Club, que se orgulhava de reunir "as mulheres de negócios do futuro" e, em particular, as que desejavam entrar para o ramo do secretariado. Marie era popular entre os colegas e tinha muitos admiradores, mas nenhum rapazinho tinha lhe chamado particularmente a atenção.

Frank Hilley tornou-se o amor da adolescência dela. Um rapaz popular, de boa família de Anniston (também tinha duas irmãs, Frida e Jewel), embora a mãe de Marie tenha tentado convencer a filha de que o moço não servia para ela.

Depois do colegial, Frank entrou na marinha. Era o período entre o final da Segunda Guerra Mundial e o início da Guerra da Coréia, e novo recruta logo foi mandado para um posto em Guam. Como sempre foi um homem ciumento, enquanto estava longe preocupava-se com a possibilidade de Marie conhecer alguém e, por isso, em maio de 1951, quando Marie tinha dezoito anos, os dois jovens se casaram. Depois Frank foi mandado para a Califórnia para servir na marinha, ao passo que Marie ficou em Anniston e formou-se no colegial, juntando-se ao marido após conseguir o diploma. Em 1952, Frank foi mandado para Boston, e Marie o acompanhou. Ela não demorou para engravidar e, com o tempo de serviço de Frank na marinha aproximando-se do fim, o casal resolveu voltar para Anniston, onde se estabeleceram. Ambos logo conseguiram emprego: Frank, no departamento de entrega de uma companhia chamada Standard Foundry, e Marie, como secretária. Tudo levava a crer que era uma vida perfeita. Os Hilley foram abençoados com tudo o que uma família norte-americana de classe média poderia desejar; a felicidade pareceu aumentar quando, em 11 de novembro de 1952, nasceu o primeiro filho de Frank e Marie, Michael Hilley.

Se tudo na superfície parecia um mar de rosas, sob ela as rachaduras já tinham começado a aparecer, especialmente as financeiras, pois Marie Hilley era dada a gastar muito. Tudo tinha começado quando Frank estava na Califórnia e mandava os cheques de pagamento para Marie depositar no banco. Em vez de guardar o dinheiro, Marie o gastava, em roupas, móveis melhores, eletrodomésticos mais modernos. Frank ganhava o dinheiro para Marie sair e comprar algo novo, em vez de colocar os pés no chão e fechar a bolsa. Frank achava mais fácil deixar Marie fazer o que bem entendesse. Ela queria o melhor, então teria o melhor. E ele estava se saindo bem no emprego.

Em 1960, Frank tinha sido promovido a chefe de seção da Standard Foundry e passou a ganhar um bom salário. Era respeitado na comunidade e tinha se tornado membro do Elks Club, bem como do Veterans of Foreign Wars. Marie também se fazia notar em Anniston e trabalhou muito como voluntária para a Primeira Igreja Cristã. Logo os Hilley viveram a empolgação de um novo bebê para cuidar. Carol Hilley nasceu em 1960. Embora Marie tivesse tirado uma licença-maternidade, logo estava de volta ao trabalho. Ela gostava do trabalho de secretária, entretanto, sem que o marido soubesse, os colegas dela não estavam tão bem impressionados assim. Marie não tinha facilidade para fazer amigos e tendia a ofender ou irritar as pessoas (especialmente as que ficavam abaixo dela na hierarquia do escritório). Era apenas uma questão de tempo ela abandonar os empregos; tornava-se tão impopular a ponto de não conseguir executar mais nenhuma tarefa. Como tinha boas referências, logo eleminava as dificuldades para conseguir um novo trabalho.

Com duas fontes de renda, Marie e Frank hipoteticamente não tinham problemas para pagar as contas, e compravam tudo o que as crianças precisavam. Na verdade, levavam uma vida confortável, mesmo que não fosse muito excitante. Mas o desregramento de Marie ainda cobrava seu tributo. Quando Frank finalmente pôs os pés no chão, em vez de lhe dar ouvidos Marie Hilley alugou uma caixa postal, para onde as contas dela eram mandadas, de modo que o marido já não podia ver quanto ela gastava. As contas eram cada vez mais altas, assim como o crédito que certas lojas estavam dispostas a lhe dar pelo fato de ela ser mulher de Frank. Tal fato inspirava confiança. Em 1974, a soma que Marie devia tinha ficado desproporcional à quantidade de dinheiro que ela e Frank ganhavam. A tensão entre os dois ficou enorme, adicionada ao fato de Frank ter ficado doente nessa época, o que não ajudou nem um pouco.

Frank Hilley, que praticamente nunca na vida tinha faltado ao trabalho por causa de doença, agora sofria freqüentes ataques de náusea. Também se sentia constantemente fatigado e mal conseguia se levantar de manhã. Em maio de 1975, tinha resolvido consultar um médico, mas, embora lhe tivessem receitado todo tipo possível e imaginável de remédio, nada parecia aliviar os sintomas dele, quanto mais curá-lo da doença. Frank soube também que a mulher estava tendo um caso com um de seus chefes, um homem chamado Walter Clinton. "Senti-me mal um dia no trabalho", disse Frank Hilley ao filho Michael, "e voltei cedo para casa. Sua mãe estava na cama com Walter Clinton"[1]. Como não era de fazer escândalo, Frank Hilley varreu o caso para debaixo do tapete e pouco se comentou a esse respeito naquele momento ou depois. Além disso, Frank sentia-se tão doente que não tinha energia para brigar com Marie. Foi mais ou menos nessa época que ela começou a aplicar injeções no marido. Frank Hilley explicou à irmã Frida que as injeções faziam parte do tratamento que o médico havia passado a Marie. Apesar de tudo, a saúde de Frank não melhorava. Finalmente ele foi internado no hospital, onde foi diagnosticada uma hepatite infecciosa. Hoje pode-se perceber que os médicos foram completamente enganados pelos sintomas de Frank. Não sabiam o que havia de errado com ele, e por isso a saúde dele se deteriorou rapidamente. Michael Hilley, que nessa época já tinha se casado e estudava no Atlanta Christian College, mal conseguiu reconhecer o pai. Física e mentalmente, Frank era outro homem. Perdia e recobrava a consciência, sofria de dores de cabeça terríveis e ataques de náusea; em várias ocasiões teve alucinações bizarras.

Frank Hilley morreu no dia 25 de março de 1975. O diagnóstico de hepatite infecciosa não foi questionado por ninguém, menos ainda pela família. Dois dias depois, Frank foi enterrado no cemitério de Forestlawn Gardens.

---

1 In: *Poisoned blood,* de Philip E. Ginsburg, Michael O'Mara Books, 1993.

Marie recebeu o seguro de vida do marido. Não era uma quantia colossal, cerca de 30 mil dólares, que, se fosse bem investida, poderia ter sido suficiente para levar uma vida boa. Mas, como sempre, Marie saiu e comprou um carro novo, roupas e jóias. Gastou um bocado em presentes para os filhos, e quando um deles e Teri, a nova esposa, mudaram-se de novo para a região, ela os convidou para morar com ela. Na época, Marie Hilley também vivia com a mãe Lucille, que tinha sido diagnosticada com câncer logo após a morte de Frank. Carol Hilley era outra moradora da casa. Poderia ser um momento de fortalecimento dos laços afetivos para todos, um momento de luto e tristeza, mas também uma oportunidade

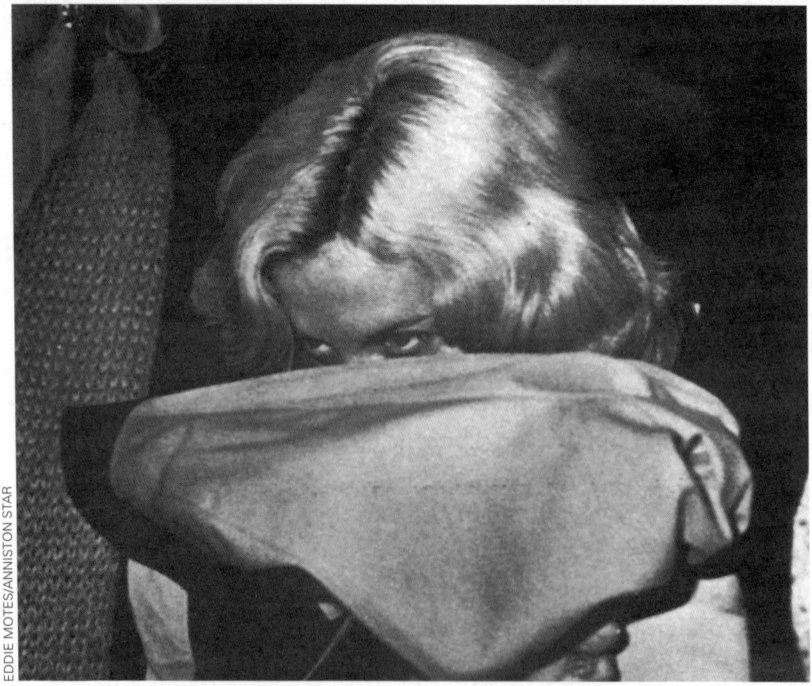

EDDIE MOTES/ANNISTON STAR

Audrey Marie Hilley esconde o rosto ao ser levada de volta para o Alabama para enfrentar as acusações de assassinato. Nessa época — janeiro de 1983 — ela tinha estado foragida havia três anos e dois meses, vivendo, primeiro, como "Robbi Homan" e depois como sua irmã gêmea, "Teri Martin". A prisão dela ocorreu quando amigos e colegas de trabalho de "Robin" se convenceram de que ela e a mulher que se fazia passar por irmã gêmea dela eram a mesma pessoa.

de se reunirem. Infelizmente, nada estava mais longe da realidade. Marie e Carol brigavam constantemente; não conseguiam entrar em acordo sobre coisa alguma e, para coroar, Marie achava que Michael tinha de lhe dar apoio emocional irrestrito. Isso não ajudou a relação com a nora, que começou a se sentir cada vez mais doente a partir do momento em que se mudou para a casa da sogra. Teri Hilley deu entrada no hospital quatro vezes enquanto morou com Marie e acabou tendo um aborto espontâneo. Por fim, ela e Michael mudaram-se para o apartamento deles, mas na noite anterior à mudança houve um incêndio na casa de Marie. Para horror dela, Marie, Carol e Lucille mudaram-se para o apartamento do casal.

O pesadelo não havia terminado. Na verdade, o fogo desempenharia um papel importante na vida de Marie durante os meses seguintes. Por exemplo: quando a casa de Marie ficou pronta, o apartamento vizinho do de Michael e Teri incendiou-se, atingindo o do casal. Michael e Teri tiveram de se mudar com Marie. Era uma espécie de tragicomédia, só que sem graça nenhuma. E as coisas ainda pioraram.

Em janeiro de 1977, Lucille Frazier morreu, depois do que houve uma seqüência de acontecimentos cada vez mais bizarros, todos em torno do lar dos Hilleys. Logo após a morte de Frank Hilley, Marie denunciou uma série de pequenos roubos na casa. Com a morte de Lucille, os roubos recomeçaram. Além disso, Marie começou a perceber vazamentos de gás e, numa ocasião em particular, disse que havia descoberto um incêndio perto do lavabo. Por fim, uma vizinha de Marie, Doris Ford (de cuja casa Marie tinha uma chave), começou a ter problemas semelhantes. Ela disse à polícia que tinha havido numerosos vazamentos de gás em sua casa; além disso, ambas as mulheres também começaram a falar de telefonemas estranhos que lhes estavam sendo feitos a qualquer hora do dia ou da noite. Exatamente um mês depois que Marie descobriu o incêndio no lavabo, Doris Ford verificou que a mesma coisa tinha ocorrido nos armários do vestíbulo da casa dela. Era tudo bizarro demais, coincidência demais, e, apesar disso, embora a polícia tenha descoberto que alguns dos telefonemas estranhos recebidos por Doris tivessem sido feitos da fábrica onde Marie trabalhava, não havia provas para acusá-la. Em 1978, Marie, acompanhada de Carol, resolveu ir para a Flórida com Michael e Teri. O plano estava condenado ao fracasso, e logo Marie estava de volta a Anniston, onde ela e a filha se mudaram para a casa de Frida, a irmã de Frank.

Desde a morte de Frank, Marie Hilley parecia ter-se tornado consciente das incertezas da vida; por causa disso, fez vários seguros, entre eles havia um contra incêndio, contra câncer e contra roubo, bem como um de vida. No entanto, o mais curioso foi que Marie também fez seguro de vida para ambos os filhos.

Carol Hilley começou a se sentir mal por volta de abril de 1979. Embora não tivesse feito nenhuma relação com a doença do pai, ela passou a ter acessos de náusea e sentia-se cada vez mais cansada. Vomitava constantemente. Em vez de os sintomas se amenizarem com o passar do tempo, agravavam-se cada vez mais. Não querendo admitir a derrota, Carol resolveu mudar-se para o apartamento dela. Afinal de contas, tinha dezenove anos, e era muito importante para ela conquistar certa independência, como manter-se sozinha. Mas não tinha contado com a presença da mãe, que, sob o pretexto de cuidar da filha, ia constantemente ao apartamento dela. Marie cozinhava para Carol, ajudava-a a tomar os remédios, conversava com os médicos no lugar dela e, em geral, fazia-se indispensável. Apesar de várias internações no Anniston's Regional de Medical Center, o estado de saúde de Carol não melhorava. Assim, o médico de Carol sugeriu a Marie que levasse a filha para uma consulta com um psiquiatra chamado John Elmore, em Birmingham. Por recomendação do dr. Elmore, Carol foi admitida na ala psiquiátrica do Carraway Methodist Hospital. Na época, parecia uma medida drástica, mas, hoje, pode-se dizer que foi uma providência afortunada; depois de voltar a morar em Anniston outra vez, além de fazer vários seguros, Marie Hilley havia iniciado relações afetivas um tanto complicadas e tinha uma pilha de contas a pagar.

As relações de Marie incluíam o dono de uma construtora da cidade, Harold Dillard, para quem ela trabalhava durante meio período, e um velho colega de escola chamado Calvin Robertson.

Ela disse a Robertson que tinha recebido um diagnóstico de câncer, mas não podia se dar ao luxo de fazer o tratamento caríssimo, se quisesse ter a chance de sobreviver. Robertson, que sempre havia tido uma queda por Marie, mandou-lhe dinheiro. Logo depois, Marie disse a ele que se tinha curado milagrosamente.

Três anos depois da morte de Frank, Marie havia gastado todo o dinheiro do seguro e vendido a casa da família. Já não tinha recursos nem para as despesas básicas. Mas, em vez de refrear os gastos, quando Carol se mudou para o apartamento dela, Marie comprou-lhe vários móveis caros. Não era de surpreender que os cheques voltassem, e o banco os protestasse. Como se isso não bastasse, uma amiga de Marie começou a suspeitar de que havia algo errado no tratamento que Marie fazia com Carol.

Eve Cole conheceu Marie Hilley na Primeira Igreja Cristã, em cuja escola dominical ela dava aulas. Elas logo ficaram amigas, de modo que não era raro Eve ligar para Carol, no hospital, para saber do estado de saúde dela. Carol mencionou por acaso que a mãe dela tinha começado a lhe dar injeções, e Eve Cole imediatamente lembrou-se de que Marie já tinha feito isso, quando Carol ficara doente pela primeira vez. A campainha de alarme tocou e Eve, para ficar de consciência tranqüila, telefonou para Frida, uma das tias de Carol, que, por sua vez, ligou para Michael. Por coincidência, Michael também tinha começado a suspeitar da mãe. Em virtude da morte do pai, ele estava preocupado com a doença de Carol. Na verdade, estava tão preocupado que telefonou para o escritório do juiz encarregado de investigar mortes suspeitas do condado para lhe pedir a exumação do corpo do pai. Unindo isso às informações dadas pela tia Frida, as preocupações dele redobraram. Em seguida, Michael telefonou para o dr. Elmore, no hospital, que, embora não tenha acreditado que Carol estivesse sendo envenenada, disse que impediria Marie de continuar a visitar a filha. Mas foi algo mais fácil de falar que de fazer. Marie Hilley não era mulher que se desse por vencida facilmente. Quando soube dos planos do dr. Elmore tirou a filha do Carraway Methodist Hospital e internou-a no University of Alabama Hospital, onde Carol ficou aos cuidados de um certo dr. Brian Thompson.

Infelizmente para Marie, pouco depois que Carol foi admitida no novo hospital, a polícia prendeu-a por causa de todos os cheques sem fundo que ela havia passado.

Michael Hilley aproveitou-se imediatamente da ausência da mãe para pedir que fizessem exames em Carol para saber se ela estava sendo envenenada. Embora parecesse improvável, o dr. Thompson concordou. Primeiro, examinou as unhas dos dedos das mãos e dos pés da moça em busca do que é conhecido como "linhas de Aldridge-Mees", um sinal inequívoco de envenenamento. O teste deu positivo, e outros exames revelaram que o corpo de Carol Hilley tinha um elevado teor de arsênico.

Essa descoberta levou Michael a entrar em contato com o escritório do juiz encarregado de investigar mortes suspeitas. Escreveu uma carta a Ralph Phillips em que mencionava as suspeitas, até mesmo do envenenamento de Carol por arsênico e da morte prematura do pai e da avó. "Tenho para mim que ela provavelmente injetou arsênico em meu pai, como parece ter feito com minha irmã."[2] Michael também disse achar que a mãe sofria de uma doença mental e queria ajudá-la, mas precisava conhecer a natureza exata dos atos dela. Para sua sorte, Marie ainda estava detida, e ele pôde investigar sem interferências dela.

No dia 26 de setembro de 1979, Marie Hilley foi interrogada sobre a morte do marido e da mãe, bem como sobre o envenenamento da filha. Tentou esquivar-se do problema, mas após duas horas de interrogatório, admitiu que havia dado injeções em Carol, tanto em casa quanto no hospital. Nesse meio-tempo, Frida tinha ido ao apartamento de Carol, onde encontrou um frasquinho que continha um líquido desconhecido. A análise revelou que se tratava de arsênico. Se isso não era o bastante, o corpo de Frank Hilley foi exumado no dia 3 de outubro, e o relatório de toxicologia mostrou que havia uma quantidade enorme de arsênico no tecido do corpo dele. O corpo de Lucille Frazier também foi exumado e nele, como no outro, a polícia encontrou arsênico, embora tenha enfatizado que foi o câncer que acabou por matá-la.

---

2 Idem.

Audrey Marie Hilley foi acusada de assassinato do marido e de tentativa de assassinato da filha em outubro de 1979. Curiosamente, o filho pediu a vários familiares que ajudassem a pagar a fiança, baixíssima se considerado que Marie estava sendo julgada por assassinato — apenas 10 mil dólares. Ela foi solta no dia 11 de novembro, e o advogado dela, Wilford Lane, sugeriu que ficassem num motel de Birmingham para evitar a imprensa. Nos dias seguintes, Marie disse a Wilford que estava aterrorizada com a possibilidade de as irmãs de Frank virem atrás dela. Queriam o couro dela, disse, e pediu a Wilford que mudasse de motel. Wilford concordou, mas, no dia 18 de novembro, ele e sua mulher resolveram fazer uma visita de surpresa a Marie. Lane ficou perplexo com o que viu. O quarto estava uma barafunda, com roupas e outros objetos espalhados por toda parte. Marie, os cartões de crédito e os talões de cheque tinham desaparecido; a única pista do paradeiro dela era um bilhete escrito à mão que dizia: "Lane, você me levou direto para ela. Vai ter notícias minhas". Naturalmente, a inferência era que uma das irmãs de Frank tinha posto as garras em Marie, mas ninguém acreditou nessa versão, preferindo supor que Marie simplesmente fugira para começar vida nova em algum outro lugar. Por coincidência, no mesmo dia em que Marie sumiu, Carrie Hilley (a mãe de Frank Hilley) morreu de câncer, mas alguns exames feitos em fios do cabelo dela durante as semanas anteriores revelaram que havia arsênico no organismo dela.

O FBI entrou em ação. Publicou numerosas descrições da foragida. "A sra. Hilley", diziam os retratos falados, "tem 1,55 metro de altura e pesa 50 quilos. Os olhos são verdes; os cabelos, castanhos. O único sinal que a identifica é uma cicatriz na junta de um dos dedos". Mas a esquiva sra. Hilley nunca apareceu. A única pista sobre o paradeiro dela foi um roubo ocorrido em Blue Mountain alguns dias depois do desaparecimento: um carro que pertencia a Margaret Key, uma tia de Marie, e algumas peças de roupa. O carro apareceu mais tarde em Marietta, Geórgia, e o FBI localizou Marie num motel de Savannah, mas quando os agentes chegaram lá Marie já tinha escapado. Pouco tempo depois, as autoridades concluíram que provavelmente Marie tinha começado vida nova trabalhando como secretária. Descreveram-na como perfeccionista em tudo o que fazia e supuseram que ela nunca aceitaria um emprego aquém de sua capacidade. Conjeturaram também que ela estaria levando uma vida confortável e, de acordo com a experiência passada, continuaria cuidando muito da aparência, talvez até freqüentando salões de beleza regularmente. Além disso, o FBI também apresentou a hipótese de que Marie Hilley pudesse estar sofrendo de um distúrbio de personalidade, e, no dia 16 de outubro de 1980, a seguinte manchete apareceu no *The New York Times*: FORAGIDA DE ACUSAÇÕES DE ENVENENAMENTO PODE TER DUPLA PERSONALIDADE. O artigo dizia que "entrevistas com amigos e familiares da sra. Hilley levaram [o FBI] a acreditar que ela podia estar vivendo personalidades distintas. O FBI também disse que ela usava muitos prenomes diferentes, como Mandy Hilley, Julie Hilley, M.F. Hilley e Margaret Key, o nome verdadeiro da tia".

Seja qual for a verdade, praticamente não havia dúvida de que Marie Hilley tinha começado vida nova em algum lugar. Mas para onde teria ido? A resposta era Fort Lauderdale, Flórida, onde, em fevereiro de 1980, Marie conheceu John Homan.

Homan era um empresário bem-sucedido e alguns anos mais jovem que Marie. Ela lhe disse que se chamava Lindsay Robbi Hannon, tinha trinta e cinco anos e vinha de uma família rica do Texas. Além disso, também contou a John que tinha sido casada, mas o marido havia morrido num trágico acidente de carro, que também tinha matado os dois filhos do casal. Finalmente disse a John que sofria de um problema de saúde gravíssimo.

Um mês depois de se conhecerem, Marie e John já moravam juntos; exatamente como o FBI havia previsto, Marie havia conseguido um bom emprego numa firma de contabilidade de West Palm Beach. Em outubro, o casal resolveu se mudar para New Hampshire. Seria um recomeço para ambos; assim, John comprou uma casa numa cidadezinha chamada Marlow. Em maio de 1981 os dois estavam casados, e John conseguiu um emprego muito bem remunerado numa fábrica de peças para confecção de jóias; Marie havia conseguido um emprego como consultora de moda em uma empresa chamada Central Screw Corporation. Saiu-se muito bem no trabalho e, a maior parte do tempo, os empregados gostavam de trabalhar com ela, embora tivessem notado que ela parecia doente outra parte do tempo. Depois de muitas perguntas, descobriram que a mulher que conheciam como Robbi Hannon estava morrendo. Ela lhes falou sobre uma doença rara do sangue e em várias ocasiões saiu da cidade para fazer tratamento. Robbi Hannon também começou a mencionar a seus colegas uma irmã gêmea chamada Teri, que vivia no Texas e havia conseguido um tratamento para Robbi lá. Era um momento decisivo: Robbi não melhorava e essa era a última esperança dela.

Robbi/Marie deixou o marido em New Hampshire no começo de setembro de 1982 e foi para o Texas conforme o planejado, mas, em síntese, ela só ficou em Dallas três dias, depois do que levantou acampamento e viajou para o velho refúgio da Flórida. Assim que chegou ao Estado onde o sol sempre brilha, registrou-se numa agência de empregos com o nome de Teri L. Martin, com o cabelo tingido de loiro. Para todos os efeitos, era uma pessoa diferente: outra aparência, outro nome. A agência de empregos também não demorou para encontrar um novo trabalho para Teri/Marie como secretária do Solar Testing Service. Mas era só uma questão de tempo até as mentiras de Marie começarem de novo. Dessa vez ela disse ao chefe, Jack McKenzie, que tinha uma irmã gêmea chamada Robbi, que morava em New Hampshire. Infelizmente, Robbi não só tinha tido um derrame recentemente como também estava com câncer. Como gêmeas, explicou Teri, elas eram muito íntimas e ela achava que tinha o dever de cuidar de Robbi, custasse o que custasse. Algumas semanas depois Jack McKenzie recebeu um telefonema de Teri, que dizia não poder ir trabalhar porque tinha ido a New Hampshire. Infelizmente, a irmã havia morrido e ela resolvera ficar por lá; não voltaria à Flórida.

É de imaginar que Marie Hilley teria encerrado as mentiras por aqui. Afinal de contas, a história já era bem complicada do jeito que estava, mas parece que ela ainda não estava satisfeita.

No dia 10 de novembro de 1982, fingindo ser Teri, Marie telefonou para o marido, John Homan, para informá-lo de que a mulher dele, Robbi, tinha morrido. Depois Marie disse que gostaria de conhecer o marido da irmã e, para isso, viajaria de avião para New Hampshire na manhã seguinte; talvez os dois pudessem se consolar um ao outro.

Parece incrível imaginar que John Homan tenha sido levado a acreditar que a mulher que apareceu dizendo ser a irmã gêmea da esposa morta era quem dizia ser. Mas essa foi a história a que ele se agarrou e disse que só percebeu o equívoco quando Teri/ Robbi/ Marie finalmente foi presa em 1983. Teri e Robbi deviam ser gêmeas: Teri tinha uma aparência ligeiramente diferente da mulher dele pelo fato de ter os cabelos loiros, ser um pouco mais magra e ligeiramente coxa de uma das pernas.

Depois de chegar à casa do cunhado, Teri sugeriu que ela e John publicassem um obituário no jornal local, o *Keene Sentinel*[3]. Naquelas circunstâncias, não era uma sugestão absurda, mas esse artigo aparentemente inócuo, que dizia que Robbi Homan havia morrido "depois de uma longa doença", seria, no longo prazo, a ruína de Marie Hilley.

Teri/Marie mudou-se para a casa de John Homan com o pretexto de consolá-lo. Também conseguiu um emprego na Book Press, uma gráfica situada bem na fronteira com o Estado de Vermont. Tudo parecia tranqüilo e normal. Isto é, até os ex-colegas de trabalho de Robbi Homan verem o obituário e começarem a fazer perguntas.

Teri tinha visitado a Central Screw Corporation para agradecer a todos os colegas de Robbi o apoio que haviam dado durante a terrível doença da irmã. Mas, assim que entrou no edifício, várias pessoas concluíram que Teri e Robbi eram a mesmíssima pessoa. Com a publicação do obituário de Robbi, começaram a investigar

---

3 O obituário dizia o seguinte: "Robbi L. Homan, 37 anos, de Marlow, morreu quarta-feira em Dallas, Texas, depois de uma doença prolongada. Nasceu em Buffalo, NY, no dia 25 de março de 1945, filha de Hugh e Cindi Grayson, tendo vivido em Marlow durante dois anos. A sra. Homan foi funcionária da Central Screw Co., em Keene, e membro da Sacred Heart Church, em Tyler, Texas. Deixa o marido, John Homan, de Marlow, e duas irmãs, Teri Martin, de Dallas, e Jean Ann Trevor, de White Plains, NY. A sra. Homan tinha pedido que seu corpo fosse doado ao Medical Research Institute, do Texas, e por isso não houve enterro. Podem ser feitas contribuições em sua memória a uma de suas instituições de caridade preferidas".

os fatos. Inicialmente tentaram telefonar para o hospital onde o corpo de Robbi deveria ter sido deixado para pesquisa médica e verificaram que ele não existia. Depois descobriram que a igreja à qual Robbi deveria ter pertencido no Texas também era pura invenção. Como se as coisas já não estivessem muito estranhas, os colegas de Robbi também não conseguiram nada que documentasse que a morte de Robbi tivesse sido registrada no cartório de Dallas. Pareciam estar no meio de um filme de Alfred Hitchcock. Quanto mais investigavam, tanto mais obscuras as coisas se formavam, e, por fim, sem saber o que fazer, procuraram o presidente da Central Screw Corporation, Ron Oja.

Ron começou as próprias investigações, mas ele descobriu os mesmos fatos estranhos: que a mulher que conheciam como Robbi Homan/Teri Martin estava tentando cometer uma fraude. Ron chamou a polícia, que interrogou a maioria das pessoas que haviam trabalhado com Robbi Homan. Além disso, a polícia também estudou o obituário e chegou à mesma conclusão.

No dia 12 de janeiro de 1983, Teri Martin foi presa na Book Press. A polícia perguntou o nome dela e, segundo os arquivos, ela respondeu num tom de voz confuso que se chamava Audrey Marie Hilley. Acrescentou que estava fugindo da polícia, procurada pelo Estado do Alabama por acusação de fraude. É claro que, quando essa informação foi checada, a polícia descobriu a verdadeira razão pela qual Marie Hilley estava foragida, devolvendo-a a Anniston para ser julgada.

Dessa vez, para não correr risco nenhum, a fiança foi fixada em 320 mil dólares, e não era de surpreender que ninguém a quisesse pagar. Mas o que impressionou todo mundo foi o fato de Carol Hilley querer ver a mãe. Depois da visita à cadeia, a filha de Marie voltou outras vezes para dar apoio moral a ela.

Em maio daquele ano, Marie Hilley foi a julgamento pelo assassinato do marido e pela tentativa de assassinato da filha. A principal testemunha de acusação era, evidentemente, Carol Hilley e, por causa disso, a defesa de Marie achou que o melhor ponto a atacar seria provar que Carol era uma moça mentalmente desequilibrada, viciada em drogas, que havia tomado arsênico numa tentativa de suicídio. Thomas Harman, o advogado de Marie, disse: "Esperamos que as provas mostrem que Carol Hilley usou drogas extensamente... que Carol Hilley é de fato homossexual ou envolveu-se com a homossexualidade. Além disso, esperamos que as provas mostrem que Carol Hilley, ao menos em três ocasiões, tentou suicídio".

Felizmente, a estratégia de defesa fracassou. Além de resistir ao ataque, Carol Hilley apresentou as provas dela fria e calmamente. Frida, a irmã de Frank Hilley, também prestou depoimento, dizendo que o irmão dela lhe havia dito que Marie lhe tinha dado injeções quando ele estava doente. Mas o maior golpe sofrido pela defesa foi dado pela própria Marie. Não se sabe por quê, mas ela havia se esquecido de que em 1979 tinha dado um longo depoimento à polícia, que fora gravado, em que admitia ter dado injeções na filha. Durante esse interrogatório, ela também admitiu ser mentalmente desequilibrada e provavelmente precisava de cuidados médicos. Quando a promotoria apresentou a fita gravada como prova, o julgamento de Marie Hilley foi encerrado.

No dia 8 de junho de 1983, Audrey Marie Hilley foi declarada culpada do assassinato de Frank Hilley e da tentativa de assassinato de Carol Hilley. No dia seguinte, recebeu a pena de prisão perpétua. Foi enviada para a Penitenciária Pública Feminina de Tutwiler, em Wetumplka, Alabama, onde, depois de ser classificada em 1983 como prisioneira que precisava de segurança média, foi reclassificada em 1986 como condenada que só necessitava de segurança mínima. Como tal, solicitou mudança para um regime semi-aberto, segundo o qual ficava livre durante o dia e voltava para a prisão à noite; no dia 19 de fevereiro, obteve um privilégio maior: uma licença de três dias, que usou para visitar John Homan, o marido enganado.

Depois de passar dois dias com ele num hotel, disse-lhe que iria visitar o túmulo dos pais e depois se encontraria com ele num restaurante. Marie Hilley não compareceu ao encontro. Depois de voltar ao quarto, Homan encontrou um bilhete com a letra de Marie Hilley, que dizia: "Querido John, espero que você me perdoe. Estou me preparando para partir. Vai ser melhor para todos. Vamos nos encontrar de novo. Por favor, dê-me uma hora para sair da cidade. Destrua este bilhete".

Quatro dias depois, em 27 de fevereiro, o *Los Angeles Times* publicou o seguinte:

> VIÚVA NEGRA PRESA EM SUA PRÓPRIA TEIA — *Audrey Marie Hilley, que recebeu uma licença de três dias da prisão para visitar o segundo marido num hotel, estava confusa e incoerente quando foi encontrada quinta-feira numa área rural. Os médicos declararam Hilley morta três horas e meia depois, assinalando exposição ao frio e hipotermia como causas preliminares.*

Essa é uma forma triste e melancólica de morrer, quanto mais para Audrey Marie Hilley, a grande vigarista e artista em matéria de fuga. Mas talvez a morte dela fale mais do que a propria vida poderia falar, pois, à sua maneira, exprime exatamente o quanto Marie deve ter sido desequilibrada mentalmente durante a maior parte de sua conturbada existência.

Valéria Messalina
Uma lolita romana

Quando um homem de cinqüenta anos, que não é muito inteligente, nem muito bonito, apaixona-se por uma adolescente de quinze anos muito bonita e muito inteligente, a situação dele não costuma ser das melhores.

EU, CLÁUDIO, DE ROBERT GRAVES

O Império Romano produziu algumas das mulheres mais astutas politicamente e mais cruelmente ambiciosas que já decoraram as páginas da história. Entre elas há personagens como Lívia Augusta, a matreira esposa do grande César Augusto; Popéia, a traiçoeira segunda esposa de Nero; e a loba em figura de gente, Agripina, a Jovem (ver pp. 67-81). Mas é o nome de Valéria Messalina que, com o decorrer dos séculos, tornou-se sinônimo de todos os vícios e defeitos femininos. Quando pensamos que ela só tinha quinze anos quando conheceu e se casou com o imperador Cláudio e apenas vinte e dois quando morreu, torna-se mais impressionante ainda o fato de que ela tenha granjeado uma reputação tão ruim.

Valéria Messalina foi a terceira esposa de Tibério Cláudio César, que se tornou imperador depois que o sobrinho dele Calígula foi assassinado em 41 d.C. Antes de Cláudio ascender ao trono, nunca tinha sido considerado um homem de prestígio, especialmente por causa dos problemas físicos de que padecia desde o nascimento. Alguns comentadores modernos atribuíram o estado dele à paralisia infantil, mas na época era considerado apenas um aleijado disforme e sem muito brilho, atributos que provavelmente lhe salvaram a vida quando, depois da morte de Calígula, os soldados eliminaram do palácio todos os amigos e parentes dele. Cláudio, sendo de família nobre, tinha o apoio de algumas facções da Guarda Pretoriana e assim, por um triz, sobreviveu ao golpe de Estado com sua jovem esposa Messalina.

Messalina também nasceu em berço de ouro, e tinha relações familiares influentes. Filha de Domícia Lépida (bisneta de Marco Antônio) e do famoso cônsul romano Valério Messala Barbato, Messalina desfrutou de muitos privilégios, o maior deles ser membro da corte de Calígula. Por isso é fácil entender por que ela cresceu com plena consciência das intrigas da corte, bem como da precariedade da vida humana, especialmente entre as classes dominantes, e mais ainda sob o governo despótico e tirânico de Calígula. Durante seu reinado, Calígula não desfrutou de nada melhor que participar das cerimônias de derramamento de sangue realizadas nos anfiteatros de Roma. Também havia muita carnificina que podia ser vista no palácio, além de outras crueldades e comportamentos desprezíveis. Em meio a tudo isso, o futuro marido de Messalina, Tibério Cláudio, não passava de uma sombra indolente de segundo plano. Ninguém imaginava que ele algum dia teria renome, quanto mais o trono, de modo que, quando Messalina se casou com ele, é mais provável que o tenha feito mais para se aliar a uma família poderosa do que pela esperança de que Cláudio algum dia fosse coroado imperador.

Cláudio já tinha sido casado antes. Foi noivo duas vezes quando ainda era muito jovem, primeiro de Emília Lépida, bisneta do imperador Augusto, e depois de Lívia Medulina. O primeiro noivado foi desfeito quando a família de Emília Lépida insultou o imperador, e o segundo noivado chegou até o dia do casamento, mas a noiva morreu de uma doença misteriosa. Finalmente Cláudio se casou com Pláucia Urgulanila, logo se divorciando "por causa do comportamento escandaloso e de suspeita de assassinato"[1]. Casou-se de novo logo depois, dessa vez com uma mulher chamada Aélia Petina, mas ela não se saiu melhor que a antecessora, e o casal divorciou-se, também por causa do comportamento extravagante de Aélia. Portanto, Valéria Messalina foi a terceira esposa de Cláudio; os dois se conheceram quando ele tinha 50 anos e ela, 15. Do ponto de vista de Messalina, não deve ter sido a união ideal, mas Robert Graves, no primeiro volume da autobiografia romanceada de Cláudio, descreve a moça segundo o ponto de vista do marido: "Messalina era belíssima, esbelta e ágil, de olhos negros como azeviche e massas de cabelos negros encaracolados. Bastava dizer uma palavra e sorrir misteriosamente para me deixar quase louco de amor por ela"[2].

MARY EVANS PICTURE LIBRARY

Valéria Messalina, terceira esposa do imperador romano Cláudio — apesar de uma diferença de idade de trinta e cinco anos. Avarenta, devassa, cruel e assassina, o nome dela tornou-se sinônimo de todos os supostos vícios femininos, uma façanha notável, dado que ela foi imperatriz por apenas sete anos, um reinado que acabou em 48 d.C., quando o paciente marido ordenou sua execução.

1 In: *The twelve Caesars*, de Suetônio (Caio Suetônio Tranqüilo, *c.*70-*c.*140 d.C., tradução de Robert Graves, 1957, Penguin Classics (org. Michael Grant), 2003.

2 In: *I, Claudius*, de Robert Graves, Arthur Baker, 1934; edição conjunta com *Claudius the God*, Penguin, 1986.

Não há dúvida de que Graves baseou sua descrição em fontes contemporâneas, mas, mesmo que não tivesse feito isso, é fácil ver que, para um homem de cinqüenta anos, uma moça de quinze, cheia de vida, deveria parecer extremamente bela. Como nenhum livro de história menciona como uma adolescente de quinze anos via um aleijado de meia-idade também não pode explicar por que Messalina adquiriu a fama que tem até hoje. Por mais precoce que tenha sido, Messalina deve ter sentido certa apreensão, se não medo, ao se casar e partilhar o leito de Cláudio. Apesar disso, a união prosseguiu, e os dois se casaram numa cerimônia modesta por volta de 39 d.C. Logo depois Messalina deu à luz uma menina, Otávia, em 39 d.C. Depois do assassinato de Calígula, em 41 d.C., Cláudio foi coroado imperador e Messalina passou a desempenhar o papel de primeira-dama, que assumiu com muita segurança, divertindo-se ruidosamente com a nova posição, que consolidou-se ainda mais quando, também em 41 d.C., ela deu à luz um filho de Cláudio, cujo nome era Britânico. Como mãe do herdeiro legítimo, ela agora exercia maior influência, tanto sobre o marido quanto sobre a corte. Messalina deve ter sido realmente fascinante, pois dizem que até nos primeiros estágios do casamento ela desfrutou da atenção de vários amantes. O poder sobre o marido era tal que durante anos os deboches e a avareza dela eram relevados. Mesmo quando Cláudio começou a suspeitar da vida desregrada dela, a timidez o impediu de tomar uma providência, preferindo sucumbir a seus caprichos.

Ironicamente, o primeiro sinal da natureza traiçoeira dela só veio à tona quando teve um ataque de ciúmes sem precedentes. Ao subir ao trono, Cláudio, calmo e gentil, anunciou que desejava que as duas sobrinhas dele, Agripina, a Jovem, e Júlia Livila, voltassem do exílio em Pontia, para onde tinham sido mandadas pelo imperador Tibério depois que o irmão dele, Calígula, as havia estuprado. Agripina e Júlia eram filhas do irmão de Cláudio, Germânico, e por isso Cláudio havia prometido que sempre cuidaria da segurança delas. Messalina sentiu-se ameaçada com a volta das sobrinhas de Cláudio. Sabia que o marido sempre tinha favorecido as duas mulheres e, quando ele lhes devolveu as terras e fez que as riquezas e títulos lhes fossem restituídos, o ciúme de Messalina parecia mais que justificado. Passou a detestar Júlia de forma particular, que parecia disputar a atenção de Cláudio (ver também o capítulo sobre Agripina, a Jovem). Júlia era uma mulher bonita, versada na arte da sedução, e não há dúvida de que Messalina podia ver a influência dela sobre o marido se desfazendo. Logo observou ao marido que estava se envolvendo num incesto, e Cláudio, sem outra opção, foi obrigado a mandar Júlia de volta ao exílio por causa da *Lex de Adulteriis*, época em que a infeliz moça foi secretamente executada, provavelmente por ordem da própria Messalina.

O fato de esse triste episódio ter sido bem-sucedido deu a Messalina uma aura de poder. Depois disso, dizem que qualquer pessoa que ousasse atravessar-lhe o caminho tornava-se vítima da crueldade dela. Por ordem dela, muitos cortesãos foram executados, e ela tramou inúmeras acusações de traição, adultério e desvio de dinheiro público. A palavra de Messalina tornou-se lei, de forma que não havia mais ninguém com audácia suficiente para desafiá-la.

Mas de que fonte emanava esse ódio e crueldade? Quando criança, na corte de Calígula, Messalina deve ter testemunhado esse tipo de maquinação nos bastidores. Além disso, também deve ter tomado conhecimento da impressionante corrupção que grassava na corte, para não falar de toda a pompa e circunstância que marcou o reinado de Calígula como um dos mais distantes das virtudes augustas de moralidade e valores familiares. Embora a mulher do imperador Augusto, Lívia Drusila Augusta — a *Mater Patriae* do Império Romano, e seu marido, o *Pater Patriae* —, tenha tentado levar uma vida baseada no conservadorismo romano, Messalina adotou princípios quase opostos.

Ápio Silano foi um dos primeiros a sentir isso na pele. Tinha-se casado com Domícia Lépida, mãe de Messalina, ao mesmo tempo que desfrutava da amizade do imperador Cláudio. Na verdade, Silano era um homem benquisto por todos, talhado para exercer altos cargos, até que a catástrofe se abateu sobre ele quando a jovem Messalina o fez saber que o achava atraente. Defendendo-se das investidas dela, Silano tentou explicar-lhe que era seu padrasto, além de amigo íntimo do marido dela. Humilhada, Messalina jurou vingança. Conseguiu a ajuda de um servo chamado Narciso, que contou ao imperador um sonho que havia tido, no qual Silano golpeava Cláudio no coração com uma adaga. Jogando lenha na fogueira, Messalina contou depois a Cláudio um sonho parecido, no qual Silano havia tentado matar o imperador para lhe suceder no trono. Por ser uma pessoa que nunca desprezava os sinais e presságios, Cláudio achou que não tinha outra saída a não ser mandar matar Silano.

Foi um episódio que mancharia a reputação de Messalina como imperatriz e ao qual vários membros do Senado reagiram com o intuito de afastar Cláudio e sua calculista mulher do cargo. Um dos planos era mandar assassinar o casal e substituí-lo no trono pelo imperador da Dalmácia. Mas a trama nunca se concretizou porque, segundo fontes contemporâneas, Messalina soube da conspiração e, afirmando agir em benefício do Estado, mandou prender todos os envolvidos. Terras foram confiscadas e todos, até mesmo os remotamente ligados à conspiração, foram executados. Embriagada com os assassinatos e com sua posição inexpugnável, Messalina fez que todos soubessem que até a mais leve transgressão às suas ordens seria rigorosamente punida. Além disso, de olho nas riquezas provenientes dos altos cargos, começou a tirar o máximo proveito da condição de mulher do imperador, vendendo sua influência a qualquer um que pudesse se dar ao luxo de comprar os favores imperiais. Entre eles estava a venda da cidadania romana em proveito próprio, a preferência nos contratos de construção civil aos homens que lhe ofereciam os subornos mais elevados e a recompensa com altos cargos àqueles que lhe enchiam a bolsa de ouro.

Aqui está um dos muitos motivos pelos quais Valéria Messalina desfruta da reputação que tem hoje em dia, porque, depois da morte de Calígula, o povo estava ansioso por ter um governante que respeitasse a tradição e valorizasse o verdadeiro conservadorismo moral. Em Cláudio encontraram o homem certo, mas o bom povo de Roma também queria uma mulher virtuosa ao lado dele. Precisavam de uma figura de proa que, se não fosse irrepreensível, ao menos fosse considerada como tal: uma mulher como Lívia Drusila Augusta, que havia ajudado o marido a estabelecer os valores tradicionais. Em todos os sentidos, Lívia tinha tentado personificar as virtudes femininas, vestindo-se e comportando-se discretamente. Se nenhuma dessas duas atitudes lhe era natural (alguns comentadores, entre os quais Suetônio, Tácito e Plutarco, duvidavam), o resultado era o mesmo, pois aos olhos do povo ela e o marido conseguiram criar uma autocracia moderada, controlada.

Infelizmente, Messalina desprezava a tradição e nunca estaria à altura dos padrões da predecessora. Muito pelo contrário. A lista dos vícios atribuídos a ela era longa e inglória, após a devassidão, não perdia para ninguém em matéria de avareza. Por exemplo: durante anos ela cobiçou os Jardins de Lúculo, que ficavam no Collis Hortorum (a encosta ajardinada de Roma), um pedaço de terra maravilhosamente trabalhado, célebre por sua beleza, e propriedade de um dos principais senadores romanos, Valério Asiático. Como sabia que não conseguiria os jardins de outra forma

BETTMANN/CORBIS

Se o nome de Messalina se tornou sinônimo de assassinato e adultério, ela também era considerada uma mulher excepcionalmente bela, como mostra essa pintura romantizada do século XIX. De estirpe nobre e versada nas intrigas da corte, apesar da juventude, ela podia ser extremamente vingativa contra os que a rejeitavam ou contrariavam.

a não ser por meios escusos, Messalina acusou Asiático de instigar a conspiração para assassinar Calígula. As provas eram frágeis, se é que existiam de fato, mas Messalina fazia Cláudio acreditar em todas as palavras que dizia, e Asiático foi condenado à morte. A única concessão que Cláudio fez ao pobre homem foi que ele poderia tirar a própria vida, e Asiático escolheu os Jardins de Lúculo para cometer o suicídio. Mandou os cirurgiões abrir uma veia de sua perna e sangrou até morrer num banho quente.

Foi uma baixeza, que manchou a reputação de Messalina. Ela era uma afronta a todos os romanos, a tudo o que era considerado bom e elevado. Embora certas acusações possam ser descartadas como mexericos de ociosos, algumas histórias estão envolvidas pelo halo da verdade.

O caso com Mnester, o famoso dançarino romano, foi uma delas. Messalina era ainda uma jovenzinha a primeira vez que pôs os olhos nesse homem, e foi imediatamente enfeitiçada por ele.

De uma família humilde de camponeses, Mnester foi pastor quando criança, mas desde cedo dedicou-se com afinco à dança. Quando finalmente chegou a Roma, sua fama de dançarino já o tinha precedido. O nome dele se havia tornado sinônimo de mérito artístico, assim como o do ator Rócio. Messalina ficou hipnotizada. Mandou erguer estátuas em honra de Mnester, tanto na cidade quanto no palácio imperial, e contratou poetas para escrever odes à beleza física do dançarino. Mas, receoso das implicações que poderiam advir de um caso com a imperatriz pelas costas do marido, dizem que Mnester defendeu-se de suas investidas. Sem se acanhar, Messalina continuou a campanha, até que o jovem finalmente lhe disse que faria o que ela quisesse desde que Cláudio consentisse na satisfação dos desejos dela. Messalina procurou o marido imediatamente e dizem que lhe contou que o dançarino se tinha recusado a obedecer a uma das ordens dela. Queria que Cláudio fizesse saber a todos que as ordens dela tinham de ser tratadas com mais respeito. Assim, Cláudio atendeu sua mulher: mandou chamar o dançarino e ordenou-lhe que fizesse tudo quanto Messalina desejava. Foi assim que Mnester se tornou amante de Messalina — bem embaixo do nariz do imperador.

Mas nada do que tinha sucedido até então chegava perto da situação que finalmente pôs um fim às conspirações e contraconspirações de Messalina. O caso dizia respeito a um jovem nomeado cônsul chamado Caio Sílio, considerado o homem mais belo de Roma. Dizem que Sílio despertou a atenção de Messalina, tornando-a perdidamente apaixonada por ele. Tácito descreve essa paixão em *Os anais*:

> *Ela [Messalina] tinha se apaixonado tão loucamente por Caio Sílio, o mais belo entre os jovens da nobreza romana, que o tirou da cama de Júnia Silana, uma dama bem-nascida, para ter o amante só para si. Sílio estava ciente de sua própria baixeza e do perigo que corria, mas uma recusa seria sinônimo de morte certa, e ele tinha uma certa esperança de se safar. O prêmio era grande demais, de modo que ele se consolou esperando pelo futuro e desfrutando o presente. Quanto a ela, não se dava ao trabalho de disfarçar, indo constantemente à casa de Sílio acompanhada por um séquito numeroso. Ela o seguia aonde quer que fosse, cumulava-o de riquezas e honrarias, e, por fim, como se o império tivesse passado para outras mãos, os escravos, os libertos, os próprios móveis do imperador deviam ser considerados posse do amante.*[3]

Que Messalina tenha optado por não esconder o caso de olhos curiosos mostra o quanto foi ingênua de acreditar que poderia escapar à punição, ou o quanto se sentia segura do amor de Cláudio. Afinal de contas, o imperador nunca havia mostrado algo diferente de indulgência em relação à jovem esposa, de modo que poderia ter aprovado os casos extraconjugais dela para mantê-la satisfeita. Há ampla evidência nesse sentido, pois foi durante esse período que Cláudio deu a Messalina a própria ala do palácio, onde ela poderia viver e entreter os amigos sem nenhuma interferência. Messalina

---

3 In: *The Annals*, livro XI, de Tácito (Cornélio Tácito, 55 d.C.-depois de 115 d.C.), tradução de Alfred John Church e William Jackson Brodribb; esse texto está à disposição do leitor no seguinte endereço: http://classics.mit.edu/Tacitus/annals.html

aproveitou o presente ao máximo e passou a participar de incontáveis orgias, para as quais convidava todo mundo: atores, libertos, escravos, embaixadores. Na verdade, a maioria considerava Messalina ninfomaníaca. Embora esses comentários tenham sido escritos por autores do sexo masculino, que eram mais rigorosos quando se tratava de comportamento sexualmente aberrante das mulheres, certamente há um grão de verdade por trás dessas especulações.

Seja como for, a história diz que vários casos de Messalina foram longe demais, e, na tentativa de esconder todos os vestígios de devassidão, esses amigos e amantes eram assassinados. Cláudio, enquanto marido e imperador, esteve implicado nessas execuções. Não há dúvida de que lhe disseram que um certo amante tramava contra ele, ou que outro desviava o dinheiro público, mas ele sempre fazia o que a mulher lhe pedia e logo se livrava daqueles homens.

Assim, o imperador corria o risco de se transformar em alvo de chacotas. Para o povo de Roma, a condição dele era semidivina, e, conquanto Cláudio cumprisse os deveres políticos com grande inteligência, o comportamento imprudente e voluntarioso de Messalina tinha começado a arruiná-lo. O povo dizia que sua fraqueza era responsável pela reputação estarrecedora da mulher. Algo precisava ser feito imediatamente. Por fim, depois de sete anos de depravações crescentes, Messalina deu-lhe a desculpa perfeita quando resolveu se casar com o amante Caio Sílio.

Há várias interpretações para o que ocorreu. Algumas fontes sugerem que Messalina enganou o tolo marido levando-o a concordar em dar-lhe um "divórcio" temporário, afirmando que tinha tido uma premonição da morte dele em circunstâncias dolorosas e misteriosas. Segundo reza a história, tudo quanto Cláudio queria era satisfazer os desejos dela e permitir-lhe casar-se com outro pateta que acabaria morrendo no lugar dele tal como havia sido previsto.

O argumento mais convincente era de que Messalina tinha concluído que a posição política de Cláudio estava cada vez mais precária. O próprio irmão de Cláudio, Germânico, começava a reclamar o trono imperial, e a família de Caio Sílio era um clã poderoso que apoiava o rival de Cláudio. Portanto, casar-se com o amante ajudaria a garantir a sobrevivência política de Messalina se Cláudio viesse a ser assassinado. Afinal de contas, quando Calígula foi morto, a mulher Cesônia foi perseguida e esfaqueada pelos soldados, enquanto Drusila, a filha de dois anos, teve a cabeça repetidamente golpeada contra uma parede. Cláudio era considerado fraco e incapaz de resistir às pressões do ofício; assim, nada melhor do que se aliar a uma família poderosa que desfrutava do respeito da Guarda Pretoriana e, por conseguinte, do exército.

É claro que ambas as explanações parecem ridículas, pois o ato propriamente dito era ridículo, algo que não passou despercebido a Tácito:

> *Sei muito bem que vai parecer uma fábula o fato de alguém nesse mundo ser tão obtuso numa cidade que sabe de tudo e não esconde nada; mais ainda: que essas pessoas sejam um cônsul eleito e a esposa do imperador; que, num certo dia, diante de testemunhas devidamente convocadas, elas devam unir-se numa cerimônia como se fosse um casamento legítimo; que ela deva ouvir as palavras dos amigos do noivo; que deva fazer sacrifícios aos deuses; que deva tomar seu lugar entre os convidados; que a devam cobrir de beijos e carícias e que deva passar a noite na liberdade que o casamento permite. Mas essa não é uma história que seja de surpreender; apenas relato o que ouvi e que nossos pais documentaram*.[4]

Anunciou-se que a cerimônia seria realizada enquanto Cláudio estivesse em visita oficial a Óstia, fazendo um sacrifício aos deuses. Festejados com muito vinho e muita música, Messalina e o novo "marido" Sílio, que foi coroado com uma grinalda de hera trançada com habilidade, dançaram à vontade. Ao voltar, Cláudio foi informado do que havia sucedido, embora mesmo então não estivesse convencido da culpa de Messalina. Relutava em tomar uma providência contra a esposa, e foi só porque um de seus leais conselheiros o persuadiu do contrário é que Messalina finalmente foi obrigada a prestar contas dos atos dela.

---

4 Idem.

Palo era o servo preferido de Cláudio, que o nomeou ministro das finanças do Tesouro Imperial. Mas na época da *ruína* de Messalina ele era um aliado muito próximo de Agripina, a Jovem, que pensava em se casar ela mesma com Cláudio. Agripina e Palo espionavam Messalina em segredo. Quando Cláudio voltou de Óstia, Palo e outro dos aliados de Agripina, Narciso, consideraram dever informar o imperador dos atos estranhos da esposa.

Cláudio mandou chamar os amigos mais influentes ao palácio, onde os interrogou durante várias horas sobre o tema das supostas contravenções de sua mulher. Em primeiro lugar, fez perguntas a um homem chamado Turrânio, superintendente do mercado de trigo; depois a Lúsio Geta, líder da Guarda Pretoriana. Por fim, ambos os homens confirmaram que Palo estava certo: Messalina tinha realmente "casado" com o amante. Depois aconselharam Cláudio a certificar-se do apoio do exército, pensando sobretudo na segurança dele antes de se vingar da esposa.

Os dias de Messalina estavam contados. Apesar do amor de Cláudio por ela, apesar de ela ser mãe de dois dos filhos dele e apesar da capacidade de persuadir o marido, dessa vez ela tinha ido longe demais.

Cláudio voltou ao palácio imperial decidido a se livrar não só de Caio Sílio, mas também da mulher e de todos os convidados do suposto casamento. Com essa finalidade, Sílio foi levado às pressas diante de um tribunal, perante o qual não se defendeu, nem implorou clemência; pediu apenas que sua execução fosse rápida. Da mesma forma, vários outros nobres que tinham participado do casamento também pediram um fim rápido. Entre os acusados, o único homem a ter uma segunda chance foi o dançarino Mnester, que pediu perdão a Cláudio, dizendo que não teve opção a não ser participar da cerimônia. Cláudio estava inclinado a concordar e dizem que esteve a ponto de perdoar o dançarino quando, no último minuto, os conselheiros convenceram-no do contrário. Cláudio tinha de ser visto como um homem forte, disseram eles, principalmente quando se tratava de questões de Estado que punham em risco o trono. Portanto, os convidados que participaram da festa de casamento foram executados; depois disso, a atenção voltou para a principal peça de toda aquela situação espinhosa: Messalina.

Dizem que, ao chegar ao quarto, apesar da autoridade dele estar em jogo, a determinação de Cláudio vacilou e ele começou a hesitar em relação ao destino da esposa. Para piorar as coisas, teve a visão dos dois filhos adorados, Otávio e Britânico, que Messalina havia enviado ao pai para pedir por sua vida. Foi uma situação horrorosa, que o imperador não conseguiu enfrentar sozinho. Por isso, os cortesãos de Cláudio, principalmente Narciso, assumiram o comando e ordenaram aos centuriões que executassem Messalina. Localizaram a esposa de Cláudio nos Jardins de Lúculo, onde, dizem, ela estava sentada ao lado da mãe, Domícia Lépida, escrevendo cartas em que pedia perdão ao marido ofendido.

Ao ver os guardas, Messalina tentou uma saída digna: cometer suicídio. Para os romanos, essa era a melhor forma de morrer, especialmente para evitar a desonra da execução, quando a pessoa era de família nobre. Sêneca defende eloqüentemente o suicídio, em seu texto *De ira*, como uma das melhores expressões da liberdade:

> *Seja qual for a direção para a qual volte os olhos, lá está o meio de dar fim a suas aflições. Está vendo aquele precipício? Lá embaixo está o caminho que leva à liberdade. Está vendo o mar, aquele poço? Lá está a liberdade — no fundo. Está vendo aquela árvore, mirrada, empestiada e estéril? No entanto, dos galhos dela pende a liberdade. Está vendo sua garganta, seu pescoço, seu coração? São portas para escapar à escravidão. Será que as saídas de emergência que lhe mostro são muito difíceis? Será que exigem coragem e força demais? Você pergunta qual é o caminho para a liberdade. Qualquer veia de seu corpo.*[5]

5 Citado em "Death and the Romans", palestra de David Noy, da University of Wales, Lampeter, 1999; à disposição no seguinte endereço: http://www.lamp.ac.uk/~noy/death3.htm

Messalina, com esperanças de sair pela porta mais digna, pegou uma adaga e tentou cortar os pulsos. Fez vários cortes com a lâmina, mas fracassou. Então, um dos centuriões terminou o serviço, apunhalando-a até matá-la. Foi o triste fim de uma jovem mulher, mas, dado o seu comportamento, combinado à precariedade da vida na corte imperial, não foi nenhuma surpresa.

Pouco depois, todas as estátuas de Messalina foram retiradas da cidade de Roma. Apesar do fato de seus filhos provavelmente terem chorado a morte dela, Cláudio não lamentou a execução nem por um momento. Embora tenha jurado que nunca mais se casaria de novo, logo a atenção dele se voltava apara Agripina, a Jovem, a antiga rival de Messalina, que também era sobrinha de Cláudio. Como Tácito se dá ao trabalho de explicar, "quando o Senado se reuniu novamente, ele convenceu um grupo de senadores a propor que uma união entre ele e ela devia ser providenciada compulsoriamente, em nome do interesse público; e que outros tios também deveriam estar livres para se casar com suas sobrinhas, embora até o momento aquilo fosse considerado incesto"[6].

Messalina não desapareceu da memória fácil ou rapidamente. Durante sua vida, havia fascinado e surpreendido Roma com um comportamento infame. Após sua morte, a reputação dela continuou na cabeça das pessoas. As maquinações e violência praticadas perpetuaram seu nome.

---

6 In: Suetônio, tradução de Robert Graves, op. cit.

Agripina, a Jovem
A rainha do veneno

Tenho horror de toda língua afiada
Que diz que uma agulha fica melhor em minhas mãos,
A pena do poeta, todos dizem que vou usar mal,
Pois grande é o desprezo que têm pela cabeça da mulher;
Se o que faço é certo, não irá em frente,
Dizem que é roubado, ou então fruto do acaso.

PRÓLOGUE, DE ANNE BRADSTREET

Nascida no coração do Império Romano, Agripina, a Jovem, desfrutou de direitos hereditários impecáveis. Sua mãe, Agripina, a Velha, era filha de Agripa e Júlia, que representavam as duas famílias mais importantes da Roma antiga, os julianos e os claudianos, ao passo que o pai dela era o famoso comandante militar Germânico (sobrinho do imperador Tibério). Com antepassados tão ilustres, não é de surpreender que a vida de Agripina, a Jovem, devesse vê-la no centro da Roma imperial, nem que seus primeiros anos fossem influenciados pela sede de poder. Até a criança mais alegre teria sido afetada pelas tramas e conspirações que a rondavam. O pai foi assassinado quando ela tinha três anos e, como diz um comentador, ela cresceu "numa atmosfera apavorante de malevolência, suspeitas e violência criminosa"[1]. Além de ser irmã do

1 In: *The twelve Caesars*, de Michael Grant, Weidenfeld & Nicolson, 2002.

futuro imperador Calígula, Agripina também foi mãe do imperador Nero e tornou-se a quarta esposa do imperador Cláudio.

Agripina, a Jovem, nasceu em Oppidum Ubiorum, às margens do Reno, filha de Germânico e de Agripina, a Velha, por volta do ano 16 d.C. Durante a infância dela, o pai desfrutou de enorme popularidade entre os romanos. Suetônio o descreve como "dotado de excelência física e moral. Era bonito, corajoso, conhecedor da oratória e das línguas grega e latina, notoriamente bondoso e talentoso, capaz de conquistar respeito e afeição de todos"[2]. Vencedor de várias operações militares na Germânia, o imperador Tibério concedeu-lhe uma marcha triunfal em 15 d.C., a última

HULTON-DEUTSCH COLLECTION/CORBIS

Agripina, a Jovem, bisneta do imperador Tibério, irmã do imperador Calígula, sobrinha e quarta esposa do imperador Cláudio e mãe do imperador Nero. O desejo arrogante de influência política, especialmente em favor do filho Nero, combinado à ganância por riquezas e desprezo pela vida humana, escandalizou até a corte embotada da Roma imperial.

2 In: *The twelve Caesars*, de Suetônio (Caio Suetônio Tranqüilo, *c.*70 d.C.-*c.*140 d.C.), tradução de Robert Graves, 1957, Penguin Classics (org. Michael Grant), 2003.

cerimônia que realizaria um comandante militar que não fosse um imperador governante. Mas a inimizade de Tibério era tão grande quanto a amizade. Quando tornou-se evidente que Germânico não só desfrutava do apoio do povo como legítimo príncipe de Roma, mas também do das tropas imperiais, dizem que Tibério mandou envenená-lo. Germânico morreu na cidade de Antioquia em 15 d.C. Dizem que, no leito de morte, virou-se para a esposa e pediu-lhe que descarregasse a ira e a ferocidade dela contra o imperador, se não em nome do marido, ao menos em lugar dos filhos, e insistiu que, quando voltasse a Roma, ela não deveria incentivar os simpatizantes dele a irritar o imperador, nem, na verdade, ninguém que tivesse mais poder que ela. Foi pedir demais. Agripina, a Velha, não deu ouvidos ao desejo do marido. Convencida da participação de Tibério no assassinato de Germânico, assim que voltou ela deixou claro para toda a Roma que não era aliada do imperador. Finalmente, Tibério, temeroso de que a ambição de Agripina pudesse levá-la a tentar substituí-lo no trono por um dos filhos dela, mandou-a para a ilha de Pandatéria, ao largo da costa ocidental da Itália. Em 33 d.C., Agripina, a Velha, morreu de inanição, provavelmente por ordem do imperador, embora a declaração oficial mencionasse que ela havia cometido suicídio. Dois dos filhos dela, Druso e Nero, já tinham sucumbido à ira do imperador e morrido pouco antes da mãe. Nero "cometeu suicídio", tendo supostamente cortado a própria garganta, enquanto Druso morreu de fome na prisão. Depois de matar os filhos mais velhos de Agripina, não causa surpresa saber que Tibério poupou o caçula, Caio César, que era mais conhecido como Calígula. Primeiro, o menino foi enviado para a casa da avó Antônia; depois, quando tinha dezenove anos, recebeu uma ordem imperial de se juntar ao imperador na ilha de Capri. Durante os seis anos seguintes, Calígula viveu com Tibério, que chegou até a nomeá-lo, junto com o neto Gêmulo, um dos herdeiros do trono imperial.

Mesmo quando adolescente, Calígula já havia mostrado sinais da natureza desequilibrada e maníaca que manifestaria no exercício do poder. Segundo Suetônio, "Calígula não conseguia controlar sua natureza selvagem. Adorava assistir a sessões de tortura e execuções; disfarçado com peruca e roupas de mulher, entregava-se toda noite aos prazeres da carne e à vida escandalosa"[3]. Essa devassidão incluiria também o estupro das três irmãs (Drusila, Agripina, a Jovem, e Júlia Livila), e, como é do conhecimento de todos, quando esse comportamento foi denunciado a Tibério, o imperador providenciou para que as três mulheres se casassem imediatamente para amenizar quaisquer acusações de má conduta do irmão.

O marido de Agripina era um homem chamado Cneo Domício Aenobarbo. Era vinte e cinco anos mais velho que a mulher e riquíssimo, porém mais conhecido pelo temperamento brutal e manipulador. Não era exatamente a união ideal para a voluntariosa Agripina, nem para o povo de Roma, uma vez que o fruto desse casamento foi um filho que mais tarde se tornou conhecido como imperador Nero.

Em 37 d.C., o imperador Tibério morreu. Tinha setenta e sete anos e havia reinado durante pouco mais de vinte e três. Para o povo romano, Calígula era o sucessor natural, de modo que Gêmulo logo foi posto de lado (um ano depois estava morto, provavelmente assassinado), preterido em favor do filho de Germânico. Afinal de contas, quem melhor para assumir as rédeas do poder que o filho de um líder militar tão venerado e respeitável? Calígula nasceu para ser imperador, mas parece que ninguém se tinha dado conta do desequilíbrio mental dele. Quase tudo o que fazia era contrário às leis da natureza. Calígula tomou Drusila, sua irmã predileta, como amante, ao mesmo tempo que mantinha um caso incestuoso com Agripina. Ele também providenciou para que Drusila se casasse com um dos amigos e aliados mais íntimos dele, Marco Emílio Lépido (havia boatos de que era o amante masculino de Calígula). Na verdade, Drusila já tinha sido casada com Lúcio Cássio Longino, mas, por insistência do irmão, divorciara-se dele para se casar com Lépido. Essa união era conveniente para os planos dinásticos de Calígula, pois, não tendo filhos, nomeou Lépido sucessor dele, de modo que, se morresse,

---

3 Idem.

a irmã favorita se tornaria imperatriz automaticamente. Talvez por acaso isso nunca ocorreu, pois Drusila morreu prematuramente. No entanto, Agripina, que não era mulher de deixar escapar uma boa oportunidade, tentou tomar o lugar da irmã nas afeições de Calígula. Como foi rejeitada, voltou as atenções para Lépido, dizendo-lhe que, se assassinasse o irmão dela, ela se casaria com ele. Além de recrutar Júlia, a irmã remanescente, Agripina também envolveu muitas outras pessoas nas maquinações. É claro que o plano dela estava fadado ao fracasso; ao ser descoberto, Calígula mandou executar Lépido e exilou ambas as irmãs.

A essa altura, é de imaginar que Agripina teria moderado as ambições. Nada poderia ser menos verdadeiro. Com todo o tempo do mundo à sua disposição, começou a conspirar para o futuro, esperando que as marés da sorte virassem. Mas não teve de esperar muito, pois apenas dezoito meses depois de ser afastada de Roma Calígula foi assassinado. Era o ano 41 d.C. Embora haja várias versões sobre a morte de Calígula, em geral se acreditava que havia morrido a fio de espada e que o golpe fatal fora desferido por Cássio Chaerea, que Calígula tinha ridicularizado abertamente na corte por ser afeminado.

Houve uma controvérsia acalorada no Senado a respeito do sucessor; por fim, foi decidido, mais por acaso do que pela razão, que Tibério Cláudio Druso, de cinqüenta anos, seria o novo imperador. Considerado meio ignorante, além de fraco, Cláudio era um homem bom e um de seus primeiros atos foi trazer as duas sobrinhas de volta do exílio.

Assim que voltou, Agripina tirou o filho Nero dos cuidados da cunhada Domícia Lépida. Não havia nenhuma afeição entre elas, e a antipatia aumentou quando Domícia persuadiu Cláudio a se casar com a filha dela, de quinze anos, chamada Messalina. Logo depois dessa união, Messalina teve, primeiro, uma filha, Otávia, e depois um filho, Britânico, o que alimentou o rancor de Agripina, que viu as chances dela de chegar ao poder escapar-lhe por entre os dedos. Apesar disso, continuou decidida a ver a si e ao filho no comando e deu início a uma campanha muito bem planejada para arruinar Messalina.

Competente em tudo o que fazia, Agripina casou-se novamente depois da morte de Cneo Domício Aenobarbo. O novo pretendente chamava-se Passieno Crispo, que era rico e desfrutava de muito prestígio, qualidades que levaram Agripina a se tornar uma das damas mais importantes e respeitáveis da sociedade romana. Messalina, pelo contrário, parecia cada vez mais inadequada; era desregrada, provocadora e escandalosa, atributos que não caíam bem numa esposa de imperador. O plano de Agripina, no devido tempo, seguramente daria certo. Afinal de contas, Messalina estava fadada a cometer alguma asneira, o que lhe atrairia a ira do marido, que então se voltaria para Agripina, uma pessoa mais estável emocionalmente e mais aceitável socialmente.

Extremamente calculista, Agripina mandou a irmã caçula, Júlia, tentar seduzir Cláudio, para saber até que ponto ele era fiel a Messalina. Mas o plano fracassou. A irmã de Agripina foi exilada; depois, por ordem de Messalina, discretamente assassinada. Messalina concluiu que desfrutava de uma posição inabalável e Cláudio toleraria dela até as atitudes mais estranhas. Começou a realizar orgias no palácio, dando escândalo diante de todos, divertindo os convidados e se envolvendo em inúmeros casos amorosos.

Enquanto isso Agripina tramava planos nos bastidores, forjando alianças com alguns dos cortesãos mais confiáveis de Cláudio. Foi dessa maneira que se aproximou de Palo, o tesoureiro imperial. Espionavam Messalina e espalhavam histórias sobre as depravações dela. Finalmente Messalina foi longe demais: casou-se com outro homem, Caio Sílio. Mesmo assim, Cláudio relutou em tomar providências, mas seguindo conselhos de Palo e Narciso, outro de seus homens de confiança — certamente instruídos por Agripina —, decidiu ordenar a morte da esposa.

O caminho estava livre para Agripina seduzir o imperador, no que foi novamente auxiliada por Palo, que, ao saber da intenção de Cláudio de se casar de novo, fez a apologia de Agripina. Disse que, além de bela e inteligente, também era mãe do neto de Germânico, ao que se somava o fato de ainda ser jovem para ter mais filhos. Portanto, a escolha recaiu em Agripina — embora ainda houvesse muitos obstáculos. O primeiro deles era o fato de ela já ser casada, o que ficou resolvido com a conveniente morte do marido pouco tempo depois. Muitas fontes asseguram que Agripina envenenou Passieno Crispo; porém, sem provas concretas, só se pode especular a esse respeito. O segundo obstáculo: Agripina ser sobrinha de Cláudio, o que, de acordo com a lei romana, era considerado incestuoso se se tratasse de casamento. Mais uma vez, essa pedra do caminho logo foi removida com a promulgação de um novo decreto do Senado autorizando a união. Finalmente, Agripina chegou à meta suprema. Conquistou o poder, tornou-se imperatriz e, segundo Tácito descreve em *Os anais*, entrou na cidade de Roma numa carruagem cerimonial, com a intenção de enfatizar "a reverência sentida por uma mulher que até hoje continua sendo única, filha de um grande comandante e irmã, esposa e mãe de imperadores"[4].

Sempre atenta e precavida, Agripina se certificou de que todos, especialmente as rivais, tinham consciência do poder de que passava a desfrutar. Lólia Paulina, terceira esposa do imperador Calígula, célebre por sua beleza e rival de Agripina na disputa pela mão de Cláudio, foi um dos alvos de Agripina, que a acusou de ter feito consultas a astrólogos e mágicos, bem como a "Clarian Apolla", a respeito do casamento imperial. Ao ouvir as acusações, Cláudio, em vez de interrogar a acusada para saber se a história era verdadeira, foi ao Senado e afirmou que Lólia Paulina tinha maus propósitos em relação ao Estado. O plano de Agripina funcionou. O Senado, horrorizado, confiscou imediatamente os bens de Lólia Paulina e exilou-a, fato que a levou a cometer suicídio. Em sua obra de ficção, *Cláudio, o Deus*, Robert Graves menciona também que Agripina ordenou que a cabeça de Lólia fosse levada para o palácio. "Agripina agarrou-a pelos cabelos e, segurando-a diante de uma janela, abriu a boca. 'Sim, é a cabeça de Lólia, certo', disse ela, satisfeita, para mim [Cláudio] quando entrei na sala"[5].

---

4 In: *The Annals*, livro XII, de Tácito (Cornélio Tácito, 55 d.C.-depois de 115 d.C.), tradução de Alfred John Church e William Jackson Brodribb; esse texto está à disposição do leitor no seguinte endereço: http://www.classics.mit.edu/Tacitus/annals.html

5 In: *Claudius the God*, de Robert Graves, Arthur Baker, 1934; edição conjunta com *I, Claudius*, Penguin, 1986.

Outra vítima de Agripina foi uma mulher chamada Calpúrnia, que incorreu na ira da imperatriz porque certa vez, ao passar por ela, recebeu elogios de Cláudio acerca de sua beleza. Calpúrnia teve um pouco mais de sorte que Lólia Paulina, mas mesmo assim sofreu muito, tendo todos os bens confiscados.

Em seguida Agripina mandou executar a mãe de Messalina, Domícia Lépida (algo que, em virtude da rivalidade entre as duas, deve ter dado muito prazer a Agripina), além de mandar matar ou expulsar da corte os servos e auxiliares que gozavam da confiança da rival. E, num lance destinado a consolidar a posição

BETTMANN/CORBIS

O apogeu do Império Romano sempre fascinou os produtores de cinema. Nesta foto, tirada no set *de filmagem de uma comédia italiana em 1956, chamada* Meu filho Nero, *Agripina é representada pela lenda hollywoodiana Gloria Swanson (no centro) e Popéia, a esposa de Nero, pela jovem Brigitte Bardot; à esquerda, Vittorio de Sica, que desempenha o papel de Sêneca, mestre de Nero.*

de imperatriz, Agripina começou a planejar casar o filho Nero com Otávia, filha de Cláudio e Messalina. Só havia um obstáculo a esse plano: Otávia já estava comprometida. Agripina resolveu logo esse problema e, com a segurança que lhe era habitual, começou a espalhar boatos de que o jovem estava tendo uma relação incestuosa com a irmã (um fato irônico, considerando a relação dela com Calígula), o que, por sua vez, levou o rapaz a ser expulso da Itália, para um exílio perpétuo. Nero e Otávia ficaram noivos, e mais uma vez poderíamos pensar que esse seria o fim da busca de Agripina pela supremacia. Mas nada parecia desviá-la de seu curso.

Logo depois que Nero se tornou noivo de Otávia, Agripina começou a persuadir Cláudio a adotar Nero como filho. Como antes, empregou Palo para lhe dar apoio, pedindo-lhe especialmente que mencionasse ao imperador que Tibério tinha "adotado" Calígula; não seria um gesto igualmente generoso se Cláudio fizesse o mesmo por Nero? As implicações eram óbvias. Cláudio já tinha um filho do casamento com Messalina, que se chamava Britânico, e era evidente para todos que o conheciam que Cláudio se sentia muito próximo dele. Com a morte de Cláudio, era praticamente certo que Britânico lhe sucederia, mas Agripina não suportava a idéia de perder o poder tão facilmente. Por conseguinte, fez o possível para convencer o marido, insistindo com ele noite e dia, até que, por fim, ele cedeu aos desejos dela e adotou Nero como filho. A essa altura, as coisas estavam cada vez mais complicadas, pois a adoção significava que Nero estava noivo da irmã adotiva, de modo que a questão do incesto trouxe mais um problema para sua cabeça. É claro que Agripina tinha uma solução: a adoção de Otávia por outra família.

Os poderes de Agripina tinham chegado a limiares praticamente inexpugnáveis. Era vista constantemente na companhia do imperador, sentada ao lado dele nos tribunais, bem como desfilando com ele de carruagem pelo monte Capitólio. Consolidou ainda mais a posição acumulando uma riqueza colossal e colocando os simpatizantes e defensores dela em cargos-chave do império. Por isso não é certo, como alguns dos primeiros historiadores (em particular Suetônio, Tácito e Diou Cássio) sugeriram, que foi Agripina a responsável pelo assassinato do marido. Afinal de contas, ela já controlava a família imperial, bem como a maior parte da política da corte, além de já ter garantido a posição do filho como herdeiro do trono. Segundo Suetônio,

> *a maioria das pessoas acha que Cláudio foi envenenado; mas quando e por quem, não se sabe. Alguns dizem que o eunuco Haloto, seu provador oficial, administrou a droga quando ele jantava com os sacerdotes de Júpiter na Cidadela; outros, que Agripina fez isso pessoalmente num banquete de família, envenenando um prato de cogumelos, a comida predileta do imperador. Existe uma discrepância semelhante entre as versões do que ocorreu a seguir. Segundo muitos de meus informantes, ele perdeu a capacidade de falar, sofreu dores terríveis durante a noite toda e morreu pouco antes do amanhecer. Uma variante dessa história diz que ele entrou em coma, mas vomitou tudo o que havia no estômago, e depois foi envenenado uma segunda vez, por um mingau — com o pretexto de que ele precisava de alimento para recuperar as forças — ou por um enema — com o pretexto de que os intestinos dele também precisavam ser esvaziados.*[6]

Com a versão de Suetônio em mente, se foi Agripina quem envenenou Cláudio, é provável que ela tivesse um cúmplice, e a evidência sugere uma mulher chamada Locusta. Testemunhos atestam que a Roma dessa época estava assolada por uma onda de envenenamento, que tinha aumentado a tal ponto que se tornou completamente descontrolada durante o reinado dos imperadores Cézar e Cláudio. Em suas *Sátiras*, Horácio fala de três envenenadoras profissionais: Canídia, Martina e Locusta. A poção escolhida teria sido provavelmente de origem vegetal, isto é, plantas que continham alcalóides da beladona, como a cicuta, o acônito e o teixo, embora fontes contemporâneas raramente ou nunca mencionam algo específico. Seja como for, Cláudio foi assassinado. Tinha sessenta e quatro anos e ficou no trono pouco mais de catorze, de

---

6 In: Suetônio, tradução de Robert Graves, op. cit.

modo que foi um fim triste e um pouco humilhante para um governo que havia sido relativamente pacífico. Mas essa não foi a única indignidade sofrida pelo velho imperador, pois, depois da morte dele, dizem que Agripina manteve seu corpo quente com várias "aplicações", até "todas as providências" terem sido tomadas para garantir a ascensão de Nero[7].

Por fim, no dia 12 de outubro de 54 d.C., Nero foi declarado imperador pela Guarda Pretoriana, e houve celebrações em toda a Roma em sua honra. Alguns cidadãos questionaram o direito dele à sucessão, dizendo que Britânico tinha um direito mais legítimo do que ele ao trono imperial, mas, felizmente para Nero, esses protestos não vingaram, e ele assumiu o poder. Como tinha ainda apenas dezessete anos, não poderia governar legalmente. Portanto, Agripina assumiu o papel de regente, ao qual não tinha direito, e mesmo depois que Nero atingiu a maioridade, é de supor que ele ainda estivesse sob a influência da mãe. Ela recebeu o título de "Augusta", que significava "imperatriz", e a imagem dela aparecia ao lado da do filho em todas as moedas romanas. Esse último privilégio era só dela, pois, até aquele momento, as mulheres da família imperial só tinham aparecido em moedas depois de mortas. Durante esse período, Agripina também tomou providências para que todos os pretendentes rivais ao trono (com a exceção de Britânico) fossem exilados ou mortos. Soubesse ou não das atividades criminosas da mãe, Nero certamente tinha o maior respeito por ela, uma vez que os dois governaram durante muitos anos com impunidade absoluta. Apesar disso, a deferência que Agripina inspirava ao filho não duraria para sempre, pois Nero logo começou a ter tanto prazer com o poder absoluto quanto a mãe.

Nero era um jovem dissoluto que, apesar do desejo de se tornar ator ou cantor, mais tarde entregou-se ao lado mais sombrio da sua personalidade, adquirindo vícios e cometendo atrocidades. Gastava dinheiro como se fosse água, adorava orgias, seduzia tanto moças quanto rapazes e, em geral, levava uma vida extremamente

---

7 Idem.

devassa. Para agravar a situação, principalmente aos olhos da mãe, começou a mostrar pouco respeito por ela. Enquanto estava casado com Otávia, teve um caso com uma ex-escrava, agora liberta, chamada Acte. Agripina foi tomada de fúria terrível, não só por ver o filho enxovalhando o casamento, mas sobretudo porque não queria uma ex-escrava como rival pelo afeto de Nero ou, pior ainda, como futura nora. Nero também exilou o confidente de Agripina, Palo (que alguns insinuaram que se havia tornado amante dela a essa altura). Esse disparate talvez tenha sido a gota d'água, e, desesperada, Agripina começou a ameaçar o filho, dizendo-lhe que o substituiria no cargo de imperador pelo irmão adotivo mais velho, Britânico. Para fazer a ameaça parecer mais real, Agripina passou de fato a mostrar um interesse inusitado pelo filho adotivo. Já paranóico a respeito da possibilidade de ser solapado do cargo de imperador, Nero levou a sério as ameaças da mãe e não demorou a contratar os serviços de Locusta, que envenenou Britânico.

Com Britânico fora do caminho, Nero mostrou mais claramente o rancor filial e voltou-se contra os amigos e confidentes mais íntimos da mãe. Com a ajuda de dois dos conselheiros, Sêneca e Burrus, mandou matar Palo; depois removeu a guarda armada de Agripina e revogou os títulos dela. Agripina recebeu ordens de deixar o palácio. Privada dos títulos e impedida de ter acesso à casa imperial, os poderes de Agripina se tinham reduzido. Mesmo assim, ela ainda não havia desistido de exercer um alto cargo e logo começou a procurar outro candidato para substituir Britânico e ameaçar Nero. Foi uma péssima idéia: Nero tinha espiões por toda parte; não demorou para a conspiração de Agripina ser descoberta. Foi enviada uma comissão à residência dela para julgar se ela era culpada. Por meio de um discurso longo e elegante, Agripina conseguiu livrar-se de todas as acusações contra ela, mas também não teve sorte com o passo seguinte. Por estranho que pareça, Agripina concluiu que a melhor maneira de reconquistar o filho era começar uma relação incestuosa com ele.

Segundo Tácito, ela esperou o filho saciar-se de vinho e boas comidas, e então se lhe ofereceu "elegantemente vestida e pronta para o incesto". Agripina acariciou o filho e cobriu-o de

MARY EVANS PICTURE LIBRARY

Muito antes do advento do cinema, a Roma antiga foi um tema que inspirou muitos escritores e artistas. Esta gravura do século XVII *mostra uma cena da peça* Britânico*, de autoria do grande dramaturgo francês Jean Racine, em que Agripina repreende Nero. Ela tinha convencido o marido Cláudio a adotar Nero, filho dela de um casamento anterior, dando-lhe preferência sobre o filho de Cláudio com Messalina, Britânico. Depois de subir ao trono, Nero mandou matar Britânico, mas as maquinações da mãe não lhe trouxeram muitos benefícios, pois no fim Nero também conseguiu matá-la depois de várias tentativas frustradas.*

beijos lascivos, expondo-se de tal maneira que não pôde deixar de chamar a atenção de vários cortesãos e autoridades. A essa altura, vendo o imperador lutando para escapar das garras da mãe, Sêneca interferiu e mandou Acte para ajudar Nero. A jovem ex-escrava agiu rapidamente e contou ao amante que havia muitos boatos de que o imperador estava se entregando ao incesto e Agripina, longe de se envergonhar do comportamento dela, se deleitava com seu novo papel de sedutora. Além disso, Acte também salientou que o exército não toleraria um imperador manchado por essas baixezas.

Acossado por essas questões e propenso a acreditar que a mãe era a causa de tudo quanto dava errado em sua vida, Nero mandou matar Agripina. Mas não foi uma tarefa fácil. Apesar de ter sido privada de muitos poderes, ela ainda era uma grande oponente. Segundo Suetônio, Nero tentou envenenar a mãe três vezes, mas fracassou, pois Agripina já se havia prevenido com antídotos. Finalmente, Nero mandou construir um barco que, ao entrar na água, se despedaçaria e afundaria. Simulando uma reconciliação, escreveu à mãe pedindo-lhe que se encontrasse com ele em Baiae para celebrar o Festival de Minerva. Agripina chegou lá pontualmente, num barco a remo. Assim que chegou, Nero mandou um de seus oficiais provocar um acidente para destruir o barco de Agripina. Depois do banquete, Nero ofereceu-lhe o barco defeituoso, que ela aceitou. Esse plano também não deu certo. Nero ficou acordado o resto da noite à espera da notícia da morte da mãe, porém acabou sendo informado por um dos libertos de Agripina de que o barco havia afundado, mas, felizmente, Agripina tinha conseguido nadar até a praia. Só havia tido um pequeno ferimento no ombro esquerdo.

Talvez Agripina tivesse suspeitado do jogo sujo antes do "acidente", mas, se não tinha desconfiado de nada, um incidente com certeza a convenceu. Enquanto o barco afundava, ela notou uma mulher gritando que ela era a mãe do imperador e por isso tinha de ser salva; depois viu a mulher ser morta a golpes de porrete por alguns membros da tripulação. As suspeitas de que sua vida corria perigo foram confirmadas, embora, como observa Tácito, "ela tenha compreendido que a única forma de evitar cair em armadilhas era fingir que não suspeitava delas". Com isso em mente, mandou dizer ao filho que os deuses se tinham voltado para ela com benevolência e, embora Nero certamente quisesse visitá-la, deveria esperar até ela se recuperar da provação que havia sido o afundamento do barco.

Contudo, em vez de esperar, Nero deixou a prudência de lado e enviou um grupo de oficiais armados para a vila da mãe com ordens de não deixá-la acordar.

Nesse ponto também há várias versões conflitantes sobre a morte de Agripina. Suetônio diz que o assassinato foi realizado de modo que parecesse suicídio, que depois que ela estava morta "Nero correu para examinar o cadáver de Agripina, apalpando-lhe criticamente os braços e as pernas e, entre goles de bebida, discutindo os pontos fortes e fracos dela"[8], ao passo que outros historiadores contam que ela foi morta com vários golpes de espada no estômago e o cadáver foi cremado numa fogueira, para destruir qualquer prova de assassinato.

Insaciável em sua sede de poder, e também de fortuna, e implicada no assassinato de tanta gente, parece razoável que Agripina, a Jovem, seja vítima, e não criminosa. Historiadores contemporâneos parecem pensar coisas parecidas, ao observar que não era só monstruoso uma mulher usar sua feminilidade como forma de obter poder, como também desprezível. Na verdade, a única pessoa que parece ter sofrido depois da morte dela foi o homem que mandou assassiná-la. Dizem que, durante o resto da vida, Nero foi perseguido pela culpa, sendo às vezes assombrado pelo fantasma de Agripina; mas, outras vezes, era perseguido pelas Fúrias. Mesmo depois de empregar ocultistas para exorcizar a memória da mãe, ela ainda flagelava a consciência do filho e aparecia nos sonhos dele. Infelizmente para o povo que governava, nem esses horrores aplacaram a sede de sangue de Nero. Até morrer, em 68 d.C., continuou, como a mãe antes dele, a levar uma existência sanguinária e embrutecida.

8 Idem.

Tsi-hi
A imperatriz do Trono do Dragão

A palavra 'paz' nunca deve sair da boca de nossos oficiais de alta patente, nem devem eles deixá-la repousar no coração nem por um momento. Com um país como o nosso, com seu território enorme, que se estende por várias dezenas de milhares de lis, *seus imensos recursos naturais e suas centenas de milhões de habitantes, se todo e qualquer um de vocês quiser provar sua lealdade ao imperador e amor à pátria, o que, na realidade, haveria de temer de qualquer invasor? Não devemos pensar em paz, e sim em deixar que todos lutem para preservar seus túmulos e seu lar ancestral da destruição e da espoliação pela mão implacável do invasor.*

TRECHO DE UM EDITO SECRETO DE TSI-HI A SEUS VICE-REIS, DE 21 DE NOVEMBRO DE 1899 (EM: *COURT LIFE IN CHINA: THE CAPITAL, ITS OFFICIALS AND PEOPLE*, DE ISAAC TAYLOR)

Em muitos aspectos, a cidade imperial de Pequim, com o labirinto das ruas e muralhas dentro de muralhas, é um espelho da história conturbada da China imperial e, em particular, do reinado da imperatriz do Trono do Dragão. Em meados da década de 1830, quando a imperatriz do Trono do Dragão nasceu, a China estava no auge do poder, mas na época da morte dela, em 1908, por causa de numerosas sublevações políticas e especialmente do contato com a civilização ocidental, a dinastia Ching já estava morta e a China imperial, inteiramente demolida.

Tsi-hi nasceu no dia 29 de novembro de 1835, durante a dinastia Manchu. Tinha dois irmãos e uma irmã, os pais não eram ricos. O pai, Hui-cheng, era um mandarim manchu de pouca expressão, um joão-ninguém em relação aos milhares de pequenos funcionários que povoavam Pequim naquela época. A única glória ligada ao nome dele era a honra hereditária de pertencer a uma das oito companhias militares, os Porta-Estandartes de

Debrum Azul. Fora isso, Hui-cheng não era influente, nem rico e, por causa da falta de dinheiro, não podia dar uma educação boa aos filhos. Porém Tsi-hi, que foi muito engenhosa desde criança, conseguiu aprender sozinha os rudimentos da leitura e da escrita, o que não foi pouca coisa, porque nesse período a maioria das mulheres chinesas era analfabeta. De acordo com a sociedade em que vivia, o destino dela seria tornar-se concubina, e, em 1851, quando tinha apenas dezesseis anos, Tsi-hi foi mandada para a corte imperial, onde se procedia à escolha do harém do novo imperador. Hsien-feng havia ascendido ao trono depois da morte do pai, o imperador Tao-kuang, e Tsi-hi, sendo filha de um Porta-Estandarte de Debrum Azul, foi escolhida, junto com a irmã, para servir no palácio. Havia apenas sessenta moças qualificadas para esse papel venerável, e por isso a família dela envidou todos os esforços para que, quando entrassem no palácio, ela e a irmã estivessem vestidas com as melhores roupas que podiam se dar ao luxo de comprar. Nessa ocasião, vinte e oito moças foram escolhidas, e Tsi-hi estava entre elas, embora a entrada dela no harém do imperador não significasse automaticamente que ela estaria mais próxima da sede do poder; muitas vezes as concubinas raramente viam o imperador.

No dia 14 de junho de 1852, depois que terminou o período oficial de luto pelo velho imperador, Tsi-hi foi oficialmente transformada numa *Kuei Jen* (pessoa respeitável), o que significava que era uma concubina do mais baixo escalão. Ao mesmo tempo, outra das poucas escolhidas, uma moça chamada Niuhuru, passou a ser *Pin*, uma concubina de um escalão superior ao de Tsi-hi. Poucas semanas depois, Niuhuru foi elevada, tornando-se consorte de Hsien-feng. Ela foi coroada imperatriz, e Tsi-hi, sabedora de que Niuhuru estava destinada à grandeza, logo se tornou amiga íntima daquela jovem. Tsi-hi também começou a observar as intrigas do palácio imperial e rapidamente descobriu que as pessoas mais influentes daquele labirinto de muros e paredes eram os eunucos.

Originariamente, a ordem dos eunucos tinha sido criada para proteger a autenticidade dos filhos imperiais: sendo castrados, não havia como algum deles manter relações ilícitas com a imperatriz,

BETTMANN/ CORBIS

Um retrato contemporâneo de corpo inteiro da imperatriz Tsi-hi, inspirado numa pintura chinesa. Partindo da posição de simples concubina à corte do imperador, em 1852, ela conseguiu presidir todo o império chinês durante mais de cinqüenta anos, embora a crueldade dela para com os estrangeiros e a aversão a eles tenham contribuído para destruí-lo, pois ele só sobreviveu três anos à morte dela em 1908.

nem com as concubinas. Com o passar dos anos, a posição deles não melhorou devido a nenhuma relação sexual, mas eles se tornaram muito poderosos pelos próprios méritos pessoais, convivendo diariamente com os membros da casa imperial. Reconhecendo a influência deles, Tsi-hi estabeleceu uma aliança com vários eunucos. Porém isso não a levou para mais perto do imperador, que, na época que ela se tornou concubina, tentava desesperadamente escapar dos deveres de Estado, cada vez mais numerosos.

Hsien-feng não era um imperador interessado na política do país. No início do reinado dele, a China sofreu várias rebeliões internas e teve problemas com algumas potências estrangeiras. Em vez de enfrentar essas questões de frente, Hsien-feng resolveu escapar para seus palácios de verão, na tentativa de ignorar as intrigas políticas.

Na ausência dele, Tsi-hi ocupou o tempo nas enormes bibliotecas do palácio imperial. Foi um bom investimento. Além disso, caiu nas boas graças dos eunucos, e, sempre que era permitido, alimentava a amizade com Niuhuru, a imperatriz de Hsien-feng.

Ironicamente, foi Niuhuru quem inspirou em Tsi-hi o sonho do poder, pois três anos depois do casamento dela com o imperador ela ainda não lhe dera um herdeiro para o Trono do Dragão. A mãe de Hsien-feng, junto com os ministros, disseram ao jovem imperador que agora era um dever oficial passar mais tempo com as concubinas. Há várias versões sobre a maneira pela qual Hsien-feng acabou escolhendo Tsi-hi para ter esse privilégio. A maioria das pessoas acredita que, após ganhar a confiança dos eunucos, ela os persuadiu a apresentar o nome dela como a melhor candidata para o papel.

A campanha dela foi coroada de êxito: Tsi-hi foi mandada para o leito do imperador. A etiqueta exigia que ela fosse levada nua para o quarto dele e colocada aos pés da cama, de onde teria de subir engatinhando até o lugar onde ele estava.

Não importa se foi na primeira, na segunda ou na terceira vez, a união deu frutos. No dia 27 de abril de 1856, Tsi-hi, então com vinte e oito anos, teve um filho homem, que foi chamado de Tsai-chun e seria o único filho homem do imperador Hsien-feng. Como recompensa, Tsi-hi, que já se tinha tornado uma *Pin*, agora passaria a ser uma Porta-Estandarte Amarela. Ela se recorda mais tarde do que sucedeu: "Preciso dizer que eu era uma mulher inteligente, pois lutei minhas próprias batalhas e venci-as todas. Quando cheguei à corte, o falecido imperador ficou muito ligado a mim... Tive a sorte de lhe dar um filho homem, o que me tornou a favorita inquestionável do imperador"[1].

Infelizmente, a relação entre imperador e concubina nunca foi uma ligação estável, e ficou mais complicada ainda quando, por pressão das constantes crises políticas da China, Hsien-feng enterrou a cabeça na areia e recusou-se a tomar conhecimento das dificuldades crescentes do país. Em particular, rebeldes de Taiping, no norte, atacaram violentamente o trono, e isso, combinado a uma invasão do norte da China pelos "demônios estrangeiros" da Grã-Bretanha e da França, aterrorizou o jovem governante. Em vez de resistir e combater essas forças, Hsien-feng retirava-se cada vez mais, evitando o confronto (acabando por ir para um palácio em Jehol, nas montanhas). Esse processo enfureceu Tsi-hi que, constrangida pela covardia dele, virou-lhe as costas. Finalmente foi promulgado um decreto especial que declarava que todos os prisioneiros estrangeiros deveriam ser decapitados, mas a voz que o instigara não fora a do imperador — fora a voz de Tsi-hi.

Cabeças rolaram, embora, durante a ausência de Hsien-feng da capital, o irmão dele, o príncipe Kung, tivesse chegado à conclusão de que o derramamento de sangue não deveria continuar, e por isso, apesar dos decretos imperiais em contrário, assinou um tratado de paz com a Grã-Bretanha e com a França. Esse tratado acalmou a situação política, e o imperador foi convencido a voltar à capital, mas caiu gravemente doente antes disso. De repente, a posição de Tsi-hi passou a correr perigo; na China, a primogenitura não era a lei dos Ching. Se achasse necessário, o imperador poderia decretar qualquer um dos filhos homens da

---

1 In: *Two years in the forbidden city*, da princesa Te-ling (Der Ling), Mofatt, Yard & Co., 1911; Dodd, Mead & Co., 1929. Te-ling foi a primeira dama de companhia da rainha-mãe, e o texto de seu livro está à disposição do leitor em vários *websites*, principalmente o da Biblioteca da Universidade de Virgínia, no seguinte endereço: http://etext.lib.virginia.edu/toc/modeng/public/DerYear.html

família como sucessor ao trono. Com isso em mente, Tsi-hi apelou mais uma vez para a amizade com Niuhuru, a esposa de Hsien-feng. Foi um gesto cínico, mas valeu a pena, porque logo depois Hsien-feng, que tinha apenas trinta e quatro anos, estava no leito de morte. O estado de saúde do imperador agravava-se cada vez mais e Tsi-hi tornou-se cada vez mais preocupada. Então, sem avisar, segundo as próprias palavras,

> *o imperador estava praticamente sem se dar conta do que ocorria à sua volta; levei meu filho até o leito dele e perguntei-lhe o que ia ser feito a respeito do sucessor ao trono. Ele não me deu nenhuma resposta; como sempre ocorre em emergências, eu estava à altura da situação, e disse-lhe: "Aqui está seu filho". Ao ouvir essas palavras, ele abriu imediatamente os olhos e replicou: "É claro que ele vai me suceder no trono". Naturalmente me senti aliviada depois que isso foi resolvido de uma vez por todas. Essas palavras foram praticamente as últimas que ele pronunciou.*[2]

No dia 22 de agosto de 1861, Hsien-feng morreu e Tsai-chun, o filho de Tsi-hi, foi declarado imperador. Mas nem isso foi uma questão simples, pois nos três meses decorridos entre a morte de Hsien-feng e seu funeral, vários membros da corte começaram a mexer céu e terra para a conquista de poder. A raiz do problema era o fato de o novo imperador não ter idade suficiente para governar. Tsi-hi, junto com outros sete "regentes" (entre os quais Niuhuru), foi nomeada para administrar o império. É claro que essa divisão do poder estava fadada a terminar em luta entre regentes. Depois de algum tempo, o príncipe I e o príncipe Cheng foram considerados culpados de crimes contra o Estado e receberam "permissão para cometer suicídio". Um terceiro regente, Su-shun, foi executado por decapitação, e as propriedades e a fortuna dele foram transferidas para as mãos de Tsi-hi e Niuhuru. Foi a primeira vez que tantos bens foram concedidos a Tsi-hi; praticamente da noite para o dia ela se tornou uma mulher riquíssima.

---

2 Idem.

No entanto, se a situação na corte estava mais calma, infelizmente não era o que sucedia no país em geral. A guerra civil devastava cinco províncias e, nos primeiros anos do reinado de Tsi-hi, mais de vinte milhões de pessoas morreram em conseqüência das lutas ou de inanição. Imensas extensões de terras foram arrasadas e cidades reduzidas a escombros. Foi uma página inglória da história da China.

Apesar disso, durante esse período, Tsi-hi, longe de ser afastada das questões de Estado, insistiu em ter uma audiência com o príncipe Kung todos os dias para discutir questões políticas. Dessa forma, começou a entender como o governo funcionava e como resolver as questões políticas com habilidade. Mas o que o príncipe Kung aprendeu com Tsi-hi é menos evidente, pois ele sem dúvida subestimava a inteligência dela, e via-a como uma mulher que poderia manipular à vontade. Como diz Marina Warner em sua biografia de Tsi-hi, "a essa altura ninguém via na mãe de vinte e seis anos do imperador Tsai-chun nada mais que uma ex-concubina cordial, bonita e inteligente. Ela tinha tropeçado no poder supremo como se fosse uma pedra em seu caminho"[3].

Além disso, nos anos seguintes a nova administração teve de enfrentar problemas muito maiores, como as sublevações internas no próprio país, em particular a rebelião de Taiping, que ainda devastava o norte, bem como outras invasões do território chinês por potências estrangeiras. No momento atual, assim como nos posteriores, Tsi-hi manteve a crença profundamente arraigada de que a China não poderia e não deveria viver em harmonia com "intrusos", que ela considerava inferiores em todos os aspectos.

Em 1864, Tsi-hi comemorou seu aniversário de trinta anos. Ainda era uma mulher jovem, embora, após curto período, houvesse adquirido enorme perspicácia política. Agora começava a pô-la em prática, testando suas forças, primeiro, fazendo um escândalo sem precedentes em uma das audiências com o príncipe Kung. Segundo vários documentos históricos, Tsi-hi começou a gritar e chorar até o príncipe ser retirado à força do aposento.

---

3 In: *The dragon empress: the life and times of Tz'u-hsi 1835-1908*, de Marina Warner, Weidenfeld & Nicolson, 1972.

Afirmou que ele havia tentado atacá-la e depois o acusou também de vários atos ilícitos. Não se sabe se havia ou não alguma verdade nas acusações, mas o que ficou claro é que Tsi-hi já não estava disposta a continuar discretamente em segundo plano. Queria o poder absoluto, e, para piorar as coisas, ela passou a promover o jovem cunhado, o príncipe Chun, que era casado com a irmã dela.

A posição do príncipe Chun era considerada importante, pois cabia-lhe a supervisão da educação do imperador. Tsi-hi também exigia que todas as questões de Estado com alguma importância fossem tratadas diretamente com ela, e não com o príncipe Kung, nem com a co-regente Niuhuru, que ainda era obrigada a assinar os documentos oficiais da corte.

À medida que a influência política de Tsi-hi se fortalecia, a vida privada também ficava cada vez mais faustosa. Ela incentivava os funcionários a aumentar os impostos sobre uma população já empobrecida, e para manter a Corte do Dragão com o esplendor feudal começou a vender cargos importantes em troca de donativos generosos ao tesouro privado. Na segurança do palácio, diziam também que ela levava uma existência desregrada e frívola. Durante a época em que foi co-regente interina, os gastos com a manutenção da Cidade Proibida e com o palácio em particular entraram numa espiral completamente descontrolada.

Enquanto isso, Tsai-chun[4], o jovem filho de Tsi-hi, crescia. Quando ela fez trinta anos, ele tinha nove. Apesar de receber a melhor educação que a mãe podia lhe dar, o menino nunca mostrou nenhum talento intelectual, o que deve ter sido uma grande frustração para Tsi-hi, mas ela adorava o filho, e este também a admirava. Eles apreciavam teatro e, além de assistir a peças, gostavam de se fantasiar e representar. Porém nada disso amenizava a solidão que a criança deve ter sentido como o único homem vivendo num palácio habitado por eunucos e mulheres. O menino não tinha companheiros de folguedos; não havia irmãos nem primos que pudessem fazer-lhe companhia. Em vez de estar com os pares,

---

4 Mais tarde, o nome de Tsai-chun foi mudado para Tung-chih, que significa "Retorno à Ordem".

era tratado com o maior carinho por todos, que lhe faziam todas as vontades. Quando chegou aos quinze anos, Tsai-chun se tinha transformado num jovem dissoluto, mimado. Nessa área, Tsi-hi não ajudava em nada, pois em vez de insistir em que o filho prestasse atenção às questões de Estado, preferia que ele deixasse esses problemas por conta dela.

Em 1872, o jovem imperador fez dezesseis anos. Era a idade em que deveria escolher uma esposa, e por isso muitas filhas de vários altos funcionários manchus lhe foram apresentadas. A moça escolhida foi uma jovem de dezoito anos de família nobilíssima chamada Alute.

Tsi-hi sentiu uma antipatia instantânea pela nova nora e, conquanto alguns comentadores digam que isso se deveu ao fato de a moça ser mais bonita que Tsi-hi, a maior parte dos historiadores concorda que a principal razão foi o fato de Alute ameaçar substituir Tsi-hi na afeição do filho, o que, por sua vez, significava que ela perderia toda a influência política pela qual havia lutado tenazmente.

A despeito disso, os dois se casaram no dia 15 de outubro de 1872 e, alguns meses depois, no dia 23 de fevereiro de 1873, Tsai-Chun (conhecido a partir de então como Tung-chih), foi oficialmente coroado imperador. Como seria de esperar, o reinado dele não foi glorioso, nem feliz. Depois de ascender ao trono, provou imediatamente que não estava interessado no governo, preferindo, em vez disso, continuar com os desregramentos da juventude. O jovem imperador bebia bastante e gostava de ter muitos e variados casos amorosos. Tsi-hi não poderia ter desejado nada melhor. Com o filho tão desinteressado assim pelas questões de Estado, ela podia exercer o papel de regente sem interferências. Foi também durante esse período que ela começou a reconstruir o Yuan Ming Yuan, um dos mais luxuosos palácios de verão do império. Sempre disposta a usufruir os privilégios da realeza, a natureza sibarita de Tsi-hi não resistiu à oportunidade de restaurar essa residência suntuosa, devolvendo-lhe a antiga glória. Ademais, com o filho no trono, ela teria de viver em outro lugar, e nada a persuadiria de se mudar para um palácio que não estivesse à altura de sua posição.

O Yuan Ming Yuan, que um dia havia sido a jóia da coroa chinesa, fora destruído pelo fogo durante a rebelião de Taiping. As obras de restauração seriam extensas, e desde o início Tsi-hi enfrentou uma oposição obstinada. Foram feitos relatórios dizendo que era obsceno gastar essa quantidade de dinheiro em um único edifício, quando uma parte tão grande do país ainda sofria privações depois da rebelião de Taiping. Mas, um ano depois de a obra ter começado, foi descoberto que a maioria dos construtores fraudava as contas, e, de repente, por ordem do imperador, a restauração do palácio foi interrompida. Louca de raiva, Tsi-hi teve de dar um tempo aos sonhos de uma vida luxuosa, mas não teve de esperar muito para concretizá-los.

Em 1874, Tung-chih, que continuava levando a vida na flauta, contraiu varíola. Em seu leito, o jovem imperador afirmou que, "cuidando das questões de Estado por algum tempo, a imperatriz vai coroar sua grande bondade para comigo e eu lhe serei eternamente grato"[5]. Conquanto privadamente ela nunca tenha passado de fato as rédeas do poder para o filho, Tsi-hi havia recuperdo oficialmente o poder. A despeito de um breve período de restabelecimento em dezembro daquele ano, o jovem imperador morreu no dia 12 de janeiro de 1875. Tinha apenas dezenove anos e havia permanecido no trono pouco menos de dois. Corriam muitos boatos de que Tsi-hi tinha apressado a morte prematura do filho, não só empurrando-o para uma vida devassa, como também por ter ficado furiosa com Alute, que, diante do leito de morte do marido, tentava animá-lo a se recuperar, dizendo-lhe todas as coisas maravilhosas que fariam quando estivessem de novo no poder. Os boatos também insinuavam que Tsi-hi tinha mandado arrastar Alute para fora do quarto e espancá-la por presunção. Tsi-hi tinha de fato mau gênio, que se manifestava freqüentemente. Uma testemunha a descreveu da seguinte maneira: "[Seus olhos] lançavam raios; a mandíbula tinha um aspecto feroz e as veias da testa projetavam-se; ela mostrava os dentes como se estivesse sofrendo de trismo"[6].

---

5 In: Marina Warner, op. cit.

6 Idem.

No dia da morte do filho, realizou-se uma reunião do Grande Conselho para discutir quem lhe sucederia no trono. Significativamente, Alute não estava presente. Mas Tsi-hi se sentou no Trono do Dragão, com a sempre submissa Niuhuru ao lado. Como rainha-mãe, ela tinha toda a autoridade para falar em nome do filho morto, e por isso sugeriu três candidatos, dois dos quais ela descartou sumariamente como inadequados, preferindo um terceiro pretendente, Kuang-hsu, filho do príncipe Chun, e, como seria de esperar, o próprio sobrinho. Também não foi uma revelação surpreendente que o candidato preferido dela tivesse apenas três anos de idade, dando-lhe assim a desculpa perfeita para continuar como regente até o menino chegar à maioridade. Para os membros mais conservadores da sociedade confucionista, essa criança não era a melhor escolha porque seus direitos hereditários o levariam a violar as leis profundamente arraigadas de "culto aos antepassados". Segundo esse culto, só um herdeiro masculino (isto é, um filho homem) poderia fazer sacrifícios no túmulo dos ancestrais, mas esse privilégio não se estendia a irmãos ou primos. Kuang-hsu era primo do imperador morto, e por isso, ao nomeá-lo, Tsi-hi estava, na verdade, desafiando leis antigas e virando as costas para a tradição. A despeito disso, ela enfrentou a tempestade e, quando houve a votação para a escolha do imperador, quinze dos vinte e cinco conselheiros concordaram que Kuang-hsu[7] era a melhor opção.

Naquela mesma noite, Kuang-hsu foi levado para a Cidade Proibida, onde foi adotado pela tia. No dia 25 de fevereiro de 1875 assumiu formalmente seu lugar no Trono do Dragão e foi proclamado imperador.

Tsi-hi havia aberto caminho para ao menos mais uma década no poder, mas também tinha alimentado outros boatos de jogo sujo no palácio, pois, entre outras coisas, diziam que Kuang-hsu era o filho bastardo dela, concebido durante um caso ilícito com um "falso" eunuco. As más notícias continuavam, e no dia 27 de março de 1875 Alute cometeu suicídio com uma *overdose* de ópio.

---

7 Kuang-hsu também era conhecido por Tsain-tien.

Insinuaram que a mão de Tsi-hi estava implicada no caso, provavelmente obrigando a nora a tirar a própria vida repetindo histórias de outras mulheres mais leais que se tinham matado após a morte do marido, ou talvez Tsi-hi tivesse ordenado a alguém que acabasse com ela e fizesse parecer suicídio.

Tragicamente para a China, o segundo reinado de Tsi-hi como imperatriz do Trono do Dragão, que durou de 1875 a 1889, foi uma época acidentada. Logo ficou claro que nem ela, nem os conselheiros dela, tinham a menor idéia do rumo que a China deveria tomar, e por isso as políticas eram propostas de acordo com as circunstâncias. Isso resultou no declínio das fortunas chinesas, o que também afetou a situação econômica dos vizinhos da China (como a Coréia, a Birmânia e a região conhecida hoje como Vietnã), que, para sobreviver, voltaram-se para outras potências mais estáveis.

Durante esse período, a China também se desentendeu com a França na Indochina, com os japoneses na Coréia e com a Grã-Bretanha na Índia, todas potências que queriam aumentar o volume de negócios com o Oriente. Em 1874, por exemplo, os franceses obrigaram o rei do Vietnã, Aname, a assinar um tratado que permitiria à França usufruir os privilégios da soberania, que antes tinham pertencido à China. Enfurecida com esse gesto desafiador, Tsi-hi queria declarar guerra contra os vizinhos vietnamitas, mas, ao descobrir que os subordinados não apoiavam essa decisão, demitiu todo o Grande Conselho. Essa atitude feroz incluiu o príncipe Kung, um homem que sempre tinha sido uma pedra no sapato de Tsi-hi. Declarou ela que "o príncipe Kung estava disposto a nos oferecer sua mais zelosa assistência, mas sua atitude se modificou com o passar do tempo, transformando-se em autoconfiança e embriaguez com o poder, e ultimamente tornou-se indevidamente inflado com o orgulho do cargo, mostrando nepotismo e incompetência nascida da preguiça"[8].

---

8 In: "China under the empress dowager, being the history of the life and times of Tz'u-hsi", extraído de *State papers and the private diary of the comptroller of her household*, de J. O. P. Bland & E. Backhouse, Lippincott, 1912; reimpresso em Taipei, 1962.

Para o lugar do príncipe Kung, Tsi-hi designou uma série de homens servis e tocou seus planos de guerra sem tréguas. Os episódios que seguiram foram sangrentos ao extremo, com ambos os lados infligindo e sofrendo grandes derrotas; por fim, os franceses venceram, e a China concordou que dali para a frente o Vietnã estaria sob o poder da França. Mas esse não foi de modo algum o fim das dificuldades da China no exterior, pois na época o Japão começou a ameaçar outro dos vizinhos: a Coréia.

Ironicamente, o que tornou Tsi-hi uma liderança tão popular na China (isto é, a crença inabalável de que todos as nações eram iguais) acabou por fazer o país cair politicamente de joelhos, porque ela se recusava a admitir que as potências estrangeiras poderiam acabar facilmente com a autoridade chinesa no interior de seus próprios Estados-satélites. Mas a guerra com a França no Vietnã e a com os japoneses na Coréia tinham um preço, e para levantar fundos era necessário aumentar os impostos.

Em 1876, uma inundação arrasou enormes extensões de terra do sul da China, agravando as dificuldades da população. As inundações foram seguidas de pragas de gafanhotos, que devoraram as safras daquele ano. De repente, o país inteiro passava fome, que causou a morte de sete a vinte milhões de pessoas. Mas, em Pequim, a corte imperial levava uma vida extravagante, algo que não passou despercebido do povo, que não parava de falar do desperdício obsceno do palácio.

Em 1881, Niuhuru morreu de uma doença misteriosa aos quarenta e dois anos de idade. Infelizmente, embora as duas imperatrizes tivessem sido companheiras desde que ambas foram levadas para a Cidade Proibida quando adolescentes, nunca tinham sido muito íntimas. Com o passar dos anos, o fosso entre elas havia aumentado, cavado pela preferência inegável do jovem imperador Kuang-hsu por Niuhuru, a expensas da "mãe" adotiva.

Mas havia também ódios profundos entre as duas mulheres e, conquanto a história que se segue seja apócrifa, sem dúvida lança alguma luz sobre a maneira como Tsi-hi era vista pelos súditos. Depois que Niuhuru morreu, diziam que, durante uma discussão de alguns dias antes, Niuhuru confessou possuir um documento

HULTON-DEUTSCH COLLECTION/CORBIS

Tsi-hi, sentada no trono em meio ao esplendor da corte imperial, engalanada de todas as insígnias do poder. Profundamente resistente à mudança, e absolutamente implacável com todos os que sentia serem uma ameaça, para não falar dos inimigos, ela provavelmente fez mais que qualquer outra pessoa para levar a China à derrota e à ruína econômica.

de Hsien-feng cujo texto dizia que, se Tsi-hi se tornasse um problema para a corte imperial, deveria ser decapitada. Depois de mencionar o documento a Tsi-hi, Niuhuru rasgou-o em pedacinhos, dizendo que nunca se havia referido a ele antes porque Tsi-hi era sua amiga. Pouco depois, Niuhuru recebeu um presente de Tsi-hi, um prato cheio de doces que ela se pôs imediatamente a comer, depois do que caiu morta.

Se essa é ou não uma história verídica, a implicação é clara: Tsi-hi era uma mulher implacável que não permitiria que ninguém se interpusesse em seu caminho.

Depois que Niuhuru morreu, Tsi-hi estava livre para governar sozinha, o que fez durante os seis anos seguintes, isto é, até o jovem imperador atingir a idade suficiente para assumir o trono. A essa altura, Tsi-hi deveria se aposentar, mas, ao contrário, pediu a ajuda de vários funcionários-chave para o novo imperador, os quais pleitearam que ela continuasse no governo como conselheira. O jovem imperador aceitou e desse modo Tsi-hi assegurou mais alguns anos no poder, durante os quais conseguiu o que sempre tinha ambicionado: um palácio de verão para o qual, se algum dia houvesse necessidade (e alguns achavam que nunca haveria), ela poderia se retirar.

Quem começou a auxiliar e apoiar a Tsi-hi foi o pai do novo imperador, o príncipe Chun, que sem dúvida também queria ver Tsi-hi pelas costas, para que o filho reinasse em paz. O fato é que o imperador não suportava Tsi-hi, acreditando que as políticas dela eram voltadas demais para a própria China. Kuang-hsu, pelo contrário, ansiava pelo saber ocidental; em vez de alimentar um regime repressivo, queria criar algo mais próximo de uma democracia européia.

Enquanto isso, Tsi-hi gastava uma quantidade enorme de dinheiro no palácio, em roupas, jóias e jardins. Dizem que os jardins transbordavam de lírios, rosas e jasmins, ao lado de escadas de mármore, templos e lagos. Finalmente, quando o jovem imperador completou dezenove anos, a imperatriz do Trono do Dragão, com seu palácio de verão quase pronto, retirou-se da corte. Com quase sessenta anos, Tsi-hi contentava-se em desperdiçar quantias ainda maiores dos fundos do país, e à medida que envelhecia essa mulher despótica tornava-se cada vez mais cruel.

Cortesãos dizem que ela gostava de punir os servos com espancamentos e outras crueldades. Certa vez, depois de ordenar uma surra com chicote, ainda tripudiou: "Eles não são castigados há vários dias e devem estar sentindo falta. Não vou decepcioná-los; bata até dizer chega"[9].

Em 1894, Tsi-hi se superou ao planejar a mais extravagante festa para celebrar os sessenta anos. Todo cortesão foi obrigado a doar vinte e cinco por cento do salário para seus fundos, e assim uma procissão obscena de artigos de luxo começou a abrir caminho pelo interior do país atingido pela pobreza, rumo ao palácio de verão. Mas, quase na mesma hora, uma sublevação explodiu na Coréia. Os protagonistas queriam derrubar tanto os senhores japoneses quanto os chineses, e, apesar de a rebelião inicial ter sido rapidamente esmagada, os exércitos chinês e japonês começaram a lutar entre si pela soberania. Na realidade, os chineses tinham pouca chance de vitória, pois o exército se tinha empobrecido durante os anos de desperdício de Tsi-hi. Por outro lado, os japoneses eram uma força de elite, equipada com as mais modernas armas ocidentais. Foi um golpe terrível para a China ser derrotada pelos japoneses, de quem sempre havia zombado, chamando-os de "anões bárbaros"; pela primeira vez na vida os planos de Tsi-hi tiveram de esperar — recebeu ordens de cancelar a festa de aniversário.

Embora esse não fosse um golpe contra o país, a imperatriz do Trono do Dragão recebeu a notícia com amargura. Mas logo surgiriam outros problemas. Nos dias e meses que seguiram, a China sofreria grandes perdas, não em termos de vida, mas de terra. No dia 17 de abril de 1895, a China assinou o Tratado de Shimonoseki que, em resumo, dava ao Japão soberania sobre grandes territórios chineses. Outras nações também pressionaram a China para lhe roubar terras, procurando tirar proveito da fraqueza aparente do país.

---

9 In: Princesa Te-ling, op. cit.

A reforma era a única saída, mas uma pessoa se manteve firme e irrevogavelmente contra ela: Tsi-hi.

Mesmo aposentada, essa mulher exercia grande influência sobre a corte. Portanto, os conselheiros do imperador começaram a defender a idéia de que ela deveria ser presa até as reformas de Kuang-hsu serem aprovadas. Ao saber disso Tsi-hi, junto com membros do exército que lhe eram leais, entrou como um furacão na Cidade Proibida e pôs Kuang-hsu em prisão domiciliar.

Mais uma vez Tsi-hi tinha recuperado o trono, só que não seria mais uma marionete. Queria o poder absoluto.

Obrigou Kuang-hsu a renegar todas as reformas anteriores e, contando com as tendências xenófobas do povo chinês, fechou brutalmente as portas da China para estrangeiros e arrastou o país de volta às raízes mais tradicionais.

Quem poderia ter previsto que a próxima sublevação política surgiria de um grupo de jovens que estava igualmente ansioso por manter as tradições da China e desprezava igualmente a interferência estrangeira?

A insurreição dos *boxers* irrompeu inicialmente no distrito de Kuan, em Chantung, e esse nome (pugilistas) deriva do treinamento com adversários imaginários que os jovens faziam para entrar em transe antes de atacar as vítimas estrangeiras. Mas, embora extremamente violentos, os *boxers* também eram ferozmente leais à dinastia Ching. Na verdade, eram tão xenófobos quanto a própria Tsi-hi, e o objetivo deles, "exterminar os bárbaros"[10]. Tsi-hi resolveu considerar os *boxers* o "exército do povo" e deu-lhes seu apoio irrestrito.

Após o grupo dos *boxers* se formar, a matança teve início. Missionários, convertidos chineses, mercadores estrangeiros — todos foram atacados. Os edifícios foram incendiados e os prisioneiros,

10 Foram distribuídos panfletos em todos os locais onde os *boxers* apareceram; o resultado foi que a "conduta de cristãos e bárbaros está irritando nossos deuses e gênios e daí vêm os muitos flagelos que estamos sofrendo agora... Os missionários arracam os olhos, a medula e o coração dos mortos para fazer medicamentos. Quanto às crianças recebidas em orfanatos, são mortas, e os intestinos delas, usados para transformar chumbo em prata".

decapitados. Consternados com esses acontecimentos, os governos estrangeiros logo fizeram planos para invadir a China e resgatar os compatriotas que ainda estavam vivos. A maioria deles estava escondida na embaixada britânica, em Pequim, e, por conseguinte, foi para essa cidade que as forças invasoras começaram a marchar. Primeiro, capturaram Tientsin, depois rumaram à capital. Mais de 20 mil soldados estrangeiros marchavam rumo a Pequim e era só uma questão de tempo para tomarem a cidade completamente. Não foi difícil: o exército chinês estava desmoralizado e os *boxers* não se deram ao trabalho de enfrentar o inimigo. Os fanáticos de Tsi-hi mal entraram em combate.

A própria Tsi-hi, junto com o imperador, a mulher dele e o herdeiro legítimo prontamente planejaram fugir do palácio imperial vestidos de camponeses. Mas segundos antes da partida a Concubina da Pérola (a favorita do imperador entre todas as

Ilustração de uma revista francesa de 1904, em que a imperatriz do Trono do Dragão mostra ao imperador Kuang-hsu as cabeças decapitadas de mandarins suspeitos de simpatizar com os russos durante a Insurreição dos Boxers *de 1899-1901. Tsi-hi apoiou os* boxers *em sua violenta rebelião contra a dominação estrangeira da China, especialmente a ocidental.*

mulheres do harém) implorou a Tsi-hi que não abandonasse a cidade, nem arriscasse a sobrevivência do império virando as costas a Pequim. Porém, em vez de atender os desejos da Concubina da Pérola, Tsi-hi ordenou que ela fosse lançada num poço de um dos pátios da Cidade Proibida.

Viajando a pé pelo interior do país com uma pequena comitiva de servos fiéis, Tsi-hi viu pela primeira vez a pobreza e a fome que grassavam no país. Por fim, estabeleceu-se em Hsien, e durante esse exílio de Pequim foi obrigada a aceitar que vários *boxers* revolucionários que ela tinha apoiado fossem executados por ordem conjunta das potências estrangeiras. Os estrangeiros também exigiram o pagamento de indenizações pela morte de 247 missionários, 66 cidadãos e 30 mil convertidos chineses que tinham sido chacinados durante o cerco a Pequim. A soma mencionada foi de 450 milhões de taéis, equivalente a aproximadamente 67 milhões de libras esterlinas. Resolvida essa questão, no dia 20 de outubro de 1901 Tsi-hi sentiu-se segura o bastante para voltar à cidade imperial. A entrada dela foi triunfante, mas, conquanto tentasse implementar algumas das reformas que tanto a haviam enfurecido quando Kuang-hsu estava no poder, agora a China estava praticamente falida.

Em 1907, aos setenta e quatro anos, a imperatriz do Trono do Dragão sofreu um derrame. Quase simultaneamente, ao que parece, Kuang-hsu também caiu doente e morreu no dia 14 de novembro de 1908. Um dia depois, em 15 de novembro, após ditar uma carta de despedida ao império sobre o qual reinara por cinqüenta anos, Tsi-hi também morreu. Posteriormente surgiram boatos de que a imperatriz, com medo de que o imperador Kuang-hsu pudesse lhe sobreviver, havia mandado envenená-lo, embora seja evidente que nunca poderemos tirar essa história a limpo.

Tsi-hi, a imperatriz do Trono do Dragão, foi enterrada numa câmara mortuária ao lado do imperador Hsien-feng e de sua mulher Niuhuru no dia 9 de dezembro. Dizem que seu funeral custou ao império mais de 1,5 milhão de taéis, o que não representou pouca quantia dado ao estado dos cofres do governo. A dinastia Ching durou só mais três anos, quando a China se tornou república.

A última menção à imperatriz do Trono do Dragão é o fato humilhante de que, em 1928, o mausoléu dela foi saqueado e todas as jóias e outros tesouros suntuosos, arrancados dos caixões. Depois os restos mortais de Tsi-hi foram profanados, pois lhe arrancaram as roupas e atiraram-nas na lama.

Catarina, a Grande
Imperatriz de Todas as Rússias

Ela é ardente e passional. Tem um olhar cristalino, brilhante, hipnótico, como o de um animal selvagem. Tem a testa grande, e, a não ser que eu esteja enganado, um futuro longo e aterrador marcado nela. É atenciosa e cordial, mas, quando ela se aproxima de mim, recuo automaticamente. Assusta-me.

CHEVALIER D'ÉON, C. 1756

A história de Catarina II é a história de fatos e personagens extremamente complexos, conflitantes. O principal objetivo dela como imperatriz era tornar a Rússia grandiosa; no entanto, tratava os servos que povoavam o país de uma forma tão desumana que não era muito diferente daquela com que cuidava dos animais. Embora nunca tenha sido acusada de assassinato, as mortes misteriosas tanto do marido Pedro III quanto do czar Ivã VI deixaram um ponto de interrogação sobre a participação dela nesses acontecimentos. Foi virgem até os vinte e três anos; mesmo assim, depois de conhecer o primeiro amante, tornou-se célebre pelo número de homens que levou para a cama. Mas a dicotomia mais estranha foi que Catarina, a Grande, imperatriz de todas as Rússias, era de fato alemã.

Nascida em abril de 1729 em Stettin, Pomerânia (hoje pertencente à Polônia), um porto do mar Báltico, Catarina foi batizada com o nome de Sofia Augusta Frederica de Anhalt-Zerbst. Os pais, ambos membros secundários da família real, eram o príncipe

Christian Augustus, um comandante que servia em Stettin, e a princesa Joana, aparentada à família dos duques de Holstein. Embora nenhum deles tivesse muito dinheiro e Joana não demonstrasse muito interesse pela filha, Sofia teve uma infância normal. Mas tudo isso mudaria quando, aos quinze anos, foi escolhida como possível noiva do grão-duque Pedro da Rússia, neto de Pedro, o Grande.

Sofia era uma das várias concorrentes a essa posição de grande prestígio e provavelmente foi escolhida porque, sendo filha de membros pouco importantes da família real, todos concluíram que ela seria eternamente grata por aquela honra e, por isso, seria fácil de manipular. A princesa Joana certamente ficou muito alegre com a notícia, pois, como sempre se havia sentido presa na armadilha de uma vida provinciana, essa era a chance de escapar, de provar a si mesma e aos outros que havia nascido para algo melhor.

No dia 10 de janeiro de 1744, mãe e filha partiram ansiosas para a corte imperial russa e foram recebidas inicialmente pela imperatriz Elizabeth (tia do grão-duque Pedro) no dia 9 de fevereiro. Segundo fontes contemporâneas, a imperatriz era uma figura imponente. Dizem que a jovem Sofia quase desmaiou a primeira vez que lhe pôs os olhos, pois a imperatriz usava um vestido de seda prateada bordado com pérolas e diamantes.

Mas a princesa Sofia, apesar de várias doenças que havia contraído na infância e tinham cobrado tributo à beleza dela, não era nenhuma Patinha Feia. Tinha longos cabelos escuros, pele clara e olhos incrivelmente azuis. A boca era bem desenhada e os cílios, longos e negros. Em resumo, era uma jovem bonita e, nos dias que se seguiram à chegada dela, deve ter causado boa impressão à imperatriz, pois acabou sendo escolhida como a futura esposa do grão-duque.

Infelizmente, aqui termina o conto de fadas. Sofia nunca tinha posto os olhos no futuro marido; quando o conheceu, o resultado não foi dos melhores. Ainda criança, o grão-duque tinha sofrido um ataque severo de varíola, que lhe deixara a pele terrivelmente marcada e o havia feito perder muito cabelo. Segundo fontes contemporâneas, tinha lábios grossos, que dominavam o rosto. Mas o pior de tudo era que Pedro não era o mais maduro dos rapazes: preferia muitas vezes brincar com soldadinhos de chumbo a entreter a jovem hóspede. Apesar disso, a união colocaria Sofia à frente de uma dinastia e por isso ela aceitava respeitosamente tudo quanto lhe era proposto.

No dia 28 de junho de 1744, ela adotou o nome de Catarina Alekseievena e renunciou ao luteranismo em favor da fé ortodoxa. Ficou noiva no dia seguinte e, em 21 de agosto de 1745, quando contava dezesseis anos, casou-se com o grão-duque na catedral de Kazan, numa cerimônia fantástica, com a qual a moça jamais teria sonhado. Como era de esperar, a noite de núpcias foi um desastre, pois Pedro preferiu ficar se divertindo com os brinquedos em vez de consumar o casamento. Mais tarde, em suas memórias, Catarina escreveu o seguinte: "Eu teria amado meu novo marido se ele ao menos estivesse disposto ou fosse capaz de se mostrar amável, por

MARY EVANS PICTURE LIBRARY

A princesa Sofia Augusta Frederica de Anhalt-Zerbst é coroada imperatriz da Rússia como Catarina II, em São Petersburgo (então capital da Rússia), em 1762. A subida dela ao trono foi possibilitada por um golpe em julho daquele ano, que derrubou o marido, o czar Pedro III; três semanas depois ele foi assassinado. É provável que Catarina tenha participado secretamente dos dois fatos.

pouco que fosse. Mas, nos primeiros dias de meu casamento, fiz algumas reflexões cruéis sobre ele. Disse a mim mesma: 'Se você amar este homem, você vai ser a pior criatura da face da Terra. Preste atenção ao que faz. No que diz respeito ao afeto por esse cavalheiro, pense em si, madame'"[1]. O comportamento de Pedro foi se tornando cada vez mais instável, e não causou surpresa o fato de que, noite após noite, o casamento não se consumasse. Dizem que certa noite Catarina entrou no quarto e viu um rato morto pendente de uma corda presa no teto. Ao interrogar o marido, ele respondeu que o rato tinha cometido uma traição. Outros atos bizarros se seguiram, até mesmo quando Pedro chegou à conclusão de que desejava tornar-se um treinador de cães e encheu o quarto de animais que exalavam um cheiro tão forte que fez Catarina passar mal. O casamento de Catarina continuou sem se consumar por mais de sete anos, porém, durante esse tempo, em contraste com o comportamento cada vez mais excêntrico do marido, ela dedicou-se diligentemente ao aprendizado da língua russa e à compreensão das complexidades da fé da Igreja Ortodoxa russa. Era uma jovem extremamente inteligente, que lia com voracidade e gostava de atividades intelectuais.

Apesar disso, havia uma expectativa de que ela concebesse um herdeiro ao trono. Certa de que isso não seria possível com o marido, Catarina (dizem alguns que com a aprovação da imperatriz Elizabeth) teve o primeiro amante, um tesoureiro chamado Serguiéi Saltikov, um homem extremamente bonito, que, embora fosse casado, estava mais que disposto a começar uma relação afetiva com a mulher do grão-duque. Além disso, Pedro se havia entretido durante anos com um bando de amantes, entre as quais a condessa Elizabeth Vorontsova, que não era muito bonita.

Em 1754 Catarina engravidou de Saltikov. Embora todo mundo soubesse que o filho não era do marido, quando ela finalmente

---

1 Trecho de *Memoirs*, de Catarina II, que fala dos primeiros trinta anos de vida, mas termina antes de sua ascensão ao trono, embora contenha também reflexões e cartas. Suas memórias foram descobertas depois da morte dela em 1796, mas só foram publicadas em 1859, e mesmo assim numa edição francesa.

deu-o à luz foi batizado com o título de grão-duque Paulo. Saltikov foi aconselhado a viajar para o exterior, e o bebê foi entregue à imperatriz Elizabeth, que declarou que ele seria criado por ela. Privada do filho, enlutada com a perda do amante, o coração de Catarina endureceu com as incertezas da vida na corte imperial. O barão de Breteuil, um diplomata francês que servia em Moscou, escreveu sobre ela nessa época:

> *Essa princesa parece combinar todo tipo de ambição em sua pessoa. Tudo quanto puder aumentar o brilho de seu reinado terá algum atrativo para ela. A ciência e as artes florescerão no império, projetos úteis para a economia doméstica serão implementados. Ela vai tentar reformar a administração da justiça e impor as leis. Mas suas políticas serão baseadas no maquiavelismo; e eu não ficaria surpreso se, nesse campo, ela rivalizar com o rei da Prússia. Astúcia e falsidade parecem ser vícios de seu caráter; pobre daquele que tiver muita confiança nela. Os casos de amor podem tornar-se uma pedra no caminho de sua ambição e mostrar-se fatais para sua paz de espírito. Essa princesa passional, ainda mantida sob controle pelo medo e consciência de problemas internos, não vai admitir restrições depois que acreditar estar firmemente estabelecida.*[2]

Fiel a essa descrição, o passo seguinte de Catarina consistiu na procura na procura de outro amante, dessa vez um polonês, o conde Stanislas Poniatovski. Embora não fosse tão bonito quanto Saltikov, era um homem bom e instruído, que gostava da companhia de Catarina. Mas o próximo amante seria um dos mais importantes da vida dela.

Grigóri Orlov, como seus quatro irmãos, era oficial da Guarda Imperial que se fazia notar por sua boa aparência e força física. Na juventude, foi educado no Corpo de Cadetes Militares de São Petersburgo e, antes de conhecer Catarina, já tinha combatido na Guerra dos Sete Anos, quando foi ferido. Não era um homem muito

---

2 In: *A source book for russian history*, tradução de G. Vernadsky, Yale University Press, 1972, v. 2.

inteligente, nem um estadista, mas conhecia as questões correntes e logo se tornou um confidente útil. Seja como for, Orlov foi uma escolha política astuta de Catarina, pois toda a família dele, assim como os amigos e conhecidos, tinha orgulho do fato de a futura imperatriz ter escolhido um dos seus como companheiro. Por outro lado, essa relação garantiu a Catarina o apoio do exército imperial russo.

No dia 25 de dezembro de 1761, a imperatriz Elizabeth Petrovna morreu e, poucos dias depois, Pedro foi coroado Czar de Todas as Rússias. Durante o tempo em que havia sido grão-duque, sempre fora um indivíduo excêntrico, dado a mostras bizarras de mau gênio, e continuava a manter o mesmo comportamento. Zombou do caixão da tia e recusou-se a usar as roupas apropriadas ao luto. Por outro lado, Catarina vestiu-se de preto da cabeça aos pés e, embora tivesse desprezado Elizabeth, deu um grande espetáculo de dor. Também foi nessa época que Catarina engravidou do segundo filho, dessa vez de Orlov. Tendo sofrido ao ser separada do primogênito, ela estava avessa à idéia da maternidade, e, quando o bebê nasceu, ela o enviou diretamente aos pais adotivos.

Desde o começo de seu reinado, Pedro III mostrou o mesmo comportamento temerário da juventude. Zombava da fé ortodoxa e deu início ao culto ao herói Frederico, o Grande, da Prússia, que tinha feito a Rússia prostrar-se de joelhos diante dele. Mas o pior de tudo foi que, dois meses depois de subir ao trono, Pedro tinha invertido a política externa do país a ponto de entabular conversações com o arquiinimigo russo, o rei da Prússia. Nessa época, a Rússia tinha estado em guerra com a Prússia e, na verdade, quase a tinha conquistado. Na ocasião, em virtude da nova política externa de Pedro, fora assinado um tratado de paz entre os dois Estados, e a Rússia devolvera os territórios que havia conquistado a um preço colossal. Foi um passo extremamente impopular num país em que muitas famílias ainda estavam de luto, porém essa medida Pedro só conseguiu impor fazendo ameaças à Áustria para que ela atendesse todas as demandas da Prússia, caso contrário teria que prestar contas à nova aliada dela, a Rússia. Pedro provocou uma briga com a Dinamarca, e ambos os países chegaram muito perto de uma guerra devastadora. De repente, Pedro III perdeu o poder.

O golpe de estado de junho de 1762 foi uma operação rápida e sem derramamento de sangue, sobretudo extremamente bem- sucedida. Os irmãos Orlov foram os principais responsáveis, mas Catarina certamente deve ter participado dele, especialmente porque seria a principal beneficiária. Pedro assinou um ato de abdicação e, no dia seguinte, Catarina entrou em São Petersburgo sob salvas de artilharia e som de sinos.

Pedro, pelo contrário, foi removido da cidade sem a menor cerimônia e lançado no castelo de Rofsha, em Shlusselburg, que ficava numa ilhota no meio do rio Neva. Há muito tempo Rofsha era associada tanto à tortura quanto ao assassinato e por isso o encarceramento de Pedro deve ter sido um terror. Apesar disso, pediu à mulher que pudesse manter, entre outras coisas, a amante, o cachorro, o negro e o violino. "Temendo um escândalo", escreveu-lhe Catarina, "só lhe darei os três últimos"[3].

A decisão sobre o destino de Pedro levou algumas semanas para ser tomada. Inicialmente parecia haver apenas duas opções: mantê-lo preso pelo resto da vida ou repatriá-lo para Holstein, na Alemanha, mas essa última opção foi considerada arriscada demais, e, em síntese, uma terceira opção foi escolhida.

Três semanas depois de ser deposto, Pedro foi assassinado. Catarina promulgou uma declaração dizendo que o czar deposto havia morrido e, por ordens suas, Pedro foi enterrado no mosteiro Aleksandr Nevski, embora Catarina não tenha comparecido à cerimônia, ela afirmou que o marido tinha morrido de apoplexia[4], mas todas as provas disponíveis (que não eram muitas) apontam para o fato de os irmãos Orlov, junto com alguns agentes e com as bênçãos da própria Catarina, terem matado o czar. Afinal de contas, Grigóri Orlov não poderia se casar com a imperatriz se Pedro continuasse vivo, e Catarina nunca teria certeza de que os seguidores de Pedro não tentariam dar um golpe militar, de modo que é crença geral

3 In: *Catherine the Great*, de Henri Troyat, Aidan Ellis, 1993.

4 Em geral, a apoplexia é a perda de todas as sensações e movimentos corporais decorrentes de uma hemorragia súbita ou trombose cerebral.

que, depois de tentar matá-lo com um copo de vinho envenenado, Aleksei Orlov estrangulou Pedro com um guardanapo.

Com o marido definitivamente fora do caminho, seria de esperar que Catarina se sentisse segura na nova condição de imperatriz. Mas ainda restava uma ameaça: um homem mais conhecido pelas autoridades como "Prisioneiro Número 1", que, na realidade, era o czar Ivã VI.

Ivã VI se tinha tornado czar da Rússia em 5 de outubro de 1740 quando tinha apenas dois meses de idade. Como era muito jovem para governar, o conde Ernst Johann Biron foi nomeado regente em seu lugar, logo deposto e substituído pela jovem mãe de Ivã, Ana Leopóldovna. Infelizmente, esse reinado também teve vida curta, pois, no dia 25 de novembro de 1741, Elizabeth Petrovna, apoiada pela Guarda Imperial, derrubou Ana Leopoldovna do poder e subiu ela própria ao trono. O bebê, junto com a mãe e os outros irmãos, foram exilados, primeiro, para Riga, depois, para o castelo de Ranneborg e, finalmente, para Colmogori, onde Ana Leopoldovna morreu. Foi a essa altura que o legítimo herdeiro do trono foi encarcerado na fortaleza de Shlusselburg. Privado de toda e qualquer dignidade humana, até mesmo de alimentação adequada e luz do sol, Ivã enlouqueceu aos poucos.

Apesar de ser uma ruína humana, o Prisioneiro Número 1 ainda representava uma ameaça à posição de Catarina. Afinal, nenhum soberano desfruta do apoio de todas as pessoas o tempo todo; será que não seria possível articular um golpe de estado no futuro, com Ivã como figura de proa? Com isso em mente, ela ordenou que fosse colocada uma guarda armada junto de Ivã com a missão específica de matá-lo se ele fizesse qualquer tentativa de escapar da prisão.

A espera não foi longa. Na noite de 5 de julho de 1764, um tentente chamado Vassíli Iacoulevich Mirovitch tentou invadir a forteleza para libertar o velho czar. Imediatamente os soldados que guardavam Ivã cumpriram as ordens e mataram-no a facadas. Mirovitch também morto, mas não antes de se espalharem boatos de que Catarina estava por trás das execuções. Quer tenha sido ou não verdade, as mortes certamente atuaram em favor dela.

Nas cortes da Europa, ninguém achava que a nova imperatriz ficaria muito tempo no poder. Era de origem alemã, e não russa, e, embora ninguém ousasse mencionar esse fato, ela não estava envolvida no assassinato do neto de Pedro, o Grande? A situação não augurava dias felizes, porém ninguém contava com a determinação de Catarina em fazer o máximo possível pelo país adotivo dela.

No dia 22 de setembro de 1764, na catedral da Assunção, em Moscou, Catarina II foi coroada imperatriz, depois do que voltou imediatamente a São Petersburgo e dedicou-se às questões de Estado.

Inicialmente, o principal objetivo era melhorar a imagem da Rússia diante da Europa e expandir seus territórios. Assim, começou a fazer alterações radicais no governo. Uma mulher instruída, que contava entre os autores favoritos filósofos como Diderot, Voltaire, Locke e Montesquieu, ela tentou ajustar as idéias deles às dela. Com essa finalidade, mandou redigir uma nova constituição.

> *"Qual é a verdadeira finalidade da monarquia?", obrigou as autoridades a seu serviço a escrever. "Não privar o povo de sua liberdade natural, e sim corrigir seus atos, com o objetivo de atingir o bem supremo. Portanto, a forma de governo que melhor atinge essa finalidade e ao mesmo tempo impõe menos restrições que outras à liberdade natural é a que coincide com a visão e os propósitos de criaturas racionais e alcança o fim sobre o qual devemos manter uma vigilância constante no que diz respeito às regulamentações da política civil."*[5]

Tudo isso parecia muito iluminista, muito esclarecido, e, embora séculos depois Catarina se tenha tornado conhecida como déspota (por isso a inclusão dela neste livro), introduziu algumas mudanças salutares no sistema de governo, especialmente nos campos da educação, saúde, agricultura e indústria.

Contudo, apesar do progresso nessas áreas e do fato de que no papel as reformas parecessem "modernas" — alguns diriam

---

5 In: *Documents of Catherine the Great*, tradução de W. F. Reddaway, Cambridge University Press, 1931.

que chegavam mesmo a ser liberais —, havia uma enorme pedra no caminho dela: os servos. A servidão era um resquício do feudalismo medieval, quando os lavradores eram propriedade dos donos da terra e tinham apenas alguns direitos mais que os escravos da América do Norte. Era uma forma de vida profundamente arraigada: uma mentalidade que não tinha mudado desde os primórdios da sua civilização. Embora a nova imperatriz tivesse tido esperanças de mudar a situação e melhorar as condições de vida e trabalho dos servos, logo percebeu que os proprietários de terras, de cujo apoio político ela dependia, não aceitariam as reformas. Portanto, abandonou os planos e voltou rapidamente ao molde secular, tornando-se tão autocrática quanto qualquer outro governante anterior. Além disso, baixou um novo decreto, que fortaleceria o sistema que havia condenado:

> *O Senado que governa o país [...] considerou necessário fazer saber que os servos e camponeses dos proprietários de terras [...] devem a seus senhores a submissão apropriada e obediência absoluta em todas as questões, segundo as leis que foram promulgadas desde tempos imemoriais pelos antepassados autocráticos de Sua Majestade Imperial e não foram revogadas, e afirmam que todas as pessoas que ousarem incitar os servos e camponeses a desobedecer a seus senhores devem ser presas e levadas para a repartição pública mais próxima para serem punidas como perturbadoras da ordem pública, segundo as leis e sem clemência.*[6]

Para Catarina, os servos não mereciam nenhum direito humano. Essa situação foi agravada pelo fato de que, durante o governo dela, um cachorro custava mais caro que uma menina camponesa. Ela também impôs a servidão aos ucranianos, que até então tinham desfrutado de liberdade. No final do reinado não havia praticamente nenhum camponês livre em todo o país.

Sua mão de ferro não se limitou apenas às classes mais baixas, pois, na tentativa de acumular toda a riqueza que fosse possível,

6 Extraído do decreto de Catarina sobre os servos, de 1767.

Catarina começou a exercer o poder contra a fé da Igreja Ortodoxa Russa. Na verdade, a extorsão a que a Igreja foi submetida tinha começado durante o reinado de Pedro, o Grande, mas Catarina, percebendo os ganhos financeiros que poderia auferir, continuou arrancando dinheiro da Igreja ao mesmo tempo que transformava os prelados e sacerdotes em funcionários do governo

Para piorar as coisas, parte da riqueza que Catarina roubou nessa época transformou-se em presentes aos irmãos Orlov. Durante um período de dez anos, eles receberam mais de 7 milhões de rublos, além de vários palácios. Mas, embora Grigóri Orlov continuasse sendo amante dela durante bom tempo depois da morte do marido de Catarina, não conseguiu o objetivo supremo, pois, quando sugeriu que se casassem, Catarina recusou. Dizem que, ferido em seu orgulho, Orlov ficou furioso; ao ver essa manifestação chocante de mau gênio, Catarina chegou à conclusão de que a melhor coisa a fazer seria exilar Orlov. O que ocorreu realmente, não antes de ela lhe conferir o título de príncipe. As viagens de Orlov pela Europa foram um grande sucesso. Ele deslumbrou a alta sociedade e foi um bom embaixador para a Rússia, tanto que, ao voltar, Catarina cumulou-o ainda mais de presentes, como um palácio de mármore construído às margens do Neva entre os palácios de inverno e de verão da imperatriz. Talvez com a esperança de reconquistá-la e sem saber que Catarina tinha um novo amante, Orlov presenteou-a com um imenso diamante azul da Pérsia. Era chamado de "Nadir-Xá", mas Catarina rebatizou-o de "diamante Orlov" e mandou incrustá-lo no cetro imperial, onde se encontra até hoje.

A despeito de tudo isso, o reinado de Catarina não se resumia a palácios e jóias caras, pois, em 1771, uma peste terrível irrompeu em Moscou. Nessa época a imperatriz estava em guerra contra a Turquia, um episódio que muitos consideravam responsável pela peste, pois os soldados voltavam da frente de batalha com todo tipo de doença. O descontentamento do povo russo, que já pagava o tributo da guerra, só aumentou. Em 1773, um ex-oficial dos cossacos, Iemelian Pugatchov, incitou a maior insurreição que a Rússia tinha conhecido até então.

A revolta começou nos montes Urais, mas espalhou-se rapidamente para o sul. Em junho de 1774, Pugatchov e seus seguidores preparavam-se para marchar sobre Moscou. Infelizmente, quando já avistavam Moscou, a guerra com a Turquia findou, e Catarina mandou imediatamente todas as tropas para esmagar a rebelião.

Pugatchov foi capturado e decapitado em 1775, mas todas essas ocorrências tiveram repercussões graves. Além de resolver endurecer o jogo com o próprio povo, Catarina decidiu adotar a mesma atitude na política externa. Assim, concluiu que o melhor a fazer seria continuar a anexar territórios nas muitas fronteiras da Rússia, além de "abrir uma janela" ao mar Negro. Junto com sua grande aliada, a Áustria, a Rússia declarou guerra novamente contra a Turquia.

Em 1792, Catarina tinha conseguido tudo o que desejava. A Turquia acabou cedendo às exigências dela e assinou o Tratado de Jassy, que deu à Rússia uma base firme na praia norte do mar Negro, um litoral que se estendia das montanhas do Cáucaso até o rio Bug, no sudoeste da Rússia.

Enquanto isso, durante as reviravoltas políticas tempestuosas, Catarina teve dois novos casos amorosos. O primeiro, com um homem chamado Vassiltchicov, mas ele logo foi substituído pelo mais importante de todos os homens da vida de Catarina: o príncipe Grigóri Potiômkim.

Potiômkim chamou a atenção da imperatriz pela primeira vez durante o golpe palaciano com o qual ela substituíra o marido no trono. Muitos anos depois, durante a primeira guerra da Rússia contra a Turquia, Potiômkim havia servido na cavalaria e se distinguira a tal ponto que logo subiu na hierarquia, transformando-se em general-de-divisão. Mas foi só após a volta dele à Rússia que começou um caso com a imperatriz. Os dois se apaixonaram. Catarina chamava-o de "meu amor", "minha alma", "coração", "gatinho", "coraçãozinho" e "papagaiozinho"[7]. Também escreveu-lhe numerosas cartas de amor. Numa delas, ela diz:

---

7 In: *Prince of Princes: the life of Potemkin*, de Simon Sebag Montefiore, Weidenfeld & Nicolson, 2000.

Querido, penso que você achou que não lhe escreveria hoje. Acordei às 5 e agora são 7 horas, vou escrever... Dei ordens rigorosas a todo o meu corpo, até o último fio de cabelo, que pare de lhe mostrar o menor sinal de amor. Tranquei meu amor no coração a sete chaves. Está sufocando lá dentro e acho que pode explodir. Pense nisso — você é um homem razoável. É possível dizer uma quantidade maior de absurdos em tão poucas linhas?[8]

Em Potiômkim Catarina encontrou a combinação de tudo quanto poderia desejar. Não era apenas um belo homem; era também inteligente, um homem que poderia aconselhá-la em questões políticas. Mesmo depois que a paixão acabou, Catarina continuou amiga do antigo amante[9]. Quando, por exemplo, ele conseguiu expandir a fronteira da Rússia no mar Negro com a anexação da Criméia, ela fez dele o governador da nova província, e, em 1787, ele organizou uma grande viagem para a imperatriz, que foi uma das mais pródigas e dispendiosas de toda a longa história da Rússia.

A viagem deveria ser feita durante um período de quatro anos e cobrir uma distância de quase 1.700 quilômetros. Dizem que Potiômkim, ansioso por exibir talento de organizador, modernizou vastas extensões de terra, mandou derrubar árvores, e, o mais bizarro de tudo, foi acusado de criar aldeias falsas (daí o termo "aldeia Potiômkim", que significa uma fachada que encobre algo indecoroso). Por onde passava, Catarina via lindas aldeiazinhas com casas caiadas de branco, de onde saíam camponeses sorridentes e bem alimentados que acenavam para ela e davam-lhe ânimo para prosseguir. A glória dela foi maior ainda quando o imperador da Áustria, junto com o rei da Polônia e outros dignitários, juntaram-se às festividades e vieram prestar-lhe homenagens.

8 Idem.

9 Muitos historiadores acreditam que Catarina se casou com Potiômkim numa cerimônia secreta na igreja de São Sampsonovsky, em São Petersburgo, em algum dia de junho de 1774. Mas não sobreviveram documentos oficiais para provar que essa história é verdadeira. A única prova real, além de relatos contemporâneos sobre o quanto Catarina tratava bem Potiômkim, é a forma pela qual ela se dirigia a ele: "Caro marido", em suas numerosas cartas, onde assinava: "Sua esposa devotada".

Mas, num momento da vida em que ela talvez devesse sentir a maior segurança, de braços com o poder absoluto, surgiu mais um fantasma ameaçador.

Em 1789, os primórdios de uma revolução começavam a se manifestar na França. Ironicamente, como a própria Catarina havia sugerido, as correntes intelectuais da época apontavam para uma proposta de abertura iluminista, na qual os países seriam governados por sua Constituição, e não por direito divino. Em 1790, um autor chamado Aleksandr Nikoláievitch Radichev escreveu uma obra que mostrava claramente não só a situação de inferioridade

Um retrato anônimo de Catarina, a Grande, como Imperatriz de Todas as Rússias. Apesar das reformas de caráter iluminista que ela instituiu, a essa altura já se tinha tornado uma déspota para a qual toda e qualquer idéia de liberalismo causava aversão profunda, enquanto a vida privada era marcada por uma série aparentemente infinita de casos amorosos, em geral inconvenientes.

vergonhosa dos servos, como também criticava os maus-tratos que eles sofriam. Catarina, que sempre se havia orgulhado de ter uma mentalidade liberal (na verdade, a Lei da Reforma de 1767 parecia-se muito com a proposta do próprio Radichev), mandou prender imediatamente o escritor, que foi condenado à morte. Felizmente, ele escapou da execução e foi exilado, mas Catarina, desconfiada do tipo de doutrina que ele pregava e consciente da turbulência civil que assolava a França, resolveu redobrar o rigor com que governava. Quando a Polônia começou a pedir uma constituição mais liberal, Catarina mandou tropas para lá. Em 1794, tinha varrido a Polônia do mapa dividindo seus territórios entre a Rússia, a Prússia e a Áustria.

Em 1791, Grigóri Potiômkim morreu. Foi um golpe terrível para a imperatriz, que havia tanto tempo contava com o apoio e conselhos dele — dizem que nunca se recuperou dessa perda. Mas Catarina ainda estava longe de encerrar a vida amorosa, pois logo começou um outro caso, dessa vez com um belo homem chamado Platão Zubov, quarenta anos mais jovem que a imperatriz, que, embora fosse "bonito", certamente não era tão fiel quanto ela desejaria; foi Zubov que mais tarde daria o primeiro golpe no assassino do filho de Catarina.

Catarina, a Grande, morreu de repente no dia 7 de novembro de 1796, aos 67 anos, do que a maioria das pessoas acha que foi um derrame ou um ataque cardíaco. O reinado dela tinha sido longo e, para muita gente, bem-sucedido. Sob a liderança dela, a Rússia aumentou o território em mais de 3 mil quilômetros quadrados, realizou o sonho acalentado havia muito de conseguir acesso ao estreito de Bósforo pelo mar Negro e viu a construção de muitos palácios e edifícios governamentais maravilhosos, assim como de cidades inteiras. Catarina também criou uma atmosfera de triunfo na corte, que atraiu as melhores cabeças da Europa, além de obter êxitos militares retumbantes tanto no país quanto no exterior.

Porém tudo isso teve um preço. Chegando à corte como uma jovem idealista e ingênua, tornou-se uma criatura despótica, para quem qualquer idéia de liberalismo causava a mais profunda aversão. A partir da Revolução Francesa, tornou-se cada vez mais conservadora, e muitas de suas políticas mais liberais involuíram. Infelizmente, isso fez o campesinato russo voltar à miséria, como havia sucedido durante o reinado de Pedro, o Grande.

Paulo I sucedeu-lhe no trono. Catarina nunca tinha tido muito apreço pelo filho, considerando-o meio imbecil. Para resumir, o reinado dele durou apenas cinco anos. Depois de seu assassinato, em 1801, foi sucedido pelo neto de Catarina, Alexandre I, que é lembrado como o homem que era czar durante a desastrosa campanha de Napoleão Bonaparte na Rússia.

RAINHA RANAVALONA I
A Maria Sanguinária de Madagascar

Se o governo dessa mulher durar muito mais, Madagascar vai ficar despovoada... Sangue — sempre sangue — é a máxima da rainha Ranavalona, e o dia em que essa mulher perversa não assina ao menos meia dúzia de sentenças de morte parece um dia perdido.

LAST TRAVELS, IDA PFEIFFER.

A sudeste da África fica Madagascar, ilha de uma beleza maravilhosa. Foi chamada originariamente de São Lourenço pelos exploradores portugueses que partiram de Lisboa com a intenção de chegar ao oceano Índico, estabelecendo uma nova rota das especiarias, no dia 2 de março de 1500. A frota de treze navios era comandada por Pedro Álvares Cabral mas, em 10 de agosto de 1500, uma tempestade separou um deles, comandado por Diego Dias. Em busca de um lugar onde pudesse atracar até o mau tempo passar, Dias avistou uma extensão de terra que até então não constava dos mapas.

Na verdade, os primeiros seres de duas pernas que pisaram o solo de Madagascar tinham chegado muitos milênios antes, provavelmente oriundos de países tão diferentes quanto Índia, Java, Arábia e África. Mas, de acordo com o costume dos exploradores, os portugueses concluíram que haviam descoberto a ilha e voltaram imediatamente à Europa para dar a boa nova. De repente, a

França, a Inglaterra e a Holanda reivindicavam o que todos concordavam ser uma propriedade magnífica. A ilha era descrita como um "paraíso na terra", cheia como era de criaturas tão diversas quanto lêmures, morcegos que se alimentam de frutas, camaleões, rãs douradas e *couas*. Madagascar também foi abençoada com vastas extensões de florestas tropicais e ricas terras cultiváveis. Portanto, não é de surpreender que as tribos locais tenham tentado repelir os europeus invasores, e mais uma vez a Europa conseguiu consolidar ali uma base. Em 1642, o cardeal Richelieu ordenou que Madagascar fosse reclamada pelos franceses e, com essa finalidade, construiu um posto avançado em Fort Dauphin, no sudeste da ilha. A expedição militar foi batizada de Compagnie de l'Orient e sua principal função era explorar a ilha.

Várias missões católicas também se estabeleceram em Fort Dauphin, mas os missionários foram mortos, e os franceses fizeram poucos progressos perante os nativos.

A maior parte do sucesso das colônias estrangeiras no país deveu-se ao rei Andrianampoinimerina (Nampoina). Em 1794 Madagascar e sua população nativa já estavam fartas de guerras e, num esforço monumental de diplomacia, Andrianampoinimerina convocou todas as tribos que pôde e uniu-as para formar um único reino, o reino de Merina, situado no planalto central da ilha. Além disso, ele deu a todos os súditos um pedaço de terra para cultivar, assegurando assim que ninguém ficaria sem alimento. Em 1817, o filho de Andrianampoinimerina, o rei Radama I, seguindo os passos do pai, também estabeleceu relações cordiais com várias das principais potências européias e, em 1818, tinha até começado a permitir a entrada de missionários ingleses no país. Ele não sabia, mas esses missionários consideravam o povo pouco mais que selvagens que viviam na mais absoluta pobreza; Radama, embora fosse um monarca hábil e liberal, estava ansioso por modernizar o país. Por causa disso, passou a depender muito dos ingleses para tornar suas forças armadas à altura deles. Também queria estender as reformas ao campo social e político, e assim organizou um parlamento e incentivou as visitas da Sociedade Missionária Protestante de acordo com parâmetros ocidentais.

Inicialmente, vieram dois missionários galeses — os reverendos David Jones e Thomas Bevan —, que chegaram da Grã-Bretanha via ilhas Maurício, trazendo esposas e filhos. Desembarcaram em Toamasina, na costa leste de Madagascar, no mês de outubro, a época mais quente do ano, quando as tempestades tropicais varrem o litoral. Foi um começo pouco auspicioso, e, um a um, os integrantes do pequeno grupo foram atingidos pelo que então era chamado de "febre litorânea", que atualmente conhecemos como malária. Naqueles tempos não se conhecia cura para essa doença e, num período de dois meses, todos morreram, exceto o reverendo Jones, que logo bateu em retirada para as ilhas Maurício, sem ter pregado uma única palavra do Evangelho.

Mas Jones não era o tipo de pessoa que se deixava derrotar facilmente; assim que recuperou as forças, escreveu para a Sociedade Missionária de Londres, pedindo-lhe que enviasse novos missionários a fim de reiniciar o programa. Em abril de 1820 (época mais fresca e de temperatura mais amena), o novo grupo partiu para a ilha e de forma lenta, mas segura, avançou até a capital. Depois de quinze dias de luta com as florestas tropicais, finalmente chegaram e logo foram recebidos pelo rei Radama I, que sancionou o pedido de fundar uma escola para ensinar não só o Evangelho, mas também a ler e a escrever. Era uma idéia revolucionária, pois o povo de Madagascar não tinha nenhuma forma escrita de linguagem, o que significou que David Jones teve grande trabalho para criá-la. Em 1825, a tarefa estava terminada e os missionários começaram a traduzir os Evangelhos, iniciando com o de São Lucas, para o malgaxe. Nessa empreitada, tiveram o apoio dos amigos da Inglaterra, que enviaram uma pequena prensa tipográfica e um grande suprimento de tinta e papel.

Em meados da década de 1820, David Jones tinha traduzido e impresso todo o Novo Testamento; embora se tratasse de uma façanha formidável, não era nada em comparação com tentar ensinar aos nativos o conceito filosófico de palavras como "pecado" e "salvação". A despeito disso, os missionários trabalharam arduamente e alcançaram certo êxito. Continuaram traduzindo o resto da Bíblia e finalmente produziram uma edição completa que encaparam orgulhosamente com couro e distribuíram a todo homem, mulher ou criança de Madagascar.

Infelizmente, a harmonia entre o nativo e o estrangeiro não duraria muito. O rei Radama I perdia as forças e, em 1828, depois de uma longa doença, morreu aos 36 anos. Radama e sua mulher, a rainha Ranavalona, não tinham filhos e, por isso, um sobrinho, um menino chamado Racotobe, era o próximo da linha hierárquica. Prevendo uma luta amarga pela sucessão, vários ministros do governo esconderam a notícia da morte do rei Radama, com a esperança de que isso possibilitasse a Racotobe ascender ao trono antes que os adversários políticos se dessem conta do sucedido. Mas quanto tempo é possível esconder de uma mulher a morte do marido? Menos de vinte quatro horas depois da morte de Radama, um jovem oficial do exército chamado Andriamihaja deu a notícia da morte do rei a Ranavalona, que, por sua vez, logo começou a espalhar o boato de que "os ídolos" que todo o povo de Madagascar procurava em busca de conselhos sugeriam que ela subisse ao trono em lugar de Racotobe. Assim que essa notícia falsa começou a circular, Racotobe e seus seguidores foram brutalmente assassinados — o que levou um comentador do século XIX a descrever a nova monarca como "muito disposta a apelar para o assassinato para chegar ao trono"[1].

Depois da matança, Andriamihaja foi elevado a comandante-chefe do exército como recompensa pelos "serviços". Conquistou também o título de amante oficial da rainha, embora nenhum dos dois papéis fosse durar muito tempo, sendo depois acusado de traição e executado.

Ranavalona nasceu entre 1782 e 1790 na tribo dos menabes, cujo chefe governava a parte ocidental da ilha; apesar de todos os esforços de Andrianampoinimerina e de Radama I para unir as diversas facções de Madagascar, a ilha continuava dividida em quatro reinos: o reino de Merina, no planalto central; o Betsileo, nos planaltos do sul; o império de Betsimisaraca; e o reino de Menabe. Não tendo conseguido unir esse último reino ao de Merina, Radama havia chegado à conclusão de que a melhor política era se

---

1 Anônimo.

casar com a filha mais velha de Andrian-Tsala-Manjaca e sua esposa Rabodo Andrian-Tampo. Durante os primeiros anos da união, não se ouviu nada de extraordinário a respeito de Ranavalona, apenas que tinha uma aparência imponente. Tome-se, por exemplo, a descrição que o romancista George MacDonald Fraser fez dela; dizem que esse autor, embora escrevesse ficção, baseou seu romance em várias histórias contemporâneas: "Ela podia ter qualquer idade entre quarenta e cinqüenta, o rosto bem redondo, com um narizinho reto, sobrancelhas bem desenhadas e uma boca pequena, de lábios grossos; a pele era negra como azeviche e lisa — e aí você encontra os olhos e um súbito arrepio de medo o leva a perceber que tudo quanto ouviu era verdade, e os horrores que viu não precisam de mais nenhuma explicação. Eram pequenos, brilhantes e perversos como os de uma serpente, não piscavam, e tinham profundezas de crueldade e malevolência aterrorizantes"[2].

Desde o início Ranavalona foi odiada e temida por todos quantos a conheciam. O *British Quarterly* descreveu-a como "o Diocleciano de nossos dias", referindo-se ao imperador romano que perseguiu os cristãos. Até hoje Ranavalona I é chamada de "Messalina moderna", "Maria Sanguinária de Madagascar" (referência a Maria Tudor, a Sanguinária, rainha da Inglaterra) ou "perversa rainha Ranavalona". Desconfiava de toda influência estrangeira, fosse ela inglesa, holandesa ou francesa. Também não era a única a ter essa postura, pois uma década antes Samuel Copland descrevera o povo de Madagascar como "os filhos de Abraão" que tinham sido corrompidos e explorados pelos europeus. Na verdade, Copland achava que os missionários, e por meio deles a própria Grã-Bretanha, tinham "maltratado, insultado e traído"[3] o povo de Madagascar. Ranavalona pensava de forma muito parecida; no entanto, não obstante o ódio que nutria pelos estrangeiros, dizem que tolerava os missionários pelo fato de eles terem vários conhecimentos que ela gostaria de possuir. Era

2 In: *Flashman's lady*, de George MacDonald Fraser, Barrie & Jenkins, 1977.

3 In: *A history of the island of Madagascar*, de Samuel Copland, R. Clay for Burton & Smith, 1822.

particularmente fascinada pela idéia do sabão e disse aos missionários que, se ensinassem o povo a fabricá-lo, poderiam ficar no país indefinidamente. A obsessão dela por materiais de limpeza deve ter nascido sem dúvida de um costume que ela adquiriu logo depois de subir ao trono. Ela costumava tomar banho em público, numa sacada que dava para a cidade. Nua, exceto pelo chapéu, aquilo de que mais gostava de fazer era ficar numa banheira sendo lavada pelos escravos diante de uma platéia de admiradores que ficava batendo palmas e dando vivas. Essa não era a única extravagância. A despeito do ódio que tinham dos franceses, Ranavalona colecionava pinturas da época napoleônica, com as quais decorava as paredes do palácio; as roupas dela costumavam ser uma mistura de estilos e tecidos (sendo o tafetá e tartã, um tecido escocês axadrezado, os prediletos); também adorava dar festas.

Todo ano, no aniversário de nascimento e da subida ao trono, os jardins do palácio eram decorados e todas as pessoas importantes da sociedade de Madagascar eram convidadas a participar da festança, em que enormes quantidades de álcool eram consumidas em brindes à rainha.

Mas e o sabão e os missionários? Depois que Ranavalona mostrou interesse pelo primeiro, os missionários logo se puseram a elaborar uma boa receita, com a qual compraram mais alguns meses na ilha. Mas, depois que a receita secreta foi revelada, a aversão profunda que Ranavalona sentia pelos estrangeiros veio à tona. Além do sabão, ela não via nenhum benefício no que os missionários trouxeram e achava a religião deles particularmente repulsiva. Os cristãos tinham uma atitude muito hostil aos costumes e crenças antigos dos nativos, e assim, com o apoio do primeiro-ministro Rainiharo (que, diziam, tinha conquistado a posição no governo dormindo com a rainha), Ranavalona começou lentamente a implementar editos que proibiam batismos, comunhões, ritos cristãos de casamento e culto público. Finalmente, em julho de 1836, convocou o povo a ir à capital, Antananarivo (que pode significar tanto "Cidade das Mil Aldeias" quanto "Cidade dos Mil Soldados"), onde ela faria uma declaração. Todas as estradas que levavam a Antananarivo ficaram apinhadas de gente. Homens, mulheres e crianças viajaram durante dias inteiros para chegar à capital a tempo de ouvir o que a rainha tinha para dizer. Não ficaram decepcionados. Na hora marcada, uma procissão de soldados carregando longas lanças de prata abriu caminho do palácio, que ficava numa encosta, seguidos por um grupo de escravos que carregavam um estrado, sobre o qual estava a rainha Ranavalona vestida da cabeça aos pés de vermelho-vivo. Foi um espetáculo impressionante, mais ainda pelo número de pessoas que se prostravam no chão à passagem da rainha. Por fim, o cortejo chegou ao jardim real de Andahalo, de onde, numa plataforma, cercada de guardas armados, a rainha começou o discurso:

> *Chegou ao meu conhecimento que a Bíblia é uma perversão. Ela fala de um novo rei, chamado Deus, e sobre seu primeiro-ministro, Jesus Cristo, seu filho. Eles tentam persuadir meus súditos a se tornarem parte do Reino do Céu, e a rezar para seu Rei, Deus, e pedir-lhe favores. Agora vocês sabem que só existe um reino aqui — o reino de nossos ancestrais Randrianamasinavalona, Randrianampoinimerina, Radama e eu! De agora em diante, não quero que esse reino seja dividido. Não quero saber desse Reino do Céu, não quero saber desse Deus governando-nos, não quero saber de Jesus Cristo nenhum! Esses são os governantes dos brancos que vieram do outro lado do mar; não quero que meu povo seja enganado por eles.*
>
> *Sei que alguns membros do meu povo foram levados para o mau caminho; acho que não sabiam o que estavam fazendo, mas deixaram esses homens maus dominá-los. Por isso estou disposta a perdoar-lhes se eles confessarem sua corrupção e voltar à crença em nossos ídolos, encantamentos e montanhas sagradas de antigamente. A partir de hoje, é um crime que pode ser punido com a morte e com o confisco de propriedades: rezar, possuir Bíblias ou hinários, fazer reuniões de culto a Deus ou Jesus Cristo, ou ensinar os outros a ler.*[4]

4 In: *Friends in Madagascar*, de James H. Fisher, Society of Friends, 1940.

Privados do direito de praticar a religião deles, os missionários concluíram que a melhor saída seria deixar Antananarivo. E viajaram para a costa leste da ilha, para Tamatave, não sem deixar um grupo de aproximadamente cinqüenta militantes cristãos para cuidar da escola e das igrejas. Com o passar do tempo o grupo aumentou, e contava já mais de duzentos membros. Com instruções rigorosas para acompanhar a situação diariamente para que pudessem fugir se as coisas piorassem, os cristãos enviaram inúmeras cartas aos irmãos e irmãs de fé que estavam em Tamatave. Nessas cartas eles falavam da leitura do tratado alegórico de John Bunyan, *A viagem do peregrino,* com a qual ganhavam uma força imensa. Também viam a situação deles refletida nas tribulações pelas quais passa a personagem principal, Christian. Christian, como todos os que conhecem esse livro sabem, sofreu uma perseguição implacável por causa de sua fé e teve de lutar a cada passo do caminho que leva à salvação. Lutou com vários inimigos, entre os quais o gigante Desespero, a Preguiça e a Vaidade, além de atravessar o brejo do Desânimo e o vale da Sombra da Morte. Não é de admirar que os missionários tenham achado esse livro tão inspirador! Mas, infelizmente, em contraste com o sucesso dos cristãos em alcançar a Cidade Celestial, grande número de missionários teve menos sorte. No início da década de 1840, um grupo de trinta e sete cristãos foi considerado culpado de ter pregado a palavra de Deus para uma comunidade e, junto com as esposas e os filhos, foram condenados a uma vida de escravidão. Mais tarde, quarenta e dois cristãos foram acusados de portar uma Bíblia e, embora tivessem escapado à pena de morte, tiveram confiscados todos os bens terrenos e também foram lançados na escravidão. Foram tempos difíceis, que iriam ficar piores.

No dia 7 de julho de 1857, a rainha Ranavalona ordenou o exílio de todos os europeus da ilha, deixando Madagascar isolada do resto do mundo. Furiosa com o fato de a pena de morte não estar sendo aplicada para crimes que considerava mais graves que o assassinato, Ranavalona determinava que, a partir daquela data, qualquer pessoa que fosse surpreendida pregando a doutrina cristã ou de posse de uma Bíblia fosse executada imediatamente, o que mostrou um fanatismo semelhante (ou pior) que o dos imperadores Calígula e Nero, que executaram milhares de cristãos em seus reinados.

Assim, os soldados começaram a espionar os suspeitos de serem convertidos. Longas listas de transgressores passaram a circular entre os funcionários do governo. Mas ainda havia formas de ler a Bíblia, e os engenhosos malgaxes prontamente descobriram que, dividindo-a em pequenos livros, seria mais fácil esconder os textos bíblicos no telhado das casas, em poços e vários outros lugares. Uma jovem chamada Mary Rasalama foi uma das pessoas que apelaram para os subterfúgios em vez de renegar a fé.

Do lado de fora da casa dela havia um grande poço usado para estocagem de cereais, que ela, escavando as paredes, fez que dobrasse de tamanho. Depois cobriu a boca do poço com uma pedra enorme e, por cima dela, pôs folhas, galhos e lixo como camuflagem. Em noites de chuva ou ventania, Rasalama e seus amigos reuniam-se no poço, onde cantavam e rezavam ao Senhor. Não era o ideal, mas ao menos as pessoas podiam se reunir. Infelizmente, logo os vizinhos perceberam o artifício e denunciaram as atividades de Rasalama às autoridades. Rasalama foi presa. Embora tenha tido a oportunidade de abjurar a fé, recusou-se a admitir o erro. Em agosto de 1838 ela foi levada a um campo deserto, onde recebeu ordens de se ajoelhar. Os guardas permitiram-lhe rezar, e ela começou a dizer: "Senhor Jesus, em Suas mãos entrego o meu espírito". Antes de dizer mais uma única palavra, os soldados enterraram as lanças nas costas dela. Quando ela finalmente morreu, o corpo foi atirado aos cães. Foi um acontecimento inglório, que se repetiria de diversas formas nos anos seguintes.

Imediatamente depois que Ranavalona declarou que todo missionário ou convertido surpreendido lendo a Bíblia seria executado, um grande número de homens foi condenado a morrer atirando-se de penhascos, queimados na fogueira, decapitados, queimados num caldeirão de água fervente ou, em certos casos, obrigados a tomar veneno. Uma descrição particularmente sinistra da "morte num caldeirão de água fervente" aparece no romance *Flashman's lady*, em que o autor descreve a tortura com detalhes. Nas encostas de montanhas íngremes eram abertas covas fundas, onde os

Ranavalona I, rainha de Madagascar, no auge do poder — um retrato ligeiramente fantasioso e imaginário, pintado depois da morte dela, em 1863, de uma mulher que utilizou o assassinato, o massacre, a tortura e a prisão para dominar os súditos. A perseguição que moveu contra os europeus, especialmente contra os missionários cristãos, fez um mal terrível ao país.

A imagem ao lado foi extraída de um cartão-postal colorido do retrato, que pode ter-se perdido quando o palácio de Antananarivo foi destruído por um incêndio.

condenados à morte ficavam de pé com as mãos amarradas nas costas, presos a longas estacas. Na extremidade de cada cova acendia-se uma fogueira, sobre a qual pendia um imenso caldeirão de água. Quando a água fervia, os guardas viravam lentamente o caldeirão de modo que o líquido fervente escorresse por canaletas escavadas no fundo da cova, de onde subia um vapor quente. "Quando o ar ficou claro, eu vi, para meu horror, que [a água] só chegava até a cintura — as vítimas eram fervidas vivas, centímetro a centímetro."[5] E o espetáculo era visto por inúmeros nativos que ficavam de pé no alto da montanha, zombando e vociferando contra as vítimas. Outro método de execução, igualmente repulsivo, consistia em amarrar várias vítimas juntas pelo pescoço a uma pesada roda de ferro e soltar os infelizes em regiões ermas, onde morreriam de fome ou quebrariam o pescoço uns dos outros na tentativa de se libertarem. Nenhuma tortura era considerada horrível ou desumana. Ranavalona era uma sádica com todo o povo de

---

5 In: George Macdonald Fraser, op. cit.

um reino, mas eram os cristãos que despertavam a fúria da rainha. Em março de 1849, por exemplo, foi registrada a seguinte conversa entre um grupo de cristãos que tinha sido preso e o encarregado de fazer o interrogatório, responsável pelo julgamento:

> — *Vocês prestam culto ao sol, à lua ou à terra? — perguntou o funcionário, e um dos acusados respondeu:*
> — *Não rezo para eles, pois foi a mão de Deus que os criou.*
> — *Vocês prestam culto às doze montanhas sagradas?*
> — *Não lhes presto culto, pois são apenas montanhas.*
> — *Vocês rezam para os ídolos que presidem a consagração dos reis?*
> — *Não rezo para eles, porque foi a mão do homem que os criou.*
> — *Vocês rezam para os ancestrais dos governantes?*
> — *Reis e governantes nos são dados por Deus para lhes obedecermos e lhes prestarmos homenagens, mas são apenas seres humanos como nós. Quando rezamos, é somente a Deus que nos dirigimos.*
> — *Vocês distinguem outros dias e observam o sabá?*
> — *É o dia do grande Deus, pois em seis dias o Senhor realizou todas as Suas obras, depois descansou no sétimo dia e tornou esse dia santo. É por isso que descansamos e consideramos esse dia santo.*[6]

Um a um, os acusados responderam da mesma forma, até todo o grupo, de aproximadamente vinte e cinco homens e mulheres, ser considerado culpado e condenado à morte na fogueira, ou lançado do alto do Amapamarinana até o pescoço se quebrar ou ser chicoteado até o coração sair do peito, e todos morrerem. Os prisioneiros foram então amarrados com um dos pés e uma das mãos e ficaram encarcerados até a hora da execução. Não tiveram de esperar muito.

Na manhã seguinte, antes de o sol nascer, os condenados foram levados para Analakeli, onde um grupo de soldados se juntou a eles, assim como os juízes que os haviam julgado. O nome de todos os prisioneiros foi lido em voz alta e eles ouviram o castigo

6 In: *The book of martyrs*, de Chenu Bruno "e outros", SCM Press, 1990.

de cada um deles. Em seguida os condenados foram divididos em grupos, e dizem que aqueles que estavam prestes a ser queimados até virar cinza começaram a cantar o hino 137 do hinário malgaxe:

Quando eu morrer, quando eu deixar meus amigos,
Quando esses amigos chorarem minha morte,
Quando minha vida me tiver deixado,
Aí então serei verdadeiramente feliz.

Como seria de esperar, o canto não melhorou a sorte dos cristãos, pois enfureceu os soldados e juízes a tal ponto que, quando os condenados lhes pediram que fossem mortos antes de os corpos serem queimados, a súplica foi ignorada. A rainha Ranavalona insistiu em que os prisioneiros fossem queimados vivos.

Quanto àqueles cujos corpos seriam lançados de penhascos, foram amarrados pelas mãos e pés a longos postes que os soldados punham nos ombros para levá-los até o local da execução. No caminho, os prisioneiros falavam com os transeuntes, e, segundo um relato, "aqueles que punham os olhos nos condenados disseram que o rosto deles era como o dos anjos"[7]. Nada poderia salvá-los, e, carregados como galinhas, foram levados para o topo do Amapamarinana e lançados da beira do precipício para a morte inexorável. Depois os cadáveres feridos e despedaçados eram arrastados para o outro lado da capital e colocados sobre as mesmas piras em que deveriam morrer os condenados à fogueira. Foi uma visão horripilante, e o cheiro de carne queimada e os gritos dos moribundos eram o suficiente para gelar o sangue até do mais forte dos homens. Apesar disso, como no caso daqueles que foram lançados do alto da montanha, dizem que os que foram queimados vivos cantaram hinos durante toda a provação e morreram em paz.

Houve outros massacres de inocentes com o passar dos anos, mas para todo convertido que era executado ou banido da ilha surgiam dois em seu lugar. As Bíblias, que eram raras, passavam sub-repticiamente de uma famíla a outra, reuniões secretas

---

7 Anônimo.

para fazer orações eram feitas todo sábado e as crianças eram batizadas a portas fechadas. Por mais ameaças que Ranavalona fizesse, nada conseguia impedir a comunidade cristã de crescer nem, como vemos no trecho a seguir, de fortalecer cada vez mais as suas raízes.

> *A vida pura e altruísta daqueles que enfrentaram a morte com alegria por seu apego à fé cristã tem influenciado multidões [...] e, sempre que possível, existem aqueles que mesmo agora se reúnem em lugares secretos para realizar o ritual pelo qual os discípulos do Senhor Jesus relembram a Sua morte até Ele voltar.*[8]

Talvez uma soberana mais inteligente, ao notar que sua política não estava produzindo o efeito desejado, tivesse revisto os planos, mas Ranavalona não fez nada, o que levou a maioria dos historiadores a supor que ela gostava da tortura pela tortura, ou então era louca varrida. Essa última teoria é tentadora — há muita evidência que comprova que ela tinha a mente desequilibrada — e a despeito disso, durante todo o reinado, ela conseguiu evitar ser assassinada ou derrubada do trono, o que, por si só, mostra que ela tinha certo grau de inteligência.

Mesmo assim, ninguém vive para sempre, e, em 1863, depois de quase trinta e cinco anos de mau governo e perseguições, a rainha Ranavalona I caiu doente e morreu. Não era odiada só em Madagascar, mas também na Inglaterra e na França, pois havia exilado ou executado cidadãos de ambos os países.

Radama II, também conhecido como Racota, fruto de uma das relações amorosas ilícitas da rainha, sucedeu-lhe no trono. Em termos gerais, foi um governante progressista que aboliu a escravidão e implementou uma lei de "liberdade religiosa", mas, infelizmente, foi assassinado três anos depois.

Rasoherina, viúva de Racota, sucedeu-lhe, mas seu reinado também teve vida curta.

Finalmente, em 1869, a rainha Ranavalona II foi coroada e subiu ao trono. Dizem que se converteu ao cristianismo durante a

---

8 In: *New Englander and Yale Review*, agosto de 1859.

cerimônia da coroação, e permitiu novamente a atividade dos missionários na ilha.

A despeito dessa reviravolta, os mártires de Madagascar nunca foram esquecidos e, como que para reforçar essa idéia, fotografias aéreas recentes revelaram que

> *a 10 mil metros de altitude, no avião que leva você da Europa para Madagascar, bem antes de avistar as praias, de repente você fica intrigado com uma imensa mancha vermelha que se destaca nitidamente contra a água azul de Moçambique, sem se misturar com ela [...] Essa água vermelha, que jorra de toda parte como uma hemorragia fatal cuja força empurra as ondas do mar para além do horizonte, é* o sangue da terra.[9]

Será o sangue dos mártires? Certamente, ele parece falar da morte deles.

9 In: *Madagascar: mon île-au-bout-du-monde*, de Jacques Hannebique, Laval (França), Siloë, 1987.

Elena Ceausescu

Mãe da Pátria

Dreptatea e cum fac domnii *(A justiça é aquilo que os governantes decretam que ela é).*

PROVÉRBIO ROMANO

No Natal de 1989, um casal de velhos, vestido de pesados sobretudos de inverno, estava de mãos dadas nos fundos de um pequeno pátio em Tirgoviste, na Romênia. Segundos depois, ambos estavam mortos, executados por um pelotão de fuzilamento de três homens. Um *close-up* revela que o lado direito da cabeça do homem estava manchado de sangue, assim como o da mulher, e também a parede atingida pelas balas, atrás deles. Uma cena horrível, que nos dias seguintes foi estampada na primeira página dos jornais de todo o mundo, pois o casal era nada mais, nada menos que o presidente da Romênia, Nicolae Ceausescu, e sua esposa Elena. Acusados de causar a morte de mais de 60 mil pessoas durante o reinado de vinte e quatro anos de terror, eles tinham sido uma força incontestável, governando o país com mão de ferro. Na morte, a força, o orgulho e a arrogância desapareceram. No lugar deles ficaram os corpos enrugados de dois velhos solitários.

Elena Petrescu (que tinha o apelido de Lenuta) nasceu no dia 6 de janeiro de 1919. Os pais dela eram de origem camponesa e viviam em Oltênia, uma área rural da Romênia situada a sudoeste da capital, Bucareste. O pai dela cultivava um pequeno pedaço de terra arrendada e tinha uma lojinha que vendia artigos variados, como pão, farinha e velas. Por causa da dificuldade de ganhar dinheiro, Elena abandonou a escola aos catorze anos, antes de fazer a prova de final de curso, e mudou-se para Bucareste, onde trabalhou como assistente de laboratório e depois como costureira numa fábrica de tecidos.

Dada a sua formação, é um pouco surpreendente que ela tenha mostrado interesse por um tema tão árido e tão acadêmico quanto a política, mas, apesar disso, desde cedo começou a freqüentar reuniões da Liga da Juventude Comunista. Só depois de conhecer e se casar com Nicolae Ceausescu em 1939 é que despertou seu verdadeiro interesse pela política, sobretudo porque o marido era líder da ala jovem do Partido Comunista.

Desde criança Nicolae Ceausescu mostrou interesse pelas questões de Estado. Como membro do movimento da juventude comunista, foi preso duas vezes, primeiro em 1933 por incitar uma greve e distribuir panfletos políticos, e, em 1940, por distribuir propaganda comunista e participar de "atividades de organização política". Na cadeia de Tirgu Jiu conheceu e se tornou amigo de Gheorghe Gheorghiu-Dej, que mais tarde, em 1952, se tornaria líder da Romênia. Ceausescu era protegido de Gheorghiu-Dej e, quando os comunistas chegaram ao poder em 1947, Ceausescu foi imediatamente nomeado ministro da Agricultura; depois, foi eleito vice-ministro das Forças Armadas.

A essa altura, Elena trabalhava como secretária mal remunerada no serviço público romeno, embora logo fosse exonerada por causa da sua incompetência. A falta de instrução de Elena a atormentaria durante toda a vida, e não há dúvida de que foi a força propulsora que estava por trás de um dos aspectos mais curiosos da carreira dela como esposa de um dos principais políticos da Romênia. Não tendo completado sequer o curso primário, parece que Elena tentava desesperadamente convencer as pessoas de que era uma mulher forte e inteligente. Com essa finalidade, conseguiu, de algum modo, "obter" um título de doutora em química. Embora todos soubessem que o doutorado era uma farsa, ninguém questionou a autenticidade. Essa loucura continuou quando, tempos depois, ela foi eleita presidente do maior laboratório de pesquisa química da Romênia. Elena também procurou reconhecimento de suas atividades acadêmicas no exterior, aceitando títulos honorários por sua obra científica em praticamente todos os países que visitou. Mircea Codreanu, diplomata romeno que trabalhou em Washington, afirma que "sendo um tipo de mulher ignorante, sem instrução e primitiva, ela, na verdade, achava que, se tivesse alguns títulos embaixo do nome, sua imagem mudaria"[1]. Para piorar as coisas, ela obrigou cientistas romenos de prestígio a renunciar às pesquisas, que mandou publicar em várias revistas com o nome dela. Mas Elena Ceausescu não queria só o reconhecimento acadêmico, também desejava ter influência política. Foi esse desejo de entrar para o governo que selou o destino do povo romeno durante quase vinte e cinco anos.

Com a morte de Gheorghiu-Dej em 1965, Nicolae Ceausescu sucedeu-lhe primeiro na liderança do Partido Comunista, depois no cargo de secretário-geral e finalmente, em dezembro de 1967, foi eleito presidente do Conselho de Estado, tornando-se assim o chefe da nação, papel que Ceausescu cobiçou durante toda a vida, e Elena, que sempre desejou ardentemente o poder, ficou igualmente exultante.

A ascensão de Elena na hierarquia do Partido Comunista foi quase tão impressionante quanto a do marido. Em 1968, um ano depois de Nicolae ter-se tornado secretário-geral do Partido Comunista Romeno (PCR) e presidente do Conselho de Estado, Elena Ceausescu entrou para o Comitê Municipal de Bucareste. Depois disso a subida na hierarquia foi rápida: em 1972 ela tinha sido eleita membro do Comitê Central e, em 1973, já havia chegado ao Comitê Executivo. Seria uma ingenuidade dizer que ela estava ansiosa por obter mais poder e mais influência política. Elena estava

1 In: *Kiss the hand you cannot bite*, de Edward Behr, Villard Books, 1991.

desesperada para ter poder e, com a ajuda do marido, agarrou todas as oportunidades que lhe apareceram.

Além disso, quando Ceausescu sucedeu ao amigo na liderança, era considerado muito popular, conquistando o apoio imediato do povo por sua posição política independente, que desafiava o domínio que a União Soviética exercia sobre a Romênia. Na década de 1960, Ceausescu encerrou a participação da Romênia no Pacto de Varsóvia e, em 1968, enfrentou mais diretamente ainda a União Soviética, condenando a invasão da Tchecoslováquia. Mas nem tudo era um mar de rosas sob o governo Ceausescu, pois ao mesmo tempo em que mantinha uma política externa independente, no próprio país não aprovava a sugestão de introduzir leis mais liberais, adotando, pelo contrário, o legado do partido stalinista, que recomendava uma administração centralizada. A polícia secreta de Ceausescu (a Securitate) entrou em ação, negando às pessoas o direito de livre expressão, além de manter uma censura rígida sobre todos os meios de comunicação de massa e sobre a correspondência. Como mostra o trecho do livro de Julian Hale, *Ceausescu's Romania*, não deixou pedra sobre pedra:

> *A segurança do Estado é muito mais poderosa e perigosa, que é vinculada ao serviço de inteligência militar e desempenha um papel de vigia em todos os ramos da atividade estatal. No artigo 28 da Constituição da República Socialista Romena está escrito: "A liberdade de expressão, de imprensa, de realizar assembléias, reuniões e manifestações é garantida aos cidadãos da* RSR*". No artigo 29, a situação é esclarecida: "A liberdade de expressão, de imprensa, de realizar assembléias, reuniões e manifestações não pode ser usada para finalidades contrárias ao sistema socialista, nem aos interesses dos trabalhadores".*

Naturalmente, a tarefa da Securitate era implementar o artigo 29 à custa do artigo 28 e, no decorrer do governo de Ceausescu, estima-se que coagiu mais de um milhão de pessoas a denunciar seus compatriotas. Erros ou indiscrições do passado

Nicolae Ceausescu, presidente vitalício da Romênia, e sua mulher, Elena, durante um cruzeiro pelo mar Negro, por volta de 1975. Em 1979, Elena recebeu o título de "Mãe da Pátria", entre outros, e um ano depois tornou-se vice-primeira-ministra, a pessoa mais poderosa da Romênia depois do marido.

poderiam ser evocados a qualquer momento e usados contra um indivíduo. A Securitate sabia de tudo sobre todos: telefones eram grampeados, quartos ocultavam aparelhos de escuta clandestina, a correspondência particular era aberta e lida, e muitos empregados de hotéis, vendedores de lojas, motoristas de ônibus e funcionários de todos os escalões trabalhavam para as forças de segurança. A tensão na vida cotidiana das pessoas para fazer e dizer a coisa certa era enorme.

Mas qual foi o papel de Elena Ceausescu na administração diária dessa polícia do Estado? Como diz o ditado, por trás de todo grande homem há uma mulher ainda mais brilhante, e esse "truísmo" nunca foi mais apropriado que no caso dos Ceausescu.

Em 1966, Nicolae Ceausescu, com o apoio incondicional da dominadora mulher, começou a promulgar uma série de leis tornando o aborto ilegal. Além disso, proibiu o uso de anticoncepcionais e decretou que toda mulher casada com menos de quarenta anos tinha de ter no mínimo quatro filhos (número que depois foi aumentado para cinco). Ceausescu também tornou impossível obter o divórcio e aumentou os impostos não só para casais sem filhos, como também para aqueles que só tinham três filhos ou menos. Do início ao fim, foi uma política desastrosa. De repente, famílias que mal conseguiam sustentar um ou dois filhos tinham de alimentar um número ainda maior de bocas. As mulheres em particular sofreram horrores. Impossibilitadas de escapar de casamentos infelizes e obrigadas a ter uma gravidez após outra (ou a fazer abortos ilegais), logo se transformaram em nada mais que incubadoras festejadas por sua produtividade.

Mas Elena Ceausescu, a despeito de toda a educação "científica" e de ser um modelo para as mulheres, não levantou uma palha para ajudá-las. Como diz Julian Hale, "Ceausescu tem fama de ser meio puritano, mas aqui pode ser afetado pela influência da mulher Elena, que é uma entusiasmada reformadora da moralidade

BETTMANN/CORBIS

Os Ceausescu são recebidos por simpatizantes ao chegar a Nova York, vindos de Nova Orleans, durante uma visita oficial em 1978. Embora nessa época já tivessem acumulado uma grande fortuna pessoal, na Romênia as políticas econômicas desastrosas, combinadas com um regime político repressivo, começavam a levar o país para o desastre. Depois da volta dessas visitas, os cidadãos eram obrigados a agitar bandeirinhas e aplaudi-los.

nacional. Alguns dizem que foi ela a responsável pelo decreto que impedia o divórcio e o aborto".

Elena incentivava o marido de todas as formas. Isso inclui a próxima medida desastrosa, que foi a exportação de enormes quantidades da produção agrícola e industrial do país.

No início da década de 1970, Nicolae Ceausescu fez empréstimos colossais de instituições de crédito do Ocidente para financiar seus planos de transformar o país, de Estado agrário a sociedade urbana. Isso incluiu despovoar as comunidades rurais, acabar com as aldeias e fazer os habitantes mudar para novos bairros nas cidades, onde poderiam trabalhar nas fábricas e aumentar a produção industrial da Romênia. Mas, durante as décadas de 1970 e 1980, Ceausescu acumulou dívidas tão elevadas no exterior (aproximadamente 10 bilhões de dólares), que, para pagar o empréstimo, tomou a decisão de exportar tudo quanto ele e os ministros conseguissem pôr as mãos. A essa altura, a Romênia, embora não fosse rica em recursos naturais, podia se gabar de ter depósitos de petróleo, gasolina e carvão, além de produzir quantidades satisfatórias de trigo, milho, frutas, legumes, verduras, carne e sal. Mas, com todos esses recursos despachados para o exterior, subitamente a Romênia começou a sofrer de escassez crônica de alimento, para não falar da falta de remédios, energia para iluminação e aquecimento, petróleo e outros bens básicos. Uma piada romena típica dessa época dizia mais ou menos o seguinte:

> *Um oficial romeno morre e vai para o inferno. Na entrada do palácio de Satã ele vê duas câmaras vastas: uma, com um letreiro onde se lia "Oriente", e a outra, com um letreiro onde estava escrito "Ocidente". O oficial, aterrorizado, pergunta ao diabo de plantão:*
> *— Qual a diferença entre as duas salas? Qual devo escolher?*
> *— Olha, os serviços são os mesmos — foi a resposta. — Na segunda-feira, mergulho em óleo fervente; terça-feira, assar num espeto; quarta-feira, fogo e enxofre; quinta-feira, assar num forno; sexta-feira, fritar numa panela...*
> *— Mas por que a sala do Oriente está tão apinhada de gente e a do Ocidente, tão vazia?*

Elena Ceausescu levanta-se para aplaudir o encerramento do Congresso do Partido Comunista Romeno. Entre seus títulos ostentava o de "Grande Combatente do Partido para o Destino Glorioso da Romênia", que seria ridículo se essa época não tivesse sido tão aterrorizante para a maioria dos romenos.

— Bem, o inferno do Oriente está sempre com falta de petróleo e, por isso, os espetos não giram; além disso, há escassez permanente de enxofre.

Infelizmente, a realidade da situação estava longe de ser engraçada. Na verdade, era como se o país tivesse mergulhado na Idade das Trevas. Comprar comida transformou-se numa tarefa que exigia uma paciência e um vigor titânicos, e, freqüentemente, depois de horas numa fila para conseguir um pão ou alguns ovos, as pessoas voltavam de mãos vazias.

Tragicamente, a população aumentou de forma exponencial, e a falta de comida não era a única catástrofe que os pobres romenos tiveram de enfrentar, pois um outro desastre começou a se avultar no horizonte.

Os orfanatos começaram a se multiplicar pelo país, uma vez que, com o aumento das taxas de natalidade e a redução da comida, as famílias já não tinham como sustentar a prole. Outro incentivo agravou essa situação horrível: dinheiro.

Nicolae Ceausescu começou a oferecer recompensas pecuniárias a todos os pais que mandassem os filhos para instituições administradas pelo Estado, com a esperança de que, quando as crianças se tornassem adultas, formariam um exército de trabalhadores romenos. É claro que os orfanatos não eram luxuosos: não tinham sequer o básico. Concebidos como fábricas e com um número mínimo de mulheres para manter as coisas funcionando, as crianças eram tratadas como se fossem animais. Não recebiam nenhum estímulo mental, nem amor, nem educação, nem cuidados médicos, nem atividades físicas, e, pior ainda, havia pouca comida para mantê-las, quando havia. O resultado foi que as crianças que sobreviveram cresceram com problemas sérios, tanto físicos quanto mentais. Para agravar mais a situação, anos depois descobriram que a maioria delas estava sofrendo de Aids. Médicos, que durante anos tinham sido impedidos de acompanhar os avanços da comunidade científica, acreditaram, erroneamente, que transfusões de sangue poderiam ajudar as crianças a recuperar a saúde. Tragicamente, o que aconteceu foi o oposto. Além da ignorância dos médicos, Ceausescu e a mulher "cientista", acreditando que a Aids não passava de mais uma doença do "Ocidente decadente", tinham proibido exames de sangue.

É claro que, como mulher, Elena Ceausescu deveria ter ficado horrorizada com o que ocorria bem embaixo de seu nariz. Seguramente ninguém, menos ainda uma pessoa do sexo feminino e uma mulher que também era mãe, desejaria esse tipo de vida para qualquer criança ou, pior ainda, poderia sancioná-la como necessidade política? Mas, embora o país estivesse morrendo de fome e os orfanatos aumentassem em tamanho, os Ceausescu, num contraste terrível, desfrutavam de tudo o que os novos-ricos gostam de ter.

No dia 28 de março de 1974, Nicolae Ceausescu tornou-se presidente vitalício da República graças à Grande Assembléia Nacional. Era um cargo criado especialmente para ele e do qual começou a abusar desde o instante em que o assumiu. Membros da família de Ceausescu, entre os quais o próprio filho e dois de seus irmãos, foram colocados em postos-chave do governo e do exército[2]. Mas foi Elena quem recebeu o grande prêmio e, no dia em que completava 60 anos, em 1979, o jornal *Scînteia* publicou matérias elogiosas a respeito dela durante dois dias, cumulando-a de títulos como "Grande Combatente do Partido para o Destino Glorioso da Romênia", "Mãe da Pátria", "Tocha do Partido" e "Grande Exemplo de Devoção e Paixão Revolucionária". Se os tempos não fossem tão terríveis, seria simplesmente ridículo, mas em 1980 Elena se tinha tornado vice-primeira-ministra: a pessoa mais poderosa da Romênia, depois do marido.

Na ocasião houve um esforço combinado da sra. Ceausescu em controlar e promover sua imagem como a primeira-dama da Romênia. Foram impostas normas que determinavam que, quando o nome de Nicolae e Elena fossem impressos (num jornal, por exemplo) deveriam aparecer juntos na mesma linha, de modo que

---

2 Em 1989, aproximadamente vinte e oito parentes próximos de Ceausescu exerciam cargos na cúpula do Partido Comunista ou do Exército.

se atribuísse ao nome de Elena a mesma importância dada ao do marido. Como se não bastasse, também foram baixadas ordens para que não fosse citado nenhum outro nome no mesmo artigo que falasse dos ditadores, para que estes parecessem mais importantes ainda.

Os fotógrafos eram tratados com a mesma delicadeza. Não deveria ser publicada nenhuma fotografia de Nicolae sem Elena ao lado, e todas as fotografias tinham de ter um fundo vermelho, a cor oficial do Partido Comunista. Quando Elena e Nicolae viajavam para o exterior em visitas oficiais (para a China e a Coréia do Norte, os Estados Unidos e a Grã-Bretanha), quando voltavam os cidadãos das cidades, aldeias e escolas próximas eram obrigados a sair de casa para agitar bandeirinhas e cantar louvores aos amados líderes. Nada ficava entregue ao acaso: tudo era organizado de forma que promovesse os dois. Em particular, depois da Conferência Nacional das Mulheres, Elena elogiou um grande grupo de crianças que entoaram as seguintes frases em louvor dela:

> *Vemos com estima, com respeito, a harmonia dessa vida familiar. Damos uma importância especial ao fato de que sua vida, como ex-operária têxtil, jovem militante comunista, membro do Partido desde a época em que era ilegal, hoje heroína do trabalhador socialista, cientista, membro do Comitê Central do PCR, junto com seu marido, nos dá uma imagem exemplar dos destinos de dois comunistas. Os três filhos do par presidencial trabalham, como qualquer um de nós, seguindo o exemplo dos pais, para trazer o socialismo para a Romênia. Tudo isso atesta claramente a verdade de que o trabalho e o exemplo pessoal são deveres na família Ceausescu.*[3]

A despeito dessa farsa, Elena não era amada nem respeitada nos bastidores.

3 In: Behr, op. cit.

Em 1980, depois de vinte e sete anos de prosperidade relativa, o racionamento do pão foi reintroduzido no país. Além disso, foram tomadas medidas para limitar o consumo de outros gêneros alimentícios básicos, como arroz, açúcar, café e milho. Foi um golpe violento contra o povo romeno, um sinal inequívoco do fracasso da política econômica dos Ceausescu. O país estava na pior, não os Ceausescu.

O contraste entre a vida do povo romeno e a dos seus líderes era obscena. Os Ceausescu desfrutavam do luxo de mais de quarenta palácios, um dos quais — um edifício situado no bulevar Primaverii, em Bucareste — tinha uma sala reservada para a vasta coleção de vestidos de Elena, para não falar das jóias e dos mais de cinqüenta casacos de pele. A extravagância de Elena faz os gastos de Imelda Marcos[4] com sapatos parecer uma bagatela. Mas as roupas não eram o único luxo dos Ceausescu. Nicolae e Elena tinham dois iates, o *Snagov* I e o *Snagov* II, bem como várias lanchas que ficavam atracadas num lago ao norte de Bucareste. Se o país passava fome, os que tinham a sorte de viver nos palácios certamente não conheciam penúria. Houve banquetes durante os quais dizem que Elena comeu por duas pessoas. E também não se fazia nenhuma economia na hora de comprar os melhores vinhos, as melhores carnes, os melhores doces e o melhor café. No entanto, se era isso o que se via dentro dos muros do palácio, fora as coisas não poderiam estar piores. Como lembra Mircea Kivu, um dos diretores do Instituto de Marketing e Pesquisa de Opinião Pública de Bucareste: "Num dia de inverno de 1988, fiquei durante cinco horas na fila para comprar batata e, quando só havia dez pessoas na minha frente, as batatas acabaram. Lembro que chorei. Às vezes penso que aquilo não aconteceu de verdade".

O país estava à beira de um colapso socioeconômico. Seus cidadãos, sem comida, sem aquecimento e sem tratamento médico, estavam totalmente desmoralizados. Por fim, no dia 16 de dezembro de 1989, o descontentamento transbordou num protesto público quando irrompeu uma insurreição em Timisoara.

---

4 Esposa de Ferdinand Marcos, ex-presidente das Filipinas, acusado de apropriar-se de milhões de dólares do tesouro filipino e de bancos norte-americanos. (N. E.)

A insurreição teve início como um protesto em favor de um ministro húngaro dissidente, o reverendo Laszlo Tokes, que ia ser deportado por criticar o regime dos Ceausescu. Porém o que começou como uma pequena reunião de seus partidários logo se transformou numa grande campanha antigoverno, que a polícia tinha de controlar. As tropas da Securitate se juntaram à polícia, e, por sua vez, o exército saiu à rua. Por ordem do general Victor Stanculescu, as tropas abriram fogo, matando centenas de cidadãos. Foi um episódio desastroso, não só para os mortos e feridos, mas também para o presidente e sua mulher, que muitos consideravam responsáveis pela decisão do general Stanculescu.

No dia 20 de dezembro, 50 mil pessoas saíram novamente às ruas de Timisoara. Dessa vez em protesto contra o governo em geral, e contra Nicolae Ceausescu em particular. Mas o presidente se manteve absolutamente imperturbável diante dessa reviravolta

PA PHOTOS/EPA

Em março de 1990, três meses depois do colapso do regime de Ceausescu e da execução do presidente e de sua mulher, foi feito um leilão da vasta riqueza acumulada em Bucareste por meio de corrupção. Um funcionário mostra uma tapeçaria com o retrato do ex-presidente e sua mulher.

e, instigado por Elena, dediciu fazer um comício na praça central de Bucareste, chamada na época de Pieta Republica (praça da República), hoje conhecida como Pieta Revolutiei (praça da Revolução), no dia 21 de dezembro.

Cerca de 80 mil pessoas foram ouvir o presidente discursar, e não se decepcionaram. Ceausescu logo apareceu na varanda do edifício do Comitê Central, acompanhado de várias autoridades, assim como da mulher. Mas, quando Nicolae começou a apresentar a retórica sobre o "socialismo científico", algumas pessoas que estavam no meio da multidão passaram a interromper o orador a e gritar *slogans* como "Abaixo os ditadores!" e "Timisoara! Timisoara!"

O comício estava sendo transmitido pela televisão romena e quando revemos as fitas é fácil ver o choque estampado no rosto de Ceausescu, para não falar da raiva e do desagrado de Elena. A transmissão acabou rapidamente, sendo substituída por canções patrióticas, mas o mal já estava feito. Milhares de pessoas em todo o país tinham visto a humilhação dos líderes. Não havia caminho de volta depois de uma derrota desse teor.

Os Ceausescu retiraram-se para o edifício do Comitê Central. Em vez de fugirem da cidade, cometeram o primeiro de vários erros fatais e resolveram esperar até a manhã seguinte. Nesse ínterim, encorajados pelos agitadores do comício, um grande número de romenos saiu às ruas e começou a exigir a queda de Ceausescu. Até o exército estava do lado do povo; embora as tropas tivessem recebido ordens de acabar com o tumulto, juntaram-se a ele nas manifestações.

Pela manhã, os manifestantes conseguiram entrar no edifício do Comitê Central, mas ficaram decepcionados, pois os alvos, subitamente conscientes do perigo que corriam, fugiram num helicóptero. Porém foi uma fuga breve. Sem qualquer destino específico em mente, o helicóptero aterrissou, e tanto Nicolae quanto Elena logo foram presos pelas forças armadas e levados para uma base militar em Tirgoviste (50 quilômetros a norte de Bucareste), onde foram julgados por uma corte marcial. O júri era composto de três civis, cinco juízes e assessores, dois promotores, dois advogados de defesa e um operador cinematográfico.

As acusações apresentadas pelo promotor, o general Dan Voinea, foram as seguintes:

> *Crimes contra o povo. Perpetraram atos incompatíveis com a dignidade humana e com o pensamento socialista; agiram de forma despótica e criminosa; destruíram o povo, do qual afirmavam ser líderes. Por causa dos crimes que cometeram contra o povo, peço, em nome das vítimas desses dois tiranos, a pena de morte para os dois réus. A lista das acusações contém os seguintes pontos: genocídio, de acordo com o artigo 356 do Código Penal. Segundo: ataque armado contra o povo e contra o poder do Estado, de acordo com o artigo 163 do Código Penal. A destruição de edifícios e instituições estatais, arruinando a economia nacional, de acordo com os artigos 165 e 145 do Código Penal.*[5]

Quando lhe pediram que se defendesse das acusações, Nicolae Ceausescu, em vez de pedir clemência, respondeu que não ia responder a nada que o tribunal lhe perguntasse.

— Só vou responder perguntas diante da Grande Assembléia Nacional — disse ele. — Não reconheço esta corte. As acusações são incorretas, e não vou responder sequer a uma única pergunta aqui.[6]

Elena Ceausescu também não estava com a menor vontade de pedir clemência e interrompeu o julgamento com comentários indevidamente sarcásticos em mais de uma ocasião. Quando o promotor observou a Nicolae que trinta e quatro pessoas tinham sido mortas durante a insurreição, Elena disse:

— Olha, eles chamam isso de genocídio.[7]

---

5 In: *Transcript of the closed trial of Nicolae and Elena Ceausescu*, 25 de dezembro de 1989. O texto está à disposição do leitor em vários *websites*, entre os quais: http://www.timisoara.com/timisoara/rev/trialscrpt.html

6 Idem.

7 Idem.

Elena cochichou com o marido durante a maior parte do julgamento, o que levou o promotor a acusá-la de falar muito, mesmo quando não sabia o que dizia.

— Notei — disse o promotor — que ela não sabe nem ler corretamente, mas diz ter diploma universitário.

E Elena respondeu:

— Os intelectuais deste país deveriam ouvi-lo, ao senhor e a seus colegas.

Depois dessa rusga, o promotor passou para a lista dos títulos acadêmicos falsos de Elena.

Ceausescu foi acusado de arruinar o país exportando todos os seus principais bens, de destruir aldeias romenas e o solo romeno e de fazer o povo passar fome deliberadamente enquanto ele e a mulher se empanzinavam com refeições suntuosas preparadas com ingredientes importados. Mas nenhuma aguilhoada foi capaz de convencer Nicolae a morder a isca. Era óbvio que Elena via aquele julgamento com o maior desprezo.

De certo modo, tinha razão, pois o julgamento foi pouco mais que uma oportunidade para a promotoria expressar aversão pelos anos que o casal tinha passado no poder. A declaração inicial que o advogado de defesa, Nico Teodorescu, apresentou também pesou muito contra os acusados. Teodorescu (que via o casal como "um monstro de duas cabeças") disse: "Mesmo que ele, bem como ela, tenha cometido atos insanos, vamos defendê-los"[8].

Antes, Teodorescu havia tentado convencer tanto Nicolae quanto Elena a alegar insanidade mental, observando-lhes que essa era a maior chance de sobrevivência. Mas o casal ignorou o conselho.

— Sentiram-se profundamente insultados — disse ele —, sem capacidade ou sem condições de agarrar o único salva-vida. Recusaram minha ajuda depois disso.[9]

Teodorescu passou a recitar uma longa lista de acusações, com as quais a defesa concordava e julgava Nicolae e Elena culpados,

---

8 Idem.

9 *United Press International*, 25 de janeiro de 1990.

chegando, portanto, à conclusão de que ambos os réus deveriam ser punidos. Não foi exatamente o tipo de audiência democrática em que a frase "Inocentes até prova em contrário" pudesse ser aplicada.

Finalmente, à guisa de conclusão, o promotor disse:

— Sou um daqueles que, como advogado, gostariam de se contrapor à pena de morte, porque ela é desumana. Mas não estamos falando de gente. Eu não diria que essa é uma pena de morte, mas seria incompreensível para o povo romeno continuar sofrendo essa grande miséria e não acabar com ela condenando os dois Ceausescu à morte.[10]

O destino de Nicolae e Elena estava selado.

Momentos depois foram levados para um pátio e fuzilados. Voinea, que havia saído para fumar um cigarro, foi testemunha daquele episódio lúgubre:

> *Quando foram tirados da sala onde foram julgados, passaram por esse corredor de 10 metros, e depois entraram no pátio da unidade militar. Dali ao buraco na parede onde foram fuzilados havia cerca de 15 metros. Quando os levaram para o pátio, [Ceausescu] parou como se tivesse visto os soldados. Foi então que percebeu que seria executado, eu acho. Primeiro, levaram-no e puseram-no contra a parede. Deram dois passos para trás, e o oficial atirou primeiro. Os outros membros do pelotão de fuzilametno estavam atrás dele. Quando atiraram, ele pulou, acho que por reflexo... porque os tiros foram dirigidos contra os pés. Ele pulou uma distância de mais de meio metro. E talvez vocês tenham visto na televisão que ele morreu de costas, com os pés embaixo do corpo... E depois atiraram nela.*

Foi um fim degradante de uma carreira política que durou quase um quarto de século. Visto por um certo prisma, poderia ser considerado uma tragédia. Afinal de contas, desde as origens

---

10 In: *Transcript of the closed...*, op. cit.

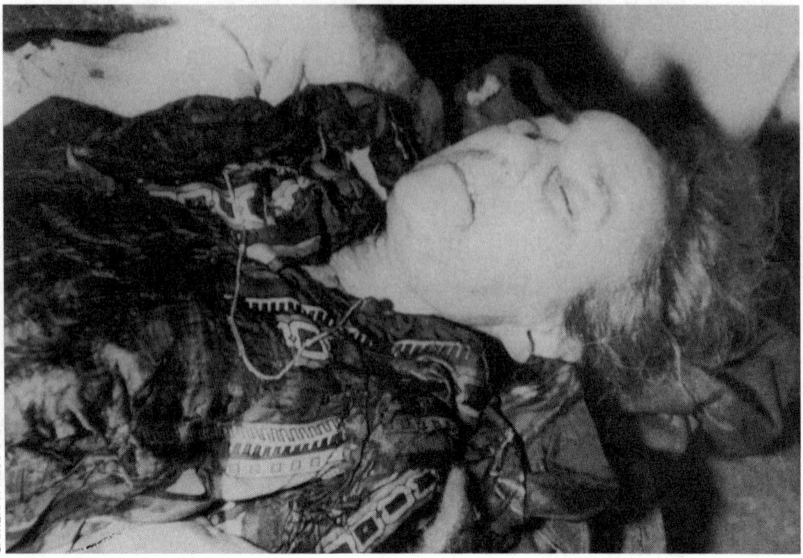

O corpo de Elena Ceausescu fotografado em local não revelado depois da execução pelo pelotão de fuzilamento no dia de Natal de 1989. Uma insurreição anticomunista havia começado em Timisoara em 16 de dezembro. Tão grande era o ressentimento dos romenos contra seus líderes que, apesar das medidas repressivas do exército, os Ceausescu foram a julgamento diante de uma corte marcial.

humildes Elena Ceausescu trabalhou arduamente por uma carreira de êxito sem precedentes. Era uma cientista proeminente, cujas credenciais acadêmicas tinham contribuído para o progresso científico do país, tanto nacional quanto internacional. Também teve sucesso na política, trabalhando incansavelmente para subir na hierarquia do Partido Comunista, até chegar a um importante cargo governamental. De raras aparições em público, tornou-se o rosto feminino da Romênia, com sua imagem aparecendo não só em transmissões televisivas, mas também em artigos de jornais, cartazes de rua e pôsteres. Os romenos adoravam-na, as crianças entoavam loas em louvor dela e dignitários estrangeiros cumularam-na de títulos honoríficos. Para todos os efeitos, a história dela foi de sucesso.

Vista por outra ótica, a vida de Elena esteve longe de ser uma maravilha. Mal sabendo ler e escrever, os títulos científicos dela não valiam o papel em que foram impressos, e os êxitos políticos deveram-se inteiramente à posição do marido. Os romenos foram obrigados a mostrar amor por Elena quando, na verdade, desprezavam-na. As únicas pessoas que amaram essa mulher rústica e sedenta de poder foram o marido e os filhos. Por esse prisma, parece muito triste que os corpos de Nicolae e Elena, embora tenham sido levados para o mesmo cemitério (de Ghencea, na região sudoeste de Bucareste), tenham sido enterrados em túmulos separados. Hoje muito pouca gente coloca flores nos túmulos dos Ceausescu.

Mary Ann Cotton
A viúva negra

Mary Ann Cotton
Está morta e enterrada
Está deitada na cama
De olhos bem abertos.
Cantar, cantar, oh, o que cantar?
Mary Ann Cotton está amarrada com cordas.
Onde? Onde? Lá em cima, no ar
Vendendo pudins por um centavo o par.
TRECHO DE *CHILDREN'S RHYME*, APROXIMADAMENTE 1873

Quando Mary Ann Cotton morreu, no dia 24 de março de 1873, tinha sido acusada de matar quatro maridos dela e quase o triplo de crianças. Os assassinatos e a culpa dela nunca foram questionados (a não ser por ela própria), mas ficou um enigma por trás dessas mortes sinistras: por que uma mulher aparentemente respeitável desejaria perpetrar tantos crimes horríveis?

Mary Ann Cotton nasceu na pequena aldeia inglesa de Low Moorsley, no condado de Durham, em outubro de 1832. Os pais dela, Michael e Margaret Robson, eram um jovem casal de operários metodistas, que lutou a vida inteira para manter-se e à família acima da linha de pobreza. Michael Robson era mineiro, naquela época um emprego estafante. Também era profundamente religioso, freqüentava a igreja todos os domingos, além de ser um disciplinador rigoroso. Não há dúvida de que governava a casa com mão de ferro, e é bem provável que tenha infligido vários castigos físicos tanto em Mary Ann quanto em Robert, o outro filho.

Apesar disso, ambas as crianças se sentiam seguras dentro dessa célula familiar estreitamente unida; tinham pai e mãe e, embora o dinheiro fosse curto, sempre havia comida na mesa. Porém, tragicamente, quando Mary Ann mal tinha completado oito anos, tudo isso mudou. A família mudou-se para uma cidade mineira chamada Murton, onde, um ano depois de instalados, o pai de Mary Ann sofreu um acidente fatal, ao cair de um poço da mina para uma morte prematura. Sem ninguém que pusesse o pão na mesa, a família ficou extremamente vulnerável. A vida de uma família operária na Inglaterra do século XIX, e em particular uma família dirigida por uma viúva, era extremamente difícil. A sombra do asilo de pobres deve ter surgido na cabeça de Mary Ann, e poucas coisas teriam sido piores, tanto por causa da vergonha quanto pelas condições horríveis que teria de suportar se fosse para lá. Como escreveu Charles Dickens num artigo para a revista *Household Words*, por volta de 1830:

> *Num lugar, o Portão Novo do Asilo de Pobres, um grupo de meninos e jovens era trancado num pátio, sendo a sala onde passavam o dia uma espécie de canil, onde antigamente o pobre ocasional era jogado para passar a noite. Vários deles ficavam lá muito tempo. "Será que nunca vão embora?", era a pergunta natural. "A maioria deles é aleijada de uma forma ou de outra", disse o encarregado da ala "e não serve para nada". Andavam furtivamente por aí, como lobos ou hienas acabrunhados; e atiram-se sobre a comida quando ela é servida, de forma muito parecida com a dos animais. O idiota de cabeça grande, arrastando os pés pelo pavimento, à luz do sol lá fora, era um objeto mais agradável em todos os sentidos.*
>
> *Montes de bebês nos braços; montes de mães e outras mulheres doentes de cama; montes de lunáticos; montes de homens em salas de assoalho de pedra no primeiro andar, esperando o jantar; montes e montes de velhos no andar de cima. Alas de enfermarias, onde a vida se esvai, Deus sabe como — esse era o cenário pelo qual se andava, durante duas horas.*

Mas, por sorte, foi nesse ponto crucial da vida de Mary Ann que o destino interveio, pois algum tempo depois da morte de Michael Robson a mãe de Mary Ann casou-se de novo. Embora não houvesse nenhuma simpatia entre ela e o padrasto, ele serviu para alguma coisa. O novo homem da casa tinha um pequeno salário e, desse modo, Mary Ann escapou do asilo e da miséria quase certa. Mas não escapou foi de uma lição que a afetaria pelo resto da vida: a de que precisava ter dinheiro, custasse o que custasse.

Aos dezesseis anos, Mary Ann resolveu sair de casa. Só podemos especular se essa decisão se deveu às dificuldades da relação dela com o padrasto, ou se também teria sido apropriado ela começar a ganhar alguma coisa. Com isso em mente, encontrou trabalho como empregada doméstica na casa de uma família de South Hetton. O emprego duraria três anos, e não há motivos para acreditarmos que, a essa altura, ela fosse diferente de qualquer outra jovem da idade dela que trabalhava arduamente. Depois de três anos, Mary Ann saiu desse emprego para aprender a costurar.

Tinha então quase vinte anos, e muitos daqueles que mais tarde falaram dela nos jornais lembram-se de que era uma moça bonita (embora uma fotografia tirada depois da prisão, aos quarenta anos, revele uma mulher atarracada e sem graça). A despeito disso, Mary Ann deve ter tido alguns encantos, pois foi obviamente atraente para muitos homens durante toda a vida. Um deles foi o primeiro marido, William Mowbray, que ela conheceu pouco depois de fazer vinte anos. Mowbray, como o pai de Mary Ann, era mineiro, e os dois casaram-se na igreja de St. Andrew, em Newcastle-upon-Tyne, em julho de 1852. Depois do casamento, Mowbray chegou à conclusão de que já estava farto das minas, achava melhor trabalhar na construção de estrada de ferro em Cornwall e em Durham. Isso deve ter deixado o casamento bastante instável, pois Mowbray trabalhava longe de casa boa parte do tempo. Ele e Mary tiveram cinco filhos, um atrás do outro. Quatro deles morreram ainda bebês, poucos dias depois de nascidos, e, embora as taxas de mortalidade infantil fossem extremamente elevadas na Inglaterra vitoriana, esse parece ser o primeiro indício das inclinações assassinas de Mary Ann. Febre gástrica[1] foi a causa alegada de todas essas mortes, um diagnóstico que, no decorrer dos anos, acabaria tornando-se cada vez mais familiar.

Após trabalhar nas minas e na construção de ferrovias, William Mowbray arranjou um emprego num navio a vapor chamado *Newburn*, que atracava regularmente em Sunderland. A família mudou-se para essa cidade, ansiosa por estar reunida outra vez, mas Mowbray passaria longos períodos em alto-mar e, em algumas ocasiões, as viagens estendiam-se para o exterior. Tudo isso mudou quando, em janeiro de 1865, depois de um ferimento no pé, Mowbray voltou para os braços de Mary Ann para ser mais bem cuidado. Logo foi atacado por uma misteriosa doença intestinal e morreu acometido de dores terríveis alguns dias depois.

Mary Ann, viúva, recebeu o dinheiro do seguro de vida do marido e resolveu começar vida nova, mudando-se para um lugar chamado Seaham Harbour. Foi ali que conheceu um homem chamado Joseph Nattress.

Nattress, que vivia com dois irmãos, estava noivo de uma moça de região e, não obstante Mary Ann se sentir muito atraída por ele, não conseguiu fazer que rompesse o noivado. Por isso resolveu mudar outra vez, e voltou para Sunderland, onde, ironicamente, conseguiria um emprego na House of Recovery for the Cure Contagions Fever, de Sunderland. Como no caso do trabalho anterior como empregada doméstica, todos os atestados salientavam que Mary Ann era uma funcionária diligente, uma enfermeira que estava sempre preocupada com o bem-estar dos pacientes. Uma das pessoas sob seus cuidados era um homem chamado George Ward. Enfermeira e paciente se apaixonaram, e quando Ward saiu do hospital eles casaram-se imediatamente. Mas, pouco tempo depois, Ward caiu doente e, apesar da atenção de vários médicos, morreu em outubro de 1866, depois de sofrer um prolongado ataque de paralisia e problemas intestinais. Antes de morrer, Ward

---

1 Febre acompanhada de sintomas gástricos severos: expressão aplicada a certas formas de febre tifóide; inflamação catarral do estômago acompanhada de febre. (N. T.)

Uma fotografia contemporânea da célebre envenenadora Mary Ann Cotton, apelidada "Lucrécia Bórgia do Norte". Essa pode ser uma das cópias da foto tirada por um fotógrafo de Durham vendida depois da execução dela, em 1873.

havia feito um testamento deixando tudo o que possuía para a esposa; sabe-se que Mary Ann tirou alguns dias de férias logo depois da morte do segundo marido e, ao voltar para Sunderland, conheceu o terceiro cônjuge, James Robinson.

Robinson era contramestre de estaleiro, viúvo da primeira mulher, Hannah. Pai de quatro crianças pequenas, para voltar ao trabalho precisava de alguém que cuidasse da casa. Mary Ann candidatou-se ao emprego e foi contratada. Após ter começado trabalhar, o caçula de Robinson, um bebê de dez meses, morreu de febre gástrica. Arrasado com a perda do filho, James Robinson procurou consolo na nova empregada. Prontamente eles ficaram noivos, mas os planos de casamento foram adiados durante algum tempo porque, em março de 1867, Margaret, a mãe de Mary Ann, ficou doente. Assim que chegou à casa da mãe, Mary Ann verificou que a saúde de Margaret havia melhorado consideravelmente, mas, como filha dedicada que era, ficou com a mãe para ajudá-la a recuperar as forças. Poucos dias após a chegada de Mary Ann, a mãe se queixou de violentas cólicas estomacais e morreu em seguida.

Depois da morte da mãe, Mary Ann voltou ao encontro do noivo e, em junho de 1867, eles casaram-se na igreja de Bishopwearmouth. Mas a lua-de-mel não duraria muito tempo, pois, no final do ano, a tragédia abateu-se novamente sobre a casa, não só uma, mas três vezes, quando os filhos remanescentes de Robinson sucumbiram à febre gástrica e morreram.

Apelidada de "Lucrécia Bórgia do Norte"[2], durante o julgamento, em 1873, o público especulava sobre o motivo pelo qual ninguém havia notado o tributo inusitadamente alto que a morte cobrava de Mary Ann. Afinal de contas, ela tinha deixado três maridos mortos para trás, para não falar do grande número de crianças. Por que será que ninguém percebeu? Durante cada doença, Mary Ann chamava um médico diferente para cuidar do enfermo e depois de cada morte ela tinha o cuidado de mudar de casa, muitas vezes, para outra cidade e até para outro condado. Mary Ann também era aparentemente honesta e respeitável. Bem-apessoada, sabia se expressar bem e tinha trabalhado como enfermeira, que era uma ocupação bem vista por todos. Finalmente, o produto químico que ela havia escolhido para despachar as vítimas para o outro mundo, o arsênico, era um artigo doméstico comum. Muita gente o usava como veneno de rato, e alguns o combinavam com sabão em pó para limpar assoalhos. Portanto, não é de surpreender que o fato de uma mulher ir à farmácia ou armazém para comprar o produto não ter levantado nenhuma suspeita. O arsênico era também um método fácil para se livrar de alguém, pois é um produto incolor, sem cheiro ou gosto próprio, que pode ser misturado à comida ou à bebida sem que a vítima tenha condições de detectá-lo. Além do mais, os sintomas do envenenamento por arsênico (dor de estômago, náusea, vômito, diarréia etc.) são semelhantes aos de inúmeras outras doenças comuns, de modo que, a menos que se procure especificamente por um envenenamento por arsênico, o verdadeiro problema da pessoa (muito freqüentemente) apresenta um diagnóstico completamente diverso.

Com todos esses fatos em mente, não é de surpreender que Mary Ann tenha passado despercebida durante tanto tempo, mas,

---

2 Lucrécia Bórgia (1480-1519), irmã de César Bórgia, foi uma dama da nobreza italiana e patrona das artes e da educação na Renascença. Ganhou reputação — muito injusta — de devassidão, vício e crime, que incluiu vários assassinatos por envenenamento.

depois da morte dos filhos de Robinson, os ventos mudaram: James Robinson começou a suspeitar da mulher. Durante o casamento, Mary Ann tinha importunado o marido constantemente, pedindo-lhe somas de dinheiro cada vez maiores. Também insistia em que ele fizesse um seguro de vida, e os filhos, que gozavam de boa saúde antes de ele conhecer Mary Ann, morreram um após outro. Como contramestre de um estaleiro, Robinson tinha um bom tino comercial e era meticuloso no tocante à contabilidade doméstica. Portanto, teve uma surpresa desagradável quando começou a receber cartas acerca de dívidas contraídas por Mary Ann. Para piorar as coisas, Robinson descobriu também que a mulher tinha empenhado vários de seus pertences mais valiosos. Enfurecido, expulsou Mary Ann de casa, uma medida que sem dúvida salvou-o de uma morte terrível.

Sem teto, Mary Ann arrastava-se pelas ruas, algo que temia desde quando era criança, quando a ameaça de internar-se num lar de pobres parecia mais próxima. Mas a miséria não duraria muito tempo, pois parece que logo conseguiu emprego como carcereira na penitenciária de Sunderland. Nesse período, Mary Ann conheceu e apaixonou-se por um jovem oficial da marinha. Durante uma das viagens dele, ela roubou-lhe tudo o que podia, depois do que se mudou imediatamente e arranjou um emprego no consultório de um tal dr. Hefferman. Pelos antecedentes dela, não seria absurdo pensar que Mary Ann tencionasse casar-se com esse médico, mas, felizmente para o dr. Hefferman, ele descobriu que ela havia roubado uma certa quantia de dinheiro de uma gaveta do quarto dele e despediu-a.

Mary Ann mudou-se outra vez, dessa vez para o norte, para Walbottle, em Northumberland, onde uma amiga dela, Margaret Cotton, apresentou-a ao irmão Frederick. Como James Robinson, Frederick Cotton era viúvo e tinha já perdido dois dos quatro filhos. Por outro lado, os filhos Frederick Jr. e Charles eram a própria imagem da saúde.

Margaret, que tinha cuidado com carinho da casa e dos filhos de Frederick, morreu logo depois da chegada de Mary Ann. O diagnóstico foi doença estomacal de origem desconhecida. Desolado

COM NOSSOS AGRADECIMENTOS AO SR. DARREN FAIRCLOUGH, WWW.WESTAUCKLANDWEB.COM

A casa número 20 da Johnson Terrace, na cidade mineira de West Auckland, condado de Durham, onde Mary Ann Cotton viveu durante algum tempo com um dos vários maridos. Ao todo, parece que ela matou entre quinze e vinte pessoas, entre as quais a mãe, quatro maridos e muitos dos filhos legítimos e adotivos. Infelizmente para ela, na década de 1870 houve grandes progressos científicos na área da detecção de envenenamento por arsênico.

e carente de conforto, Frederick voltou-se para a amiga da irmã, e pouco depois o casal começou uma relação afetiva que resultou em gravidez de Mary Ann. Não passou muito tempo e Frederick pediu Mary Ann em casamento. Embora ele não soubesse, esse teria sido um ato de bigamia, pois Mary Ann ainda estava casada com o terceiro marido, James Robinson. Mas, para uma mulher que já havia cometido vários assassinatos, a bigamia deve ter parecido brincadeira de criança, e eles casaram-se em setembro de 1870 na igreja de St. Andrew, em Newcastle-upon-Tyne, no mesmo lugar onde se havia casado com seu primeiro marido, William Mowbray.

Depois do casamento, Mary Ann convenceu o marido a fazer um seguro de vida não só para ele, mas também para os dois filhos remanescentes. No início de 1871, Frederick e Mary Ann tiveram um filho, que foi batizado como Robert Robinson Cotton, com o primeiro sobrenome provavelmente se referindo ao nome de solteira de Mary Ann — ou talvez fosse um lembrete de uma época mais inocente da vida dela. Seja qual for o motivo, a família, formada agora por Frederick, Mary Ann e três crianças pequenas, mudou-se para West Auckland, no condado de Durham. Essa mudança se deveu às brigas constantes entre Mary Ann e os vizinhos, cujos animais de criação, principalmente um número signitificativo de porcos, morriam uns após outros. Dedos acusadores começaram a apontar na direção de Mary Ann, de modo que os Cotton foram embora. Mas havia outra explicação para a partida: Joseph Nattress.

Nattress era o homem por quem Mary Ann tinha se apaixonado muitos anos antes, e, por sorte, ela tinha descoberto havia pouco tempo que não estava mais casado e levava uma vida de solteirão em West Auckland. Por isso a família mudou-se para Newcastle-upon-Tyne, onde se deparou com o desastre: em dezembro de 1871, pouco mais de um ano depois do segundo casamento e só alguns meses depois do nascimento de Robert, Frederick Cotton morreu.

Frederick tinha começado o dia como de costume: saiu para trabalhar em perfeito estado de saúde, mas logo sucumbiu a vômitos e dores de estômago violentíssimas, morrendo logo depois de ser levado para casa. Mais uma vez o diagnóstico era febre gástrica. Mary Ann recebeu o dinheiro do seguro de vida. Em seguida Joseph Nattress mudou-se para a casa dela como inquilino. É difícil pôr em ordem a seqüência dos acontecimentos, principalmente porque historiadores contemporâneos apresentaram versões diferentes, mas é certo que, depois da morte de Frederick Cotton, dois dos filhos dele — Frederick Jr. e Robert Robson Cotton — morreram ao mesmo tempo, em 1872; logo depois, Mary Ann trabalhava como enfermeira de um homem chamado John Quick-Manning, um fiscal do imposto de renda que se recuperava de um ataque grave de varíola. Mary Ann, num eco macabro dos primeiros dias que passou com James Robinson, engravidou do fiscal e pretendia se casar com ele. Parece que ele era um pretendente bem melhor que Nattress, que logo adoeceu de febre gástrica e morreu alguns dias depois, mas não sem antes ter feito um testamento muito oportuno, deixando tudo para sua senhoria. Mary Ann recebeu trinta libras esterlinas pelo seguro de Nattress, e passou a tentar livrar-se de Charles, o último filho vivo de Frederick Cotton. Por que não o matou como a todos os outros continua sendo um mistério até hoje, mas, em vez de administrar arsênico ao menino, tentou interná-lo num asilo. Foi entrevistada pelo administrador do estabelecimento, um funcionário subalterno do governo chamado Thomas Riley, que informou a Mary Ann que as crianças não eram aceitas se não fossem acompanhadas pelos pais. Parece que, em resposta, Mary Ann disse: "Eu poderia ter-me casado de novo por essa criança. Mas ele não vai viver muito, vai seguir o caminho de toda a família Cotton"[3].

Infelizmente, a previsão se concretizou. No início de 1871, Charles Cotton foi a uma farmácia com instruções de comprar um pouco de arsênico. O dono da loja recusou-se a vender o veneno ao menino, dizendo-lhe que só poderia fazê-lo legalmente a pessoas de mais de vinte e um anos. Dizem que Mary Ann pediu a um dos vizinhos que lhe comprasse o produto. Talvez tenha achado que, como já tinha comprado muito arsênico ao longo da vida, seria mais razoável se o nome de outra pessoa aparecesse nos registros de compra do produto. Seja como for, Charles Cotton morreu pouco depois, e o diagnóstico, como era de esperar, foi "febre gástrica". Agora Mary Ann estava livre para se casar com Quick-Manning, e não há dúvida de que o teria feito se não tivesse despertado suspeitas. O médico de Charles Cotton, por exemplo, ficou surpreso ao saber que o menino tinha morrido; tinha-o visto diversas vezes durante a semana e não havia conseguido detectar nenhum sinal preocupante. Mas Thomas Riley foi à polícia e revelou suas suspeitas, lembrando-se do que Mary

3 In: "Mary Ann Cotton — Britain's mass murderess", de Bernard O'Donnel, um ensaio publicado em *Should women hang*, W. H. Allen, 1956.

Ann lhe havia dito no asilo. Pediu ao médico de Charles Cotton que só assinasse o atestado de óbito depois que a polícia tivesse investigado a morte do menino. O atestado de óbito era um documento essencial para Mary Ann receber o seguro de vida de Charles. E Mary Ann foi realmente atrás do seguro, antes mesmo de tomar as providências para o enterro: nada que lembrasse o comportamento de uma mãe dedicada. Os planos de Mary Ann começavam a ir por água abaixo, pois foi instaurado um inquérito para investigar a morte de Charles.

Inicialmente não existiam indícios de sabotagem no inquérito. O médico encarregado da autópsia disse que não tinha encontrado nada que contrariasse a tese de morte por causas naturais. Mary Ann deve ter sentido um grande alívio, porém esse não foi o fim da história, pois dessa vez alguns jornais locais tomaram conhecimento do episódio. Chamando-a de "Dama Podre", falaram do inquérito, mencionando também boatos que corriam na cidade, acusando Mary Ann de ser uma envenenadora serial. Quick-Manning, horrorizado com as reportagens, rompeu relações com a noiva, apesar de ela estar grávida de um filho dele, enquanto ela, perturbada pelas acusações dos jornais, começou os preparativos para uma nova mudança. Parece não lhe ter ocorrido que isso poderia dar a impressão de ser mais culpada do que nunca. As suspeitas já atingiam um grau elevadíssimo, e antes de conseguir mudar o mundo dela caiu: um dos médicos que trabalhavam no inquérito havia guardado amostras do estômago de Charles Cotton e começou a pesquisá-las, em busca de sinais de envenenamento.

Infelizmente para Mary Ann, em meados do século XIX os testes para detectar a presença de arsênico no corpo tinham passado por um grande aperfeiçoamento, por causa, em parte, da tendência crescente de as pessoas fazerem seguro de vida (o arsênico foi apelidado muitas vezes de "pó da herança"), tornando os segurados alvos extremamente lucrativos para os assassinos. Portanto, para acusar suspeitos com segurança era importante desenvolver a medicina legal e, em particular, a ciência da toxicologia. Marcos significativos foram o teste de Marsh, criado em 1836, e o teste de

Riensch, de 1841, ambos bem conhecidos e usados na época da orgia de assassinatos de Mary Ann.

Em geral, o estômago não é a melhor parte do corpo para detectar a presença de arsênico; o cabelo, as unhas e o sangue são indicadores mais seguros para a verificação de quantidades estranhamente elevadas do veneno no organismo. Mas o médico responsável pela investigação perseverou e não demorou em ter os resultados: deram positivo. O médico pediu à polícia que exumasse o resto do corpo, que, depois de examinado, também revelou ter grandes quantidades de arsênico. Logo depois a polícia exumou o corpo de vários dos entes queridos de Mary Ann (entre os quais o de Joseph Nattress), e fez a mesma descoberta.

No dia 6 de maio de 1873, Mary Ann Cotton foi acusada no tribunal de Durham pelo assassinato de Charles Edward Cotton, de oito anos. O julgamento foi adiado até ela dar à luz a filha de Quick-Manning (depois a criança foi adotada).

Antes de tudo, a promotoria fez um pedido ao juiz, Justice Archibald, que, para comprovar a abordagem sistemática do assassinato de Charles Cotton, era necessário apresentar evidência da morte de Joseph Nattress, assim como de várias outras vítimas. Para horror de Mary Ann, o juiz concordou, e a promotoria seguiu em frente para trazer numerosas testemunhas que falariam das compras freqüentes de arsênico feitas por Mary Ann. A promotoria também apresentou vários médicos que confirmaram a taxa de mortalidade por febre gástrica inusitadamente alta nas famílias que se relacionaram com Mary Ann, e finalmente chamou Thomas Riley ao banco das testemunhas, que confirmou que Mary Ann havia afirmado que Charles Cotton era um obstáculo para o casamento dela com John Quick-Manning.

O advogado de defesa, Campbell Foster, lutou bravamente. Afirmou que Charles Cotton, bem como várias outras vítimas, tinha dormido num quarto coberto com um papel de parede verde, que era conhecido por conter certa quantidade de arsênico. Na verdade, o pigmento tinha sido criado por volta de 1775 por Carl Scheele, que o batizou de "verde-paris", sendo, portanto, um argumento razoável. Campbell Foster afirmou que a criança tinha morrido depois de inalar partículas de arsênico que estavam no ar.[4] Além disso, como Mary Ann era escrupulosamente asseada, também tinha usado sabão e arsênico para esfregar o chão da casa dela. Quando a água secou, deve ter restado um resíduo do veneno, que também pode ter sido inalado pela pobre criança. Foi uma defesa inteligente, mas o júri não acreditou em uma única palavra, e logo depois os jurados deliberaram o veredito: culpada. Quando Justice Archibald leu a sentença de morte, Mary Ann desmaiou e teve de ser levada da sala do tribunal por dois guardas da prisão.

Mary Ann Cotton continuou insistindo em sua inocência até o momento da morte. Escreveu numerosas cartas, não só para seus defensores (entre eles, alguns dos antigos empregadores), mas também ao marido, pois legalmente ainda estava casada com James Robinson, pedindo-lhe que levasse o filho à prisão, assim como os dois filhos adotivos. James Robinson não respondeu à carta, mas Mary Ann não desanimou, escrevendo-lhe novamente para lhe pedir que a visitasse. Em vez de ir, Robinson pediu ajuda ao cunhado, enviando-o à prisão, onde Mary Ann pediu-lhe que fizesse uma petição afirmando inocência e exigindo a libertação. O cunhado de Robinson recusou-se a fazer tal coisa, mas, por mais estranho que pareça, dado o peso das provas contra ela, Mary Ann conseguiu persuadir vários outros a preparar um documento desse jaez e fazê-lo circular, embora naturalmente não tenha dado em nada.

No dia 24 de março de 1873, aos quarenta e um anos, Mary Ann Cotton foi levada ao cadafalso da prisão de Durham. Dizem

---

4 Um papel de parede verde, de um tipo semelhante, também parece ter sido a razão pela qual o imperador Napoleão I da França tornou-se cada vez mais doente, de 1815 à época de sua morte, em 1821, quando estava exilado em Longwood House, na ilha de Santa Helena. Em meados da década de 1950, o dr. Sten Forshufvud, biólogo e toxicologista sueco, fez uma análise do cabelo de Napoleão. Várias amostras foram testadas, e os resultados mostraram quantidades muito grandes de arsênico. Inicialmente acreditavam que isso provava, como o próprio Napoleão supunha, que ele estava sendo deliberadamente envenenado; mais tarde, porém, ficou evidente que pequenas quantidades de arsênico estavam presentes no papel de parede verde que forrava toda a Longwood House. Além disso, descobriu-se que a Longwood House era uma residência muito úmida, um fato que se prestaria a aumentar ainda mais a potência do arsênico, pois, em meio à umidade, a argila transforma o composto verde num gás extremamente venenoso, o trimetil de arsênico.

que, por ter sido sempre uma mulher meticulosamente asseada, insistiu em pentear e prender bem o cabelo antes de ser levada para a forca. O carrasco, um homem chamado William Calcroft, era um especialista nessa atividade. Começou a ilustre carreira por volta dos vinte e cinco anos chicoteando crianças por dez *shillings* por semana, progrediu e chegou a enforcar pessoas por dez libras esterlinas cada. A carreira de carrasco público já tinha quase cinqüenta anos quando Mary Ann subiu ao patíbulo, de modo que tinha todas as chances de ter uma morte rápida, mesmo que não fosse indolor.

Naturalmente, como Mary Ann não confessou nenhum dos assassinatos, não há documentos precisos sobre o número de pessoas que ela matou, mas, dado o século em que viveu, não seria absurdo especular que alguns deles morreram de fato de causas naturais. A maioria dos pesquisadores acredita que ela matou entre quinze e vinte e uma pessoas, entre as quais a mãe, o amante Joseph Nattress, a cunhada Margaret Cotton, quatro maridos e inúmeros filhos dela e adotivos. Célebre até hoje, Mary Ann Cotton tornou-se uma das primeiras assassinas seriais da Grã-Bretanha e também uma das primeiras mulheres do mundo a ser chamada de "viúva negra". Mas o que levou essa mulher banal a atos tão vis? Inicialmente, a causa mais plausível era dinheiro, o medo de não ter o suficiente para mantê-la à distância da miséria, de ser uma das centenas de milhares que mal-e-mal conseguiam sobreviver na Inglaterra vitoriana. Mas hoje só podemos supor que ela tenha começado a gostar do poder que exercia sobre as vítimas. A casa dos Cotton em Newcastle ainda existe, e dizem que não é assombrada só pelo fantasma dela, mas também pelos fantasmas das pessoas que matou.

Marie Noe

Uma mãe sem sorte

O Senhor precisava de anjos, de modo que mandamos um monte deles lá para cima.
ARTHUR NOE, NUMA ENTREVISTA DADA A STEPHEN FRIED PARA *PHILADELPHIA MAGAZINE*, 1998

No dia 12 de julho de 1963, foi publicado um artigo na revista *Life*, escrito por Mary H. Cadwalader, que perguntava se o sr. e a sra. Andrew Moore eram os pais mais azarados dos Estados Unidos. Nessa época, a sra. Moore tinha perdido todos os sete bebês e foi descrita como alguém que parecia "acabada... Os olhos eram dois enormes borrões pretos num rosto cinzento. Raramente visita o túmulo das crianças. Em seu dicionário, a coragem conta mais que as lágrimas. Fica dentro de casa, com o cachorro e os dois gatos"[1]. Na verdade, os nomes Andrew e Martha Moore eram pseudônimos — o verdadeiro nome do casal era Arthur e Marie Noe —, mas, no final da década de 1990, longe de serem o casal que mais inspirava compaixão nos Estados Unidos, era tão desprezado que, na audiência em que seria decidida a liberdade sob fiança, em agosto

1 Extraído de um artigo intitulado "One after another", de Mary H. Cadwalader, publicado na revista *Life* de 12 de julho de 1963.

de 1999, o advogado disse que Marie era "tão responsável quanto Ted Bundy[2] por assassinatos em massa".

Marie Noe cresceu num ambiente hostil. A mãe, faxineira que trabalhava em regime de meio período, era espancada freqüentemente pelo valentão do pai de Marie, que, para coroar as coisas, era alcoólatra. Os arquivos da polícia mostram uma série enorme de audiências no tribunal, a maioria por denúncia da esposa, que o acusava por maus-tratos físicos e mentais. Separada dos pais durante algum tempo, Marie ficou num orfanato, onde comemorou o terceiro aniversário antes de ser devolvida à mãe. Aos cinco anos, Marie caiu de cama com uma febre escarlatina devastadora e, como ela mesma disse, estava sendo usada como cobaia, obrigada a tomar um grande número de remédios, que acabaram por afetar-lhe as faculdades mentais. Assim, na escola, não conseguia acompanhar os colegas.

Aos doze anos, Marie abandonou os estudos para cuidar das tarefas domésticas. A principal ocupação era tomar conta dos irmãos menores (dizem que um deles era, na verdade, a filha ilegítima da irmã mais velha de Marie). Até ela se casar, entregava à mãe todo centavo que ganhava com biscates. Para piorar as coisas, a mãe de Marie, seguindo o exemplo do marido, costumava surrar os filhos com um chicote. Não era nem de longe a família norte-americana ideal e não é de surpreender que a corda tenha arrebentado do lado das crianças. Um dos irmãos de Marie foi enviado a um hospital psiquiátrico para tratamento e, segundo os documentos daquela época, arquivados no tribunal, foi diagnosticado como uma pessoa que sofria de "distúrbio pós-traumático de personalidade".

Na época em que Marie fugiu com Arthur Noe, o futuro marido, no dia 12 de julho de 1949, estava desesperada para escapar da vida que levava com a família. Arthur tinha vinte e quatro anos e Marie só dezoito, mas foi amor à primeira vista. Tinham-se conhecido num clube do bairro e "saíram juntos" durante vários

---

2 Um assassino serial que atuou nos Estados Unidos de 1969 a 1975. Suas vítimas eram sempre mulheres jovens e atraentes. (N. E.)

meses antes da fuga, mas mesmo assim foi um choque para o marido descobrir que a jovem esposa não sabia ler nem escrever. "Eu era praticamente analfabeta", disse Marie. "Meu problema nunca foi mencionado quando eu estava crescendo, mas, quando me casei e vi que os outros sabiam falar, escrever e entender as coisas melhor do que eu, percebi que estava em desvantagem."[3] Apesar disso, Arthur foi paciente com Marie e prontamente lhe ensinou o básico, de modo que ela começou a progredir. O casal se dava muito bem, até que, em maio de 1950, pouco mais de um ano depois de casados, nasceu o primeiro filho no Hospital Universitário de Temple, Filadélfia. Foi batizado como Richard Allen Noe.

Richard pesava três quilos e meio ao nascer. Além de ter tido uma icterícia leve (comum entre os recém-nascidos), era um bebê sadio. Marie e Arthur ficaram encantados com o primeiro filho e logo o levaram para casa, mas poucos dias depois Marie Noe o levou de volta ao hospital, dizendo que Richard tinha vomitado e ela não tinha certeza da causa. Richard foi internado e tratado pelos médicos, que acharam que era cólica, e foi devolvido à mãe alguns dias depois, após uma recuperação completa. Tragicamente, um mês depois do nascimento de Richard, Arthur Noe descobriu o filho morto no berço. Arthur correu com a criança até um vizinho, que levou pai e filho de carro ao Hospital Episcopal, mas era tarde demais. A causa da morte foi citada pelo médico-legista como "falência cardíaca congestiva em virtude de endocardite subaguda", mas ninguém achou necessário fazer autópsia.

Depois da morte de Richard Allen Noe, Marie teve mais três bebês, um depois do outro, mas todos tiveram um fim tão trágico quanto o primeiro.

Em abril de 1951, Elizabeth Mary Noe nasceu no Hospital Northeastern. Como o irmão, Elizabeth era uma criança normal, sem problemas de saúde visíveis, até outubro de 1951, quando a mãe encontrou a criança de cinco meses deitada no berço vomitando uma mistura de sangue e leite. Marie chamou imediatamente o

---

3 Extraído de um artigo intitulado "Cradle to grave", de Stephen Fried, publicado pela *Philadelphia Magazine* (*and Metrocorp Publications*), em abril de 1988.

pronto-socorro, e a criança foi levada às pressas para o Temple Hospital. Foi declarada morta assim que chegou lá. A causa da morte citada foi broncopneumonia, porém, segundo o relatório da autópsia, não foi feito nenhum exame do corpo de Elizabeth, e é quase impossível detectar uma broncopneumonia sem exames detalhados.

O terceiro filho dos Noe que morreu foi Jacqueline, que nasceu em 23 de abril de 1952. Como os irmãos, não havia nenhum problema de saúde, até que, três semanas depois de ter alta do hospital, Marie disse tê-la encontrado vomitando e já quase roxa. Jacqueline estava morta quando chegou ao Hospital Episcopal e, dessa vez, a causa da morte foi atribuída à inalação de vômito.

Hoje em dia, se três bebês da mesma família morrem antes de completar um ano de idade, os pais, a mãe em particular, quase certamente estariam sob suspeita de assassinato. Mas a década de 1950 era uma época mais inocente e, embora a Síndrome Infantil da Defunção Súbita (a chamada morte súbita, também conhecida como SIDS) não fizesse parte do vocabulário das pessoas comuns, os médicos-legistas acreditavam que poderia ser de fato a causa da morte. Naquele tempo (e em certa medida até hoje[4]) aquela síndrome era considerada um mal de família.

Arthur Noe Jr. nasceu três anos depois de Jacqueline, no dia 23 de abril de 1955, mas doze dias depois foi levado às pressas para o Hospital Episcopal, onde a mãe disse ter notado que ele sofria de problemas respiratórios. Os médicos não conseguiram achar nada de errado, e a criança foi mandada para casa com a mãe. No dia seguinte, Arthur Noe Jr. foi novamente às pressas para o hospital, dessa vez para o atendimento de emergência. Com um toque lúgubre de familiaridade, foi declarado morto ao chegar lá.

No dia 24 de fevereiro de 1958, Marie deu à luz o quinto filho, Constance. Como todos os bebês anteriores de Marie, Constance era sadia, exceto por um caso leve de conjuntivite. No

---

4 Considere, por exemplo, o caso da procuradora inglesa Sally Clark, que perdeu dois dos filhos para o que ela insistia em dizer que era a síndrome da morte súbita de bebês (também conhecida como SIDS), ou alguma outra doença desconhecida, mas mesmo assim foi condenada por assassinato em novembro de 1999. Três anos depois, a pena de Sally foi revogada.

entanto, segundo o artigo da *Philadelphia Magazine* publicado em 1998, um dos médicos de Constance lembrou-se depois de que, quando disse a Marie que a ajudaria a cuidar do bebê, ela se virou e replicou: "De que adianta? Ela vai morrer exatamente como os outros". Como era de esperar, algumas semanas depois Marie chamou o médico para dizer que Constance respirava com dificuldade e, por causa da trágica história dessa mãe, o médico internou Constance no hospital, temendo que ela tivesse alguma doença rara no sangue. Como não havia nada de errado com a menina, três dias depois ela foi liberada sem que tivesse precisado de nenhum remédio.

Dois dias depois, Constance estava morta. Nada poderia ter sido pior para os Noe. Como uma coisa horrível daquelas podia ocorrer, não apenas uma, mas cinco vezes? Eles próprios atribuíam a desgraça à vontade de Deus, mas finalmente o alarme começou a soar entre a equipe do hospital, que pediu que o Departamento de Medicina Legal da Filadélfia fizesse uma investigação com a polícia.

Inicialmente foi pedida uma autópsia do corpo de Constance, que foi realizada pela dra. Marie Valdes-Dapena (ela própria mãe de dez filhos), pediatra da equipe do Hospital Infantil St. Cristopher da Filadélfia. Na época da morte de Constance, o sr. Noe tinha afirmado que, ao descobrir a criança morta deitada no berço, tentou ressuscitá-la, mas tudo quanto conseguiu foi fazer que coágulos de leite escorressem da boca e do nariz. Na época, isso foi apresentado como uma das prováveis causas da morte, isto é, aspiração de vômito, mas Valdes-Dapena tinha outra opinião. Afirmou que a aspiração era um resultado da morte, não a causa. Expôs o corpo de Constance a uma bateria de exames, pedindo até mesmo um relatório de toxicologia, mas nada foi detectado, e Valdes-Dapena assinou o atestado de óbito qualificando a causa da morte como "indeterminada, supostamente natural".

Enquanto isso, a polícia interrogava tanto o sr. quanto a sra. Noe. No entanto, o médico-legista antes deles, descobriu muito pouca coisa além do fato de a sra. Noe sofrer obviamente de um QI muito baixo.

Um quadro mais benevolente de Marie tinha acabado de sair, pois a mãe dela havia dado uma entrevista à revista *Life*, dizendo que "depois daquele enterro, Martha [Marie] ficou ali sentada durante algum tempo, sem dizer uma palavra. Dava a impressão de que não suportaria voltar para casa. Simplesmente não agüentava mais".

Apesar disso, Marie logo engravidou de novo, mas, no dia 24 de agosto, ela entrou prematuramente em trabalho de parto e teve uma criança natimorta, Letitia. Dessa vez nenhuma sombra de dúvida recaiu sobre Marie ou Arthur, e o casal foi mandado para casa com a solidariedade sincera de todos.

Depois da morte do sexto filho, não se teve notícias de Marie. Após três anos ela apareceu, grávida do sétimo filho, nascido de cesariana em 19 de junho de 1962. Mary Lee, como o bebê foi chamado, tinha boa saúde, embora tivesse permanecido no hospital por mais um mês, talvez porque Marie houvesse sofrido um colapso vascular durante a operação e estava anêmica, ou talvez porque a equipe do hospital quisesse acompanhar o desenvolvimento do bebê. Mesmo assim, no final do mês tanto a mãe quanto a criança foram liberadas e, embora Marie não tenha levado o bebê de volta ao hospital com nenhuma queixa significativa, ligava freqüentemente para o médico.

Nessa época os Noe tinham mudado de médico e agora eram atendidos por um homem chamado Columbus Gangemi, que mais tarde disse ao médico-legista do hospital que Marie ligava para ele constantemente pedindo conselhos sobre o que fazer com a filha. Gangemi disse também que Marie parecia nervosa e estava cansada do choro constante da criança. Mas esse estado de coisas não durou muito. No dia 4 de janeiro de 1963 Mary Lee foi levada às pressas para o hospital por problemas respiratórios e foi declarada morta ao dar entrada no estabelecimento.

A polícia pediu ao sr. e à sra. Noe que a acompanhasse até a delegacia, onde seriam interrogados. Ao mesmo tempo foi pedida uma autópsia do corpo de Mary Lee, que seria realizada pelo assistente do médico-legista, dr. Halbert Fillinger. Os interrogatórios revelaram que, de acordo com conclusões anteriores, a sra. Noe não era uma mulher intelectualmente capaz, mas, no que dizia respeito à criança, a polícia não conseguiu descobrir nada de extraordinário. "O corpo", dizia o relatório, "não tem contusões e estava bem cuidado... O bebê usava uma fralda de pano branco, calça de plástico e meias brancas, e estava enrolado num lençol rosa e numa toalha vermelho-escura... A casa estava limpa e bem aquecida. A cama da criança estava limpa e com um lençol..."

A autópsia também deu em nada. Fillinger, junto com Valdes-Dapena, fez todos os exames que podiam no corpo de Mary Lee, mas nenhum dos dois chegou a nenhum resultado conclusivo. Por fim, concordaram em dizer que a causa da morte era "indeterminada", em contraposição ao relatório anterior de autópsia sobre Constance Noe, que dizia "indeterminada, supostamente natural".

Mas a maior preocupação era Marie Noe, que a essa altura estava grávida do oitavo filho. Desesperada para evitar mais uma tragédia, Fillinger ofereceu aos Noe acompanhamento pré-natal e antenatal em troca de ter permissão de estudar os defeitos genéticos do novo filho. Os Noe (aparentemente aconselhados por Columbus Gangemi) recusaram a oferta. No fim, era tudo uma questão acadêmica, pois o oitavo filho, Theresa, morreu apenas seis horas e meia depois do parto. A essa altura, a história dos Noe parecia ser apenas um pesadelo, uma seqüência de nascimentos e mortes que ninguém conseguia esclarecer. Então, um artigo da revista *Life*, longe de acusar qualquer dos Noe, mostrou-os como pessoas de quem se devia ter compaixão. Na verdade, a *Life* tinha reservado a maior parte do veneno para o gabinete do médico-legista: "Naquela época", publicou a revista, "o gabinete do médico-legista deixava muito a desejar: não tinha um único microscópio, nenhum laboratório que se prezasse e o equipamento era o que o atual Ministério da Saúde descreve como 'facas de açougueiro, serras de carpinteiro e tesouras domésticas'". Depois do artigo, os norte-americanos ficaram pasmos com a tragédia dos Noe. A mortalidade infantil logo se tornou um assunto discutido pelo país inteiro porque poucas semanas depois o presidente John F. Kennedy e a primeira-dama Jackie Kennedy perderam um filho bebê.

Patrick Bouvier Kennedy nasceu prematuramente em 7 de agosto de 1963 (três meses antes de o presidente ser assassinado no Texas), mas morreu dois dias depois por causa de problemas respiratórios. Nesse ínterim, o relatório de autópsia de Theresa Noe ficou pronto e revelava "diátese hemorrágica congênita", uma doença do sangue que ninguém poderia ter previsto, como causa da morte. Que duas filhas dos Noe (Theresa e Letitia) tenham morrido antes de nascer ou poucas horas depois do parto só serviu para atrapalhar ainda mais as investigações. Não havia um padrão definido nas mortes dos Noe, nenhuma trajetória clara que alguém pudesse seguir com certeza.

Em 1964, Marie Noe estava grávida do nono filho, a quem deu à luz no dia 3 de dezembro no Hospital St. Joseph. Com toda a atenção da imprensa e o olhar perscrutador do público, ninguém ia correr riscos com essa criança, batizada como Catherine Ellen. Durante os três primeiros meses de vida, ficou no hospital sob vigilância rigorosa.

O Hospital St. Joseph era, como sugere o nome, um estabelecimento católico, e muitas das enfermeiras também eram irmãs de caridade, especialmente da ala de pediatria. Uma delas, a irmã Victorine, afeiçoou-se muito a Catherine e tinha livre acesso à menina durante toda a estada dela no hospital. Por causa disso, passou a ter contato diário com os pais do bebê e as declarações dela aos que investigaram os Noe constituem uma leitura muito interessante. Disse a respeito deles que "o sr. Noe sempre era muito mais afetuoso com a criança do que a mulher, [que] parecia preferir manter-se distante, alheia e controlada em seus sentimentos... A sra. Noe fingia [*sic*] fazer festas ao bebê, como se achasse que era algo exigido dela... [e] dizia coisas sem sentido que não tinham relação com o momento"[5].

Ou a falta de "demonstração" de afeto de Marie era conseqüência da perda de oito filhos e por isso ela sentia medo de estabelecer um vínculo forte com esse, o nono filho, ou, como suspeitava a maioria das pessoas, não havia nenhum resquício de instinto maternal nela. Para comprovar isso, a irmã Victorine também jurou ter ouvido por acaso a sra. Noe ameaçar matar Catherine se a criança

5 In: Stephen Fried, op. cit.

não tomasse a mamadeira logo. Ironicamente, foi durante esse período que o dr. Gangemi começou a tratar Marie Noe com hipnose, com a esperança de que isso lhe instilasse paciência suficiente para criar Catherine. No início de 1965, o bebê foi liberado do Hospital St. Joseph e por alguns meses tudo pareceu correr bem. O verão chegou e foi embora sem problemas, mas, assim que o outono começou, o dr. Gangemi passou a receber numerosos telefonemas de uma Marie apavorada. Um em particular causou-lhe grande preocupação: quando o bebê tinha pegado um saco de plástico do aspirador de pó e quase havia morrido asfixiado. Como vários dos filhos de Marie tinham morrido de falência respiratória, Gangemi ficou furioso, evidentemente. E não escondeu a fúria da sra. Noe, para quem gritou pedindo explicações: como uma criança de oito meses podia pegar um saco daqueles? Marie disse que não sabia, mas não tinha sido uma sorte ela chegar a tempo de salvar a filha de morrer sufocada? Gangemi não se lembrou do que disse em seguida, mas não há dúvida de que vários palavrões devem ter sido ditos a meia voz.

É claro que se a SIDS fosse uma síndrome relativamente pouco pesquisada em meados da década de 1960, a Síndrome de Munchausen por Procuração (Munchausen's Sydrome by Proxy — MSBP uma forma de abuso de criança na qual um dos pais fabrica transtornos médicos em uma criança e obtém tratamentos médicos desnecessários, ou causa dano à criança por meio de práticas higiênicas extremas, ou tenta tratar em casa distúrbios imaginários), pareceria um diagnóstico de outro planeta. Porém, analisando os fatos hoje e levando em conta o incidente com o saco de plástico do aspirador, é a explicação mais plausível do que poderia estar ocorrendo na família Noe. Em geral, quando há MSBP, a mãe afirma que a criança está doente ou faz o filho adoecer para chamar atenção sobre si. Na Inglaterra houve um caso famoso entre 1991-1993, quando a enfermeira Beverley Allitt (que depois passou a ser conhecida como o Anjo da Morte) assassinou quatro crianças que estavam aos cuidados dela e causou danos a outras nove que sofriam de MSBP. Felizmente foi desmascarada e agora cumpre treze sentenças de prisão perpétua numa instituição mental de segurança máxima, mas a equipe do hospital levou mais de um ano para perceber que havia algo de muito errado com ela.

Mas no caso de Marie Noe, embora todos achassem que havia algo estranho, ninguém, nem mesmo os médicos, a denunciaria e, como observou Marie Valdes-Dapena, quando entrevistada pelo jornalista policial Stephen Fried, "quando um adulto sufoca um bebê assim [Valdes-Dapena colocou a mão sobre a boca], a autópsia não mostra nada, absolutamente nada"[6].

Todos estavam de mãos atadas. A não ser que tirassem a criança dos pais, o que teria sido praticamente impossível sem uma prova convincente, ninguém podia fazer nada, exceto esperar para ver o curso dos acontecimentos.

Por sorte, Catherine sobreviveu depois de se livrar do tal saco de plástico, mas, por via das dúvidas, a equipe médica resolveu mantê-la no hospital por cinco semanas. Durante esse tempo, Catherine floresceu, mas, poucas semanas depois de ser liberada, foi levada novamente às pressas para o hospital, após desmaiar inexplicavelmente e ficar mole quando Marie a segurava no colo. O bebê foi internado mais uma vez, agora por um período de três semanas. Chegou a comemorar o primeiro aniversário no hospital, o único filho dos Noe que completou um ano. Catherine teve alta do hospital, mas voltou menos de duas semanas depois, dando mais um susto. Inevitavelmente, toda vez que Catherine era internada nunca mostrava nenhuma anormalidade enquanto estava sob os cuidados da equipe do hospital. Era, ao contrário, uma criança normal, cheia de vida, pela qual todos os médicos e enfermeiras tinham enorme afeto. Mais uma vez sua estada no hospital durou pouco mais de três semanas, mas, dessa vez, a menina foi liberada, os Noe compraram um balão de oxigênio, que todos acharam que poderia amenizar os temores de Marie. Tinham razão, de certo modo, pois dez dias depois Marie pôs o balão para funcionar ao dizer que Catherine havia tido uma leve convulsão. Mas no dia 14 de fevereiro Marie disse insistentemente que Cathy tinha tido outra convulsão. Dessa vez telefonou para o dr. Gangemi, além de usar o oxigênio. O médico não notou nada de errado na criança, mas, como precaução, receitou um anticonvulsivo chamado Dilantin,

6 Idem.

que poderia ser administrado numa emergência. Duas semanas depois, no dia 25 de fevereiro de 1966, Marie encontrou Cathy deitada de bruços no cercadinho já roxa. Cathy foi levada às pressas para outro hospital da Filadélfia, mas não sobreviveu à viagem e foi declarada morta assim que deu entrada no pronto-socorro. A autópsia concluiu que a causa da morte era, como nos casos anteriores, "indeterminada".

Dessa vez a polícia, sob o comando do investigador Remington Bristow e do médico-legista Joe McGillen, começou a agir logo em seguida. Juntos, entrevistaram o sr. e a sra. Noe e, embora Marie parecesse não entender bem o porquê de todo aquele estardalhaço, o marido fez uma defesa vigorosa da mulher e insistiu em dizer que ela não seria capaz de fazer nada para prejudicar os filhos.

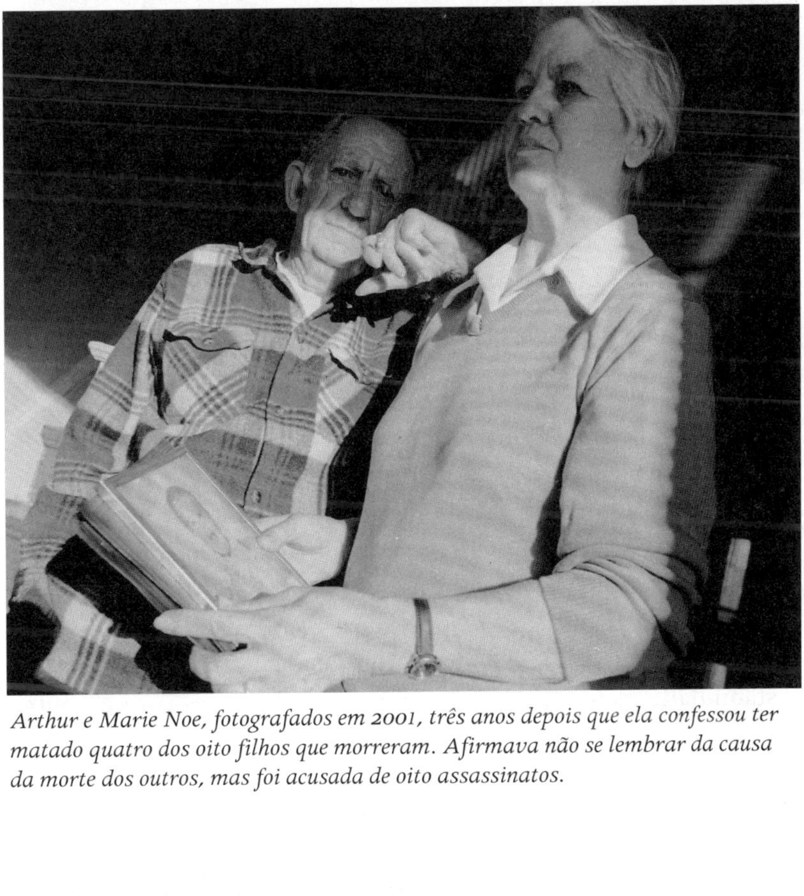

DAVID FIELDS/CORBIS SYGMA

Arthur e Marie Noe, fotografados em 2001, três anos depois que ela confessou ter matado quatro dos oito filhos que morreram. Afirmava não se lembrar da causa da morte dos outros, mas foi acusada de oito assassinatos.

Não se passou muito tempo depois dessas entrevistas para surgir um fato novo: uma fonte anônima informou à polícia que os Noe tinham começado a falar em adotar uma criança. Que uma idéia dessas tenha passado pela cabeça dos Noe deve ter horrorizado muita gente, mas era uma possibilidade. Nesse meio-tempo, a investigação continuava. Tanto Bristow quanto McGillen penetravam cada vez mais fundo na vida privada dos Noe. A maior parte do material obtido não mostrou nada de extraordinário, mas de vez em quando surgia uma informação estranha.

O dr. Gangemi, que foi entrevistado várias vezes durante esse período, deu à polícia algumas pistas alarmantes. Disse, por exemplo, que considerava Marie "uma personalidade esquizofrênica instável, que muito possivelmente era psicótica"[7]. Observou também que Marie adorava a atenção que a morte dos bebês lhe dava e se sentia quase uma celebridade. A personalidade esquizofrênica reforçava outro fato extraordinário em relação a Marie: durante anos ela tinha tido episódios de cegueira temporária. No artigo da *Philadelphia Magazine*, ela havia confessado que esses episódios tinham começado na época em que menstruou pela primeira vez, aos catorze anos, e eram acompanhados de enxaquecas terríveis. Aos vinte anos, logo depois da morte de Richard, o primeiro filho, Marie ficou cega de novo. Dessa vez foi hospitalizada por um médico, que depois a encaminhou a um psiquiatra. Ambos concordaram que provavelmente o problema dela era "histeria de conversão" por causa do fato de ter perdido um filho muito querido. O psiquiatra sugeriu que Marie fosse tratada com um "soro da verdade", o Amital (sal monossódico de amobarbital, usado como hipnótico e sedativo), com o que ela concordou. Sob o efeito da droga, ela admitiu que queria outro filho, mas o marido não estava tão entusiasmado assim. O psiquiatra e Marie também trataram de diversos outros tópicos e provavelmente teriam tido outras sessões com o Amital se no dia seguinte Marie não tivesse recuperado a visão e deixado o hospital.

Enquanto isso, a polícia, além de examinar o histórico de instabilidade mental de Marie, também estava à procura de outra

---

7 Idem.

razão possível para todos os filhos dos Noe terem morrido: seguro de vida. Exceto no caso de Theresa e Letitia, todos os outros bebês tinham seguro de vida entre cem dólares para os primeiros e mil dólares para os outros. Os Noe só tinham tido dificuldade em conseguir seguro de vida para um dos filhos, Catherine, possivelmente porque a empresa tinha ficado desconfiada depois de pagar os seguros de Arthur, Constance e Mary Lee. A despeito disso, o sr. Noe conseguiu persuadir uma outra companhia a fazer um seguro de vida de 1500 dólares para Catherine. É compreensível que ele nunca tenha mencionado todos os filhos que haviam morrido, mas também tinha mais uma discrepância. No dia em que o representante da companhia de seguros afirmou ter visto Catherine em casa, viva e com boa saúde, o lugar onde realmente se encontrava era uma ala de hospital. Quando Catherine morreu, a companhia recusou-se a pagar o seguro, embora depois tenha feito um acordo com os Noe de lhes dar quinhentos dólares.

Quanto à idéia de adotar uma criança, como devem saber todos os que já passaram por esse procedimento, trata-se de um caminho longo, dolorosamente lento. Os Noe não se deixaram impressionar. Depois que Catherine morreu, queriam uma criança imediatamente e, como não aparecesse nenhuma, depois de cinco meses eles se queixaram à agência de adoção da igreja. Ao mesmo tempo, Halbert Fillinger, o médico-legista que tinha feito a autópsia de Catherine, encontrava-se na situação bizarra de ser citado pelos Noe como fonte de referência no formulário de pedido de adoção. Segundo uma declaração posterior, ele disse que uma das freiras lhe tinha telefonado e pedido a opinião dele a respeito do casal. Ele respondeu que se dessem uma criança a Marie Noe ela provavelmente acabaria morta, embora, se todos estivessem errados e Marie não fosse culpada de matar a prole, ninguém mais que ela mereceria adotar uma criança.

Nenhuma dessas duas opiniões chegou a ser usada, pois Marie, para horror de todos os envolvidos no caso, anunciou subitamente que estava grávida outra vez.

O bebê número dez nasceu em 28 de julho de 1967. Foi batizado com o nome de Arthur Joseph Noe depois de um parto por cesariana, porém, durante a operação, o útero da sra. Noe sofreu uma ruptura, e a equipe médica teve de fazer uma histerectomia completa. Antes do parto, os médicos, bem como o médico-legista, tinham manifestado ao Projeto de Tratamento de Mãe e Filho, da Secretaria da Saúde, preocupação com a capacidade da sra. Noe de cuidar do filho. Será que a criança poderia ser afastada da sra. Noe? Infelizmente, a resposta foi que nada poderia ser feito. Ainda não havia leis segundo as quais qualquer pessoa poderia interferir na relação de mãe e filho. Além disso, embora muita gente se preocupasse com o futuro de Arthur Noe, estávamos nos anos 1960. Como já foi mencionado, maus-tratos a crianças, a Síndrome Infantil de Defunção Súbita de bebês e a Síndrome de Munchausen por Procuração ainda não faziam parte do vocabulário comum. Não havia autoridade competente a quem as pessoas pudessem apresentar suas preocupações, de modo que o bebê teria de correr riscos, e, com isso em mente, todos os envolvidos no caso recuaram e ficaram observando.

Nos primeiros dois meses de vida, Arthur (que os Noe chamavam de "Little Arty") ficou no hospital sob a supervisão de vários médicos experientes, e também do médico particular dos Noe. Durante esse período, Gangemi notou com certo rigor que "a criança parece normal em todos os sentidos. Essa criança NUNCA mostrou qualquer... problema respiratório [como aqueles] descritos pela mãe a respeito dos outros bebês agora mortos"[8]. Arthur Noe saiu do hospital em 29 de setembro de 1967, acompanhado dos pais. Gangemi escreveu em suas anotações, onde dava alta ao menino: "Em Deus confiamos!"

Não se passaram trinta dias antes de o bebê voltar. Primeiro, foi levado para o Hospital St. Christopher, tendo sofrido o que Marie descreveu como problemas respiratórios. Ela disse que Arthur tinha ficado roxo, depois do que lhe fizera respiração boca-a-boca. Depois Marie telefonou para o serviço de emergência, que levou a criança para o hospital às pressas. Do St. Christopher, Little Arty foi transferido para o St. Joseph, onde ficou aos cuidados do

8 Idem.

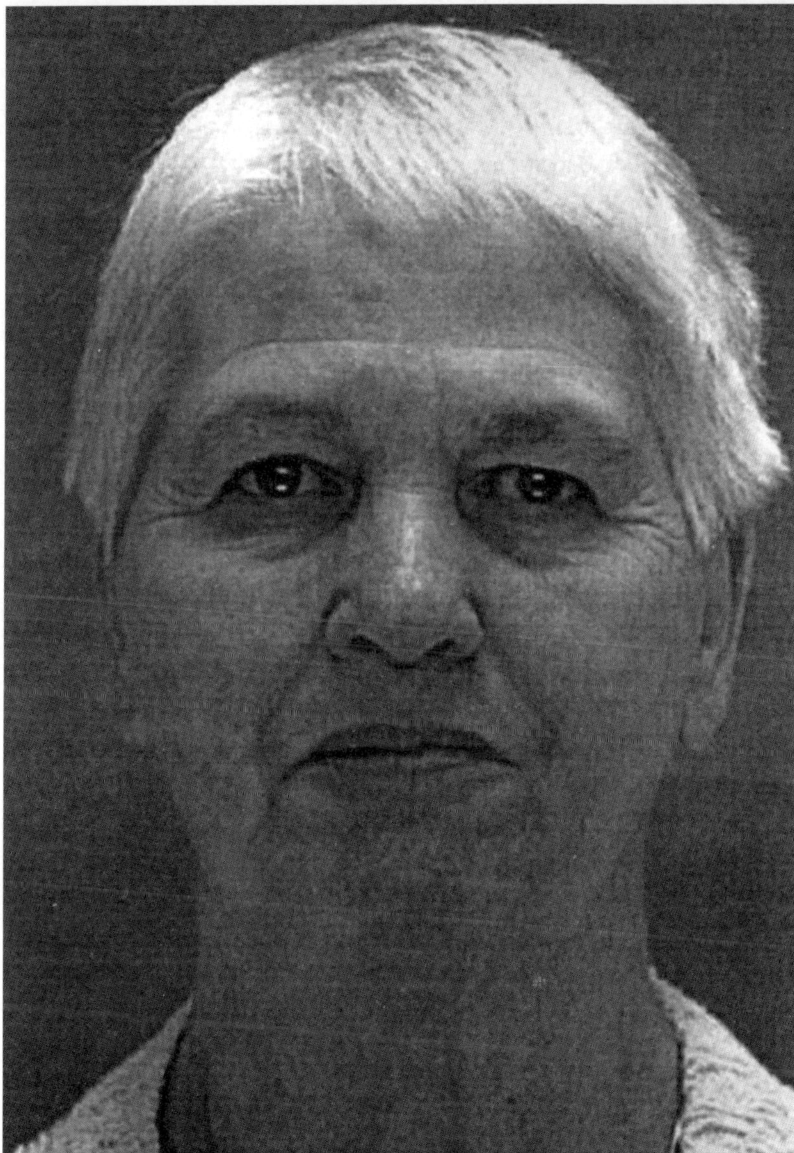

POPPERFOTO

Marie Noe na época de sua prisão, em agosto de 1998. Foi considerada culpada das oito acusações de homicídio em segundo grau e recebeu uma sentença de vinte anos com sursis, *com cinco anos a serem passados sob tratamento psiquiátrico. Em sua confissão, disse ter desejado profundamente que a polícia descobrisse os crimes que havia cometido contra os próprios filhos.*

dr. Gangemi. Permaneceria ali dezenove dias, durante os quais foram feitos exames de raios X e acompanhamento rigoroso, mas ninguém encontrou nada de errado. A única coisa estranha de todo o episódio foi que Marie Noe só visitou o filho uma vez. O pai não apareceu sequer uma.

Little Arty voltou para casa após dezenove dias, mas retornou cinco semanas depois, quando, segundo Marie, um gato sentou em cima do rosto dele e impediu-o de respirar. A essa altura, o fato de a criança não ter sido afastada da mãe causa um profundo incômodo. Todos devem ter concordado que havia algo de gravemente errado, mas o bebê voltou para casa no mesmo dia. Doze dias depois Little Arty estava morto.

Segundo uma declaração que Marie deu à polícia mais tarde, ela entrou no quarto do bebê e viu que ele estava ficando roxo: "Abaixei imediatamente o lado do berço e comecei a respiração boca-a-boca. Mas parece que não lhe fez bem nenhum". Telefonou para o serviço de emergência e tentou a respiração boca-a-boca novamente, mas nada adiantou: o bebê foi declarado morto assim que chegou ao hospital.

Uma investigação teve início quase imediatamente. Marie e Arthur foram interrogados, assim como amigos e vizinhos, médicos e outros membros da equipe hospitalar. O casal passou então por um detector de mentiras, o que deu em nada, embora houvesse uma certa dúvida quanto à autenticidade, uma vez que ninguém conhecia o histórico psiquiátrico de Marie. A evidência que ajudou os Noe veio do gabinete do médico-legista, Joseph Spelman, que tinha feito a autópsia do bebê Arthur e concluído que não havia nada que indicasse uma morte que não fosse de causa natural. Mas Spelman escreveu duas cartas sobre os Noe: uma, para a agência da Filadélfia que supervisionava as adoções, e outra, para um órgão público semelhante. Ambas as cartas foram inspiradas pelo fato de Marie Noe ter dito que queria novamente adotar uma criança ou, no mínimo, educá-la, se não fosse possível conseguir a tutela legal. As cartas (que eram idênticas) não diziam nada de comprometedor, mas sugeriam que Spelman tinha sérias dúvidas sobre os Noe e não acreditava que a SMSB fosse a causa da morte das crianças. Não havia como provar nada: não havia provas conclusivas com as quais processar Marie; assim, em 1969, a investigação finalmente foi dada por encerrada. Teria sido o fim da história não fosse um livro publicado em 1997 chamado *The death of innocents: a true story of murder, medicine and hig-stakes science*, escrito por Richard Firstman e Jamie Talan.

Nesse livro, o principal caso em discussão era o de Waneta Hoyt, que, de 1964 a 1971, matou cinco de seus seis filhos. No julgamento dela, os advogados de Waneta defenderam-na dizendo que as crianças tinham morrido por causa de uma síndrome relativamente desconhecida chamada SMSB. Em virtude disso, ela foi declarada inocente dos homicídios, validando assim a causa da morte e levando os especialistas a acreditar que a SMSB poderia ser, e era, realmente um problema de família.

Mas em 1994 Waneta demoliu essa teoria confessando ter matado os cinco bebês, e em 1995 foi mandada para a prisão perpétua.

Por motivos jurídicos, os Noe não foram mencionados com o nome verdadeiro em *The death of innocents*, mas há algumas referências ao caso deles, o que, por sua vez, levou ao artigo de Stephen Fried, publicado na *Philadelphia Magazine*; ambas as fontes fizeram a polícia reabrir o caso. Anos depois da morte do último filho, Marie Noe foi interrogada mais uma vez pela polícia, mas dessa vez ocorreu uma coisa extraordinária: ela confessou ter asfixiado quatro dos oito filhos. Em relação aos outros quatro, insistiu em dizer que não se lembrava da causa da morte deles, mas a polícia tinha o suficiente para prender a mais famosa mãe enlutada dos Estados Unidos, o que sucedeu no dia 5 de agosto de 1998.

Algumas pessoas acharam que a confissão de Marie era duvidosa, principalmente por causa das suas dificuldades de discernimento, enquanto outras achavam que poderia haver uma explanação médica para o motivo de todos os oito filhos terem morrido, que iria desde uma doença sanguínea hereditária, chamada doença mitocondrial do DNA, até alergia a amendoim. A despeito disso, embora não se lembrasse do que tenha ocorrido a quatro dos filhos, Marie Noe foi considerada culpada de homicídio em segundo grau pelas oito mortes. Em 29 de junho de 1999, recebeu uma pena de vinte anos, com *sursis*, e cinco sob tratamento psiquiátrico.

A sentença suscitou protestos violentos: como alguém que havia assassinado oito bebês poderia receber uma pena tão leve? Mas o juiz Charles Gallagher defendeu a decisão afirmando: "Essa é a forma mais humana que poderíamos ter de lidar com a sra. Noe. Em vez de gastar milhões de dólares para mantê-la na prisão, estamos gastando esse dinheiro com tratamento e pesquisa. Talvez cheguemos a descobrir por que ela fez isso. Talvez, depois de uma série de tratamentos, cheguemos ao fundo da questão, o que é importante, muito importante".

As palavras do juiz não poderiam ser mais verdadeiras. A SIDS ainda aflige milhares de famílias no mundo inteiro, e, infelizmente, num pequeno número de casos, isso ocorre também com a Síndrome de Munchausen por Procuração e outras doenças psiquiátricas igualmente perigosas.

Na confissão à polícia, Marie insistiu em dizer que o marido não sabia de nada e tinha desejado muito que a polícia descobrisse os crimes. "Eu esperava que eles [a polícia] descobrissem. Sabia que o que eu estava fazendo era muito errado", acrescentou.

Rose West
A casa dos horrores

Sempre estaremos apaixonados um pelo outro...
A coisa mais maravilhosa de minha vida foi ter conhecido você.
Como nosso amor foi especial para nós... Portanto, amor,
cumpra as promessas que me fez. Você sabe quais são.
CARTA DE FRED WEST PARA ROSEMARY WEST, NOVEMBRO DE 1994

Corria o ano de 1969, o final dos *Swinging Sixties*, os chamados anos loucos, em Londres, primórdios dos anos 1970, anos mais sombrios. A cultura da droga estava no auge, o controle da natalidade, à disposição de muita gente, e a Guerra do Vietnã aproximava-se do fim. Em meados daquele ano, uma mocinha chamada Rosemary Pauline Letts trabalhava numa padaria de Cheltenham. Uma adolescente comum de quinze anos todo dia tomava o ônibus na Bishop's Cleeve. Foi nesse trajeto que ela chamou a atenção de Frederick West pela primeira vez. Doze anos mais velho que Rosemary, West fez imediatamente tudo para conquistar aquela jovem que tinha acabado de sair da escola com o diploma do ginásio: apareceu mais tarde na padaria e deu-lhe de presente um vestido de renda e um casaco de pele. Fred também convidou Rose para tomar um drinque, que ela aceitou. Foi um momento importante, o encontro de duas pessoas que mais tarde cometeriam crimes tão horripilantes que os jornais sensacionalistas da Inglaterra tiveram histórias para contar durante meses a fio.

Nascida em 29 de novembro de 1953, Rosemary Letts tinha mais seis irmãos. Naquele tempo, os pais dela moravam em Northam, uma aldeia de Nort Devon. Embora fosse um lugar isolado e lúgubre, era o tipo de comunidade ideal para criar uma família. Mas, infelizmente, Bill e Daisy Letts estavam longe de ser pais ideais. Na época do nascimento de Rose, Daisy Letts fazia terapia eletroconvulsiva (TEC) para depressão numa unidade psiquiátrica. A causa mais provável da doença era o marido, que, como foi sugerido, era esquizofrênico. Bill Letts tinha um caráter extremamente instável. Era um homem violento, que gostava de intimidar os outros e de fazer tudo à sua moda, e os primeiros anos de Rose foram marcados pelos espancamentos que Bill Lets dispensava à mulher e aos filhos. Anos mais tarde, Andrew Letts, irmão de Rose, contou suas recordações:

> *Se ele achasse que estávamos demorando muito para nos levantar, jogava um balde de água fria em cima da gente. Mandava-nos revolver a terra do jardim, e isso queria dizer o jardim inteiro. Depois fazia uma inspeção como se fosse um oficial do exército e, se não ficasse satisfeito, tínhamos de fazer tudo de novo. Não tínhamos permissão de falar e brincar como crianças normais. Quando fazíamos barulho, ele partia para cima da gente com uma correia ou com um pedaço de pau. Moía a gente de pancada até a mamãe se colocar entre nós. Aí ele acabava com a raça dela.*[1]

Em 1960, a família mudou-se para Plymouth, mas mal se tinham passado dois anos retiraram-se subitamente para Chipping Campden, perto de Stratford-upon-Avon. Logo mudaram de novo, dessa vez para Bishop's Cleeve. Rose já era adolescente e, embora nunca tenha admitido ter sido molestada sexualmente pelo pai, segundo vários depoimentos Bill Letts tinha começado uma relação sexual com a filha, uma relação que continuaria até ele morrer. Como se isso não bastasse, foi durante esses anos de juventude

---

1 In: *Happy like murderers: the true story of Fred and Rosemary West*, de Gordon Burn, Faber & Faber, 1998.

que Rose também se tornou molestadora. Tinha dois irmãos mais novos, Graham e Gordon, e, à noite, ela ia muitas vezes para a cama deles e os masturbava.

Em 1969, Daisy Letts já estava farta de apanhar do marido. Com Rose e os filhos menores, abandonou-o e foi morar com a filha mais velha, Glenys, e o marido dela, Jim Tyler. Jim era mecânico de carro, mas também tinha um pequeno restaurante de beira de estrada que funcionava num *trailer* na periferia de Cheltenham. Como Rose tinha acabado de sair da escola, os Tyler deram-lhe um emprego de garçonete no restaurante. Sexualmente precoce, ela estava em condições de conhecer homens o dia inteiro. Jim Tyler muitas vezes aparecia inesperadamente no restaurante para inspecionar o movimento e acabava encontrando uma Rose desgrenhada, descendo de um caminhão. Também foi mais ou menos nessa época que Rose afirmou ter sido, em duas ocasiões distintas, estuprada por homens diferentes. O primeiro ocorreu quando ela tinha dezesseis anos. Rose tinha sido pega por um homem depois de uma festa e, em vez de levá-la para casa, arrastou-a para um campo de golfe local, onde a atacou, embora Rose nunca tenha denunciado o incidente à polícia.

O segundo sucedeu em 1969, aproximadamente cinco meses depois do primeiro. Rose saiu do trabalho no fim do dia e esperava o ônibus, quando um homem começou a conversar com ela. Rose não estava interessada, mas o homem fingia não perceber, e ela começou a ficar com tanto medo que em vez de esperar o ônibus no ponto correu para uma praça que ficava ali perto. O homem seguiu-a e estuprou-a, porém, como ocorreu no primeiro caso, Rose nunca o denunciou à polícia. Alguns meses depois, Rose Letts conheceu Fred West.

Nessa época, Fred ainda estava casado com uma mulher chamada Catherine Costello (mais conhecida como Rena), embora estivessem separados. Rena, que ganhava a vida como prostituta, morava em Glasgow, ao passo que Fred tinha se estabelecido perto de Cheltenham. O casal tinha duas filhas, Anne Marie, de cinco anos (que era filha de Fred), e Charmaine, de seis (que era filha de Rena com outro homem). Fred tinha tirado as meninas da mãe e se havia instalado num *trailer*, num terreno onde esse tipo de veículo tinha permissão para estacionar. Durante o dia trabalhava como motorista para um matadouro. Por toda a vida Fred teve uma série de empregos mal-remunerados que não exigiam grandes qualificações. Foi motorista de caminhão de uma madeireira, entregador de leite da Model Dairies, prensador de fibra de vidro da fábrica Permali, operador de máquina da Gloucester Wagon Works, um homem que vivia de fazer bicos e trabalhava como pedreiro em regime de meio período. Era uma existência precária, uma vida sem estrutura. Nem a quantidade de horas que Fred trabalhava, nem o terreno de Lakehouse onde o *trailer* ficava estacionado eram uma situação ideal para criar filhos, mas Fred, como oportunista que era, conseguiu virá-la a seu favor. Logo percebeu que as duas menininhas eram uma desculpa perfeita para atrair mulheres jovens para trabalhar como babá delas. As meninas acabavam dormindo com ele muitas vezes. Além disso, para piorar essa situação difícil, Fred cometeu seu primeiro assassinato. Ann McFall era uma amiga de Rena Costello. Quando Fred e Rena se separaram, Ann resolveu ficar com Fred no *trailer* e começaram uma relação afetiva. Prontamente ela engravidou, e quando o feto tinha oito meses aconteceu uma coisa estranha. Fred dizia às pessoas que amava Ann McFall, de modo que não é absurdo que a morte dela possa ter sido um acidente, resultado de uma sessão de sexo sadomasoquista. Seja como for, Fred matou a mãe do seu segundo filho e enterrou o corpo dela num campo perto da casa de sua infância, em Much Marcle.

Portanto, esse era o cenário quando Frederick West entrou na vida de Rose Letts: uma união que a levaria a se tornar uma das mais inventivas assassinas seriais da história jurídica da Inglaterra.

Depois que Fred levou Rose para tomar um drinque, convidou-a para ir ao *trailer*, e Rose, com a intenção de impressioná-lo, fez a maior festa com as meninas. Foi um comportamento que se repetiu nas semanas seguintes, até Rose desistir do emprego na padaria e ir trabalhar no *trailer* por tempo integral. Ela própria uma criança agora trabalhava como dona de casa no *trailer*, tomando conta das crianças e dormindo com o novo chefe. Quando o pai de Rose descobriu a nova relação afetiva da filha fez o maior escândalo: tentou acabar com ela pondo a mocinha nas mãos do serviço de assistência social. Ela foi mandada para uma casa de adolescentes problemáticas e recebeu ordens específicas de não se encontrar com o namorado. Mas Rose, que era uma moça obstinada e voluntariosa, ignorou as regras e, além de lhe escrever cartas, dava um jeito de se encontrar com ele sempre que podia. Ninguém iria impedi-la de fazer o que quisesse. Ao sair de casa, com dezesseis anos, logo engravidou de Fred. Nessa época, os pais dela tinham voltado a viver juntos, mas a vida da família estava longe de ser pacífica. Quando ela contou aos pais que estava grávida, o pai marcou uma hora numa clínica para ela fazer um aborto. Determinada a não permitir que ele arruinasse as chances de viver com o namorado, Rose fugiu com Fred e instalou-se com ele numa quitinete do número 9 da Clarence Road, em Cheltenham. Dali o casal se mudou para um apartamento do número 25 da Midland Road, em Gloucester, e no dia 17 de outubro de 1970 Rose deu à luz o primeiro filho, uma menina a quem deram o nome de Heather.

Mas a desgraça logo se abateria sobre eles, pois em 4 de dezembro de 1970 Fred recebeu uma sentença de nove meses de prisão pelo roubo de alguns pneus. De repente Rose ficou sozinha com três crianças para sustentar. Mal chegada aos dezessete anos, não deve ter sido nada fácil viver em condições insalubres e com pouco ou nenhum dinheiro. Rose começou a bater em Anne Marie e Charmaine. Certo dia, uma amiguinha de Charmaine apareceu para visitá-la e encontrou-a numa cadeira, com as mãos amarradas às costas e com Rose prestes a bater nela com um pedaço de pau. Além disso, segundo depoimentos prestados mais tarde por Anne Marie, era freqüente Rose deixar as duas meninas amarradas horas a fio na cama, sem poderem ir ao banheiro e sem comida nem água. Felizmente, as coisas corriam muito melhor para Heather, que ainda era um bebê. Várias pessoas disseram que Rose era uma mãe atenciosa quando os filhos eram pequenos e dependentes dela para satisfazer as necessidades. Somente quando eles já estavam crescidos e já tinham desenvolvido vontade própria é que ela judiava deles.

PA PHOTOS

Fred e Rose West mudaram-se para o número 25 da Cromwell Street, Gloucester, pouco depois de se casarem, em janeiro de 1972. Nessa época, Fred já tinha matado Ann McFall, bem como sua primeira mulher, Rena, e a filha desta com outro homem, Charmaine, enterrando os corpos em campos que ficavam perto da casa em que havia passado a infância.

Depois que Fred saiu da prisão, o casal uniu-se nos maus-tratos às crianças, mas os espancamentos e humilhações diárias que as duas meninas mais velhas sofreram não foram nada em comparação com o que ocorreu depois.

Charmaine nunca tinha sido a predileta de Fred. Filha de outro homem, com uma aparência tão diferente quanto possível do padrasto e da meia-irmã, sempre despertou os piores sentimentos de Fred. Então, em agosto de 1971, Rena apareceu de repente, com a pretensão de levar as crianças com ela para a Escócia. Segundo Anne Marie, contaram-lhe que Charmaine tinha voltado para a Escócia com a mãe. A mesma informação foi dada na escola que Charmaine freqüentava. Na verdade, sempre que alguém perguntava pela criança, era essa a história que contavam. Mas a realidade era que tanto Charmaine quanto a mãe Rena tinham sido mortas no final de agosto de 1971. Os corpos foram enterrados no campo vizinho, perto daquele em que jazia o de Ann McFall, e, embora Rose nunca tenha sido acusada desses assassinatos, ainda pairam dúvidas sobre a participação dela nessas mortes.

Em janeiro de 1972, Fred West casou-se com Rose Letts e, pouco depois, ela deu à luz a segunda filha, May. Em novembro desse ano, ela ficou grávida do terceiro filho. No total, Rose teve quatro filhos de Fred (Heather, May, Stephen e Barry), bem como quatro de outros homens (que Fred reconhecera como seus, dizendo que eram "os filhos do amor" entre ele e Rose). Apesar disso, embora a libido de Fred fosse evidentemente grande, a verdade é que, quando se tratava de sexo, ele preferia ser um espectador, principalmente quando a mulher estava envolvida. Aficionado de revistas pornográficas e fanfarrão de proezas sexuais, Fred também tinha uma atitude quase fetichista em relação a ferramentas de trabalho. Toda a superfície de qualquer casa onde morasse estava quase sempre coberta de chaves inglesas, chaves de parafuso, macacos de carro e alicates. Gabava-se freqüentemente para os amigos de ser capaz de "consertar" mulheres, de torná-las mais ativas sexualmente e de fazer abortos caseiros. No começo da relação com Rose, deixou claro para ela que estava interessado em todos os detalhes da vida sexual dela. Depois que se casaram, esse interesse traduziu-se no desejo de Fred ver Rose fazendo sexo com homens negros, porque tinham órgãos genitais maiores que os dos brancos. Mais tarde, em interrogatórios da polícia, Fred diria que

> *Rose não queria a parte delicada daquilo. Queria que um negrão a derrubasse e martelasse o sexo dentro dela, e a tratasse como uma prostituta... "Não quero saber dessa besteira de amor", dizia ela. "Quero transar para valer, não fazer de conta..." Eu voltava para casa do trabalho e ela se sentava deliberadamente na beira da cama com as pernas bem abertas e dizia: "Olhe para isso... Aposto que você queria ter alguma coisa para encher isso aqui"*[2].

Em setembro de 1972, o casal mudou para o número 25 da Cromwell Street, um endereço que mais tarde se tornaria tão sinônimo do mal quanto o 10 da Rillington Place.

Fred alugou a casa direto do proprietário, Frank Sygmunt, um cavalheiro polonês já idoso, que depois a vendeu a Fred por um preço razoável. Fred trabalhou noite e dia, dividindo a casa em quitinetes, que depois ele e Rose alugaram para uma série de inquilinos. Assim como o terreno onde ficava o *trailer* tinha abrigado desajustados e vagabundos, o número 25 da Cromwell Street logo se encheu de criaturas desse tipo. Fred, ansioso por promover uma atmosfera de "vale-tudo", deixava claro para todos os inquilinos que era suficientemente liberal para permitir drogas nos aposentos. Também incentivava os inquilinos a falar da vida sexual deles e há provas de que abria buracos na parede da maioria dos quartos para ele e Rose espiar os ocupantes. Além disso, tirou todas as fechaduras, não só da porta dos quartos, mas também dos banheiros. Segundo várias declarações dadas mais tarde à polícia, ele e Rose invadiam freqüentemente o banheiro quando os inquilinos tomavam banho.

Também foi durante os primeiros tempos do número 25 da Cromwell Street que Rose dormiu com vários dos ocupantes da casa, e é possível que Fred assistisse aos encontros. O sexo ocupava o

---

2 Idem.

primeiro plano da vida dos dois, um componente vital da constituição emocional deles, e nada ilustra isso melhor do que aquilo que ocorreu no verão de 1972, quando Fred dividiu o porão da casa em cômodos. Ostensivamente, um deles deveria servir como área para as crianças brincarem, mas transformou-se no cenário para a tortura e estupro de Anne Marie West.

Certo dia, quando Anne Marie brincava no primeiro andar, Fred mandou que ela fosse ao porão. Ela se lembra de ter-se sentido apreensiva com a ordem; havia algo no tom da voz dele, algo no jeito de a madrasta olhar para ela. Mesmo assim, não desobedeceu. Foi até o porão e descobriu o que parecia uma grande estrutura de metal no centro do cômodo. O pai de Anne Marie arrancou-lhe as roupas, amarrou-a à cama, espancou-a e estuprou-a, sob o olhar de aprovação de Rose. Quando Fred acabou, Rose atacou a criança com um vibrador. Depois Fred explicaria que era dever de pai iniciar a filha no sexo e desvirginá-la. Anne Marie deveria ser-lhe grata pelo fato de ele se preocupar tanto com ela. "Eu fiz você", disse ele, segundo o relato de Anne Marie. "Você é carne da minha carne e sangue do meu sangue. Tenho o direito de fazer o que quiser com você."[3]

Depois disso, várias vezes Anne Marie (e às vezes uma das outras crianças) acabou no pronto-socorro de um hospital local com várias esfoladuras, contusões e cortes, mas as autoridades não tomaram nenhuma providência, sempre acreditando nas histórias que Rose lhes contava. Então, em outubro de 1972, Caroline Raine (depois Caroline Roberts) mudou-se para o número 25 da Cromwell Street, assumindo o cargo de babá que dormia no serviço.

Fred e Rose tinham escolhido Caroline certa noite em que ela pegou uma carona para casa depois de passar a noite com o namorado. O casal pareceu cordial e, durante o trajeto, Fred mencionou que ele e a mulher precisavam de alguém para cuidar dos filhos. Alguns dias depois, Caroline mudou-se para a casa dos West. Com apenas dezessete anos de idade, deu-se bem com Anne Marie e com Heather, mas logo passou a se sentir pouco à vontade na presença de Rose, que invadia o banheiro quando ela tomava banho e

3 Idem.

tocava-a de uma forma que lhe repugnava. Também passou a desconfiar seriamente de Fred por causa de uma conversa que havia tido com ele, na qual ele havia dito que Anne Marie não era mais virgem. Segundo Caroline, quando Fred viu a expressão de horror no rosto dela, mudou o rumo da história, dizendo que ela tinha tido um acidente de bicicleta, o que causou o rompimento do hímen.

Caroline deixou o emprego na casa dos West, mas em 6 de dezembro de 1972, quando pedia carona para voltar para a casa dos pais, Fred e Rose pararam para pegá-la. As probabilidades de o casal estar na rua nas duas ocasiões em que Caroline pedia carona não podem ser ignoradas; parece que os West saíam freqüentemente de carro à noite em busca de vítimas e, embora um pouco constrangida por ter saído repetinamente do emprego, Caroline entrou no carro. Imediatamente Rose foi para o banco de trás. Assim que Fred deu partida no carro, Rose começou a tocar a adolescente, tentando beijá-la e passar a mão nas pernas dela. Caroline lutou, mas não era páreo para os dois agressores. Rose segurou-a e, assim que teve oportunidade, Fred virou-se e socou Caroline com tanta violência que ela desmaiou. Os pés e as mãos de Caroline foram amarrados e ela foi levada de volta à Cromwell Street, onde Fred a trancou no quarto.

As roupas de Caroline foram arrancadas e uma fita adesiva enrolada em volta do rosto (algo que a polícia depois descobriu ser uma marca registrada de Fred). Depois foi amarrada à cama, onde Fred West agrediu-lhe a vagina com a fivela de um cinto. Ela se lembra de Rose West atacá-la sexualmente enquanto Fred explicava que a mulher sempre tinha tido impulsos lésbicos muito fortes quando estava grávida. Mais tarde, naquela mesma noite, Fred a estuprou, e Caroline lembra-se de ter realmente achado que ia morrer, mas na manhã seguinte os West pareciam mais calmos, tanto que começaram a perguntar-lhe se ela não gostaria de voltar e retomar o emprego de babá. Agiam assim com relação à sua vítima como se nenhuma suspeita dessa crueldade pudesse ser levantada. Também não parece que Fred tenha visto Caroline como algo além de um objeto inanimado, algo com o que ele poderia fazer o que bem quisesse. Para salvar a vida, Caroline concordou com o pedido dos West e poucos dias depois fugiu da Cromwell Street e foi para a casa da mãe. Ao ver o estado da filha, a sra. Raine chamou a polícia.

O caso de Caroline Raine foi a julgamento em 12 de janeiro de 1973. Pela lei, Fred West poderia ter sido acusado de estupro e Rose West, de assédio sexual, porém ambos foram acusados somente do segundo crime. O advogado dos West conseguiu amenizar a questão do seqüestro e explicou a violência sexual como uma experiência de comum acordo entre os três que se tinha desvirtuado. Foi um divertimento inofensivo, disse ele, e, infelizmente, o tribunal concordou. Fred e Rose foram condenados a pagar uma multa de cem libras esterlinas; no que dizia respeito aos tribunais, foi o fim do problema. Mas, se Fred e Rose West tinham aprendido alguma lição por serem presos, foi essa: não permitiriam que futuros participantes de jogos sexuais saíssem por aí livremente. Da próxima vez, seriam duas vezes mais cuidadosos, duas vezes mais implacáveis.

Lynda Gough tinha dezessete anos quando desapareceu. Havia começado a freqüentar o número 25 da Cromwell Street em 1973 e foi durante esse período que trabalhou como babá para os West e manteve relações afetivas com dois dos numerosos inquilinos. Quando deram pelo desaparecimento dela, foi um mistério completo para todos os que a conheciam, mas em particular para os pais, que começaram a busca na casa dos West. A mãe de Lynda foi até o número 25 da Cromwell Street e perguntou a Rose se ela tinha visto a filha. Rose negou saber da existência dessa pessoa. Quando a sra. Gough notou que Rose usava os chinelos de Lynda e algumas roupas da filha estavam penduradas no varal Rose recuperou a memória. Disse que se lembrava de alguém com aquela descrição, mas a moça tinha ido embora para Weston-super-Mare. Os pais de Lynda tentaram encontrar a filha nessa cidadezinha, mas a procura deu em nada, e, embora transtornados com aquela história, nunca denunciaram o incidente à polícia.

Quando Fred matou Ann McFall, Rena Costello e a filha Charmaine, havia enterrado os corpos no interior, mas a partir do assassinato de Lynda Gough ele mudou de lugar e resolveu enterrar

MATTHEW POLAK/CORBIS SYGMA

Frederick West cercado de crianças numa festa de Ano-Novo em janeiro de 1970; a namorada dele, que ainda se chamava Rose Letts, aparece no fundo, de óculos, no canto esquerdo. West suicidou-se na prisão enquanto esperava o julgamento por múltiplas acusações de assassinato e crimes sexuais, escapando assim da justiça.

as próximas vítimas na casa número 25 da Cromwell Street e nas vizinhanças. Com isso em mente, o corpo de Lynda Gough foi esquartejado (como todas as vítimas de Fred e Rose), e as partes do corpo foram enterradas embaixo do piso de terra do banheiro.

Fred continuou trabalhando na casa: demoliu a garagem, construiu um novo banheiro e colocou piso de concreto. A casa era o orgulho e a alegria dele, um lugar onde trabalhou como um mouro durante os vinte e tantos anos em que ele e Rose moraram ali, com os restos que ele roubava de várias construções. Não havia um centímetro da casa que não tivesse reformado, mas havia um quarto que logo se tornou só de Rose: um quarto para o florescente negócio de prostituição. Tinha sua própria campainha, de modo que quando os clientes tocavam não incomodavam o resto da casa. Apareceram anúncios nos jornais locais. É claro que Fred ficava ali quando Rose trabalhava, vendo e ouvindo tudo quanto se passava. Depois de toda sessão ele exigia que Rose anotasse num caderninho o tamanho do órgão genital do cliente e lhe desse uma nota entre 0 e 10. Se não era metódico em relação a mais nada, Fred era insistente no registro dos mínimos detalhes de cada um dos encontros sexuais de Rose.

Em novembro de 1973, poucos meses depois do nascimento do terceiro filho, Stephen West, uma adolescente de quinze anos que morava nas redondezas, chamada Carol Cooper, desapareceu. Foi vista pela última vez quando esperava o ônibus que a levaria para a casa da avó. Carol tinha vivido sob custódia do Estado

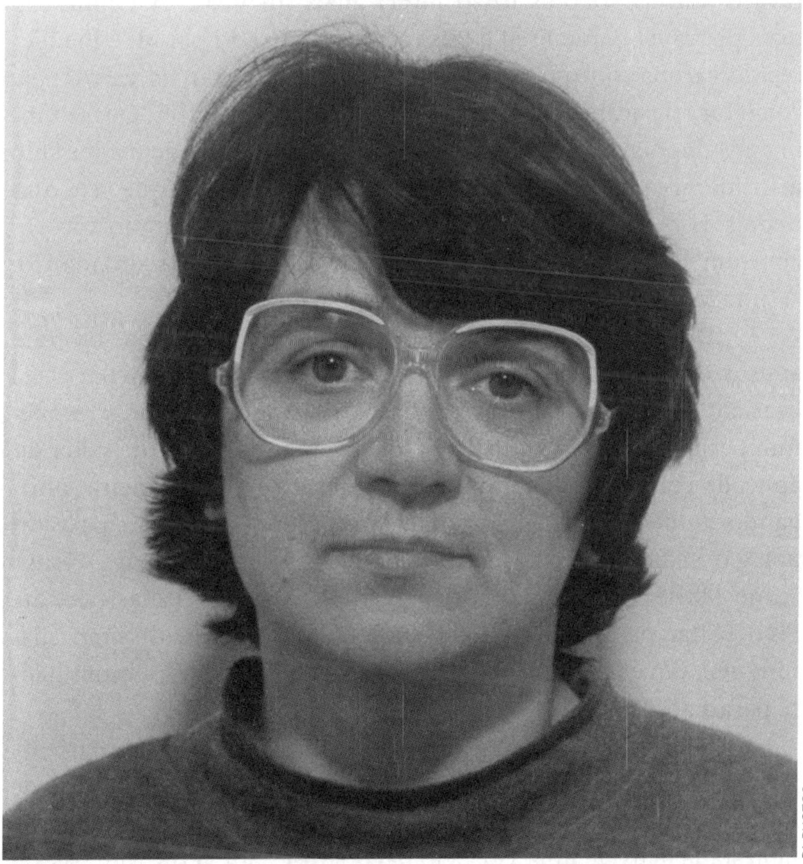
PA PHOTOS

Fotografia de Rose West tirada pela polícia depois que ela foi condenada à prisão perpétua por dez acusações de assassinato, até mesmo de uma das próprias filhas dela, em novembro de 1995. Afirmou ser inocente até o fim e, em outubro de 2000, fez um pedido de revisão da pena ao Comitê de Revisão de Causas Criminais.

durante algum tempo e estava em busca de qualquer tipo de afeto. Quando os West apareceram no carro deles e lhe ofereceram carona, ela não viu nada que pudesse temer: ali estavam duas pessoas dispostas a se dar ao trabalho de ajudar uma jovenzinha.

Apenas um mês depois, em dezembro de 1973, o casal seqüestrou outra jovem. Lucy Partington tinha vinte e um anos e estava no terceiro ano do curso de história medieval e inglês da Universidade Exeter. Era sobrinha do escritor Kingsley Amis. Lucy tinha ido visitar uma amiga inválida em Cheltenham e esperava o ônibus. Depois disso nunca mais foi vista. A explicação mais provável é que Fred e Rose tenham passado por ali e lhe oferecido carona, ou que a tenham obrigado a entrar no carro. Seja como for, ela acabou no número 25 da Cromwell Street. Quase vinte anos depois, especulava-se sobre a possibilidade de ela ter sido mantida viva no porão durante até uma semana, porque sete dias depois do desaparecimento Fred West apareceu no pronto-socorro com um ferimento na mão, que, com toda a probabilidade, foi resultado do esquartejamento do corpo da moça.

Durante esse tempo, Anne Marie West continuou sofrendo abusos e humilhações nas mãos do pai e da madrasta. Em certa ocasião, mandaram-na tirar a roupa e as crianças menores receberam permissão de cobrir o corpo dela com uma tinta que pode ser aplicada com os dedos. Depois Rose entrou na brincadeira, obrigando Anne Marie a ficar de quatro e escrevendo as palavras BURACO NEGRO nas costas, com uma flecha apontando para o ânus. Anne Marie foi obrigada a ficar naquela posição o dia todo, até Fred voltar para casa. Todos acharam aquilo divertidíssimo, mas ninguém deve ter imaginado o quanto esse episódio foi humilhante para a adolescente.

Além disso, Fred e Rose também iniciaram Anne Marie na prostituição, obrigando-a a fazer sexo com vários dos "negros" de Rose, além de ser estuprada por Fred. Também parece que ela foi molestada mais de uma vez pelo pai de Rose, Bill Letts, que passou a ser um visitante regular da casa.

Em abril de 1974, uma quarta mulher jovem desapareceu nas ruas de Cheltenham: uma moça suíça chamada Thérèse Siegenthaler.

Tinha vinte e um anos, estudava sociologia em Londres e ia de carona para o País de Gales naquele momento. O corpo dela foi encontrado anos depois enterrado ao lado do de Lucy Partington, sob o assoalho do porão do número 25 da Cromwell Street, e, como no caso de todas as vítimas anteriores, o corpo tinha sido esquartejado, e faltavam alguns ossos.

A seguir, mais dois assassinatos foram cometidos. Shirley Hubbard, de quinze anos, desapareceu em novembro de 1974, e Juanita Mott, de dezoito, em abril de 1975. Depois houve uma pausa na carnificina. Fred começou então a freqüentar um lugar chamado Jordan's Brook House, que era uma casa de correção para meninas delinqüentes. Fazia amizade com as moças e depois as convidava para ir à Cromwell Street para se divertir com ele e Rose. Em particular, convidou uma adolescente bem jovem (no tribunal ela era chamada apenas de srta. A) para ficar na Cromwell Street depois que ela fugisse da Jordan's Brook. Segundo o depoimento dela, foi ali que Rose a envolveu numa orgia e foi também ali que ela foi estuprada várias vezes. Depois a srta. A teve permissão de tomar banho e voltar para a Jordan's Brook, mas ficou tão traumatizada, que não denunciou o incidente à polícia. Só anos depois, quando Fred e Rose já tinham sido presos, ela finalmente se apresentou.

No início de 1977, Fred West começou a ficar de olho em outra mulher jovem, Shirley Robinson, que tinha conhecido numa lanchonete. Perguntou-lhe se não gostaria de ser inquilina dele. Shirley mudou-se para o número 25 da Cromwell Street no fim de abril de 1977. No começo, os três — Fred, Rose e a nova inquilina — deram-se muito bem. Shirley ajudava nos trabalhos domésticos e cuidava um pouco das crianças, mas, a certa altura, a relação tornou-se sexual, e Fred e Rose deram início a um triângulo com a jovem inquilina, não demorou para Shirley ficar grávida de Fred. O ciúme de Rose era inevitável; então ouviram Fred dizer que Shirley "teria de desaparecer". É claro que todos pensaram que Shirley teria de ir embora da casa, mas é fácil perceber que ele tinha outra coisa em mente.

Shirley Robinson desapareceu em maio de 1978. Como sucedeu com todas as outras vítimas dos West, o corpo dela tinha sido esquartejado. Mas havia revelações mais horríveis ainda a

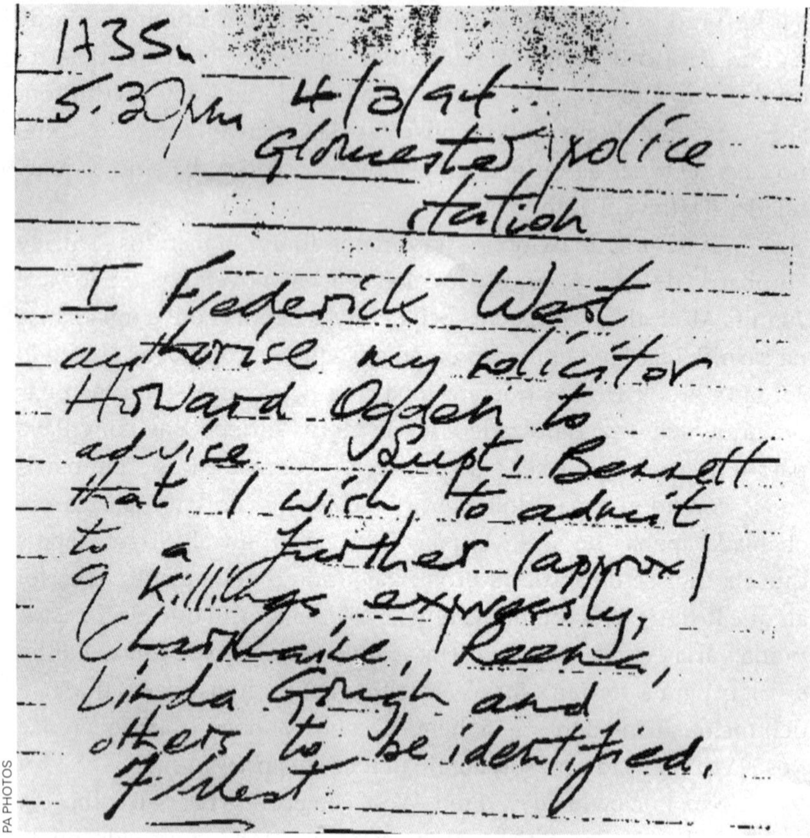
1735.
5.30pm 4/3/94
Gloucester police
station
I Frederick West
authorise my solicitor
Howard Ogden to
advise Supt. Bennett
that I wish to admit
to a further (approx)
9 killings, expressly,
Charmaine, Rena,
Linda Gough and
others to be identified.
F. West

PA PHOTOS

Um bilhete de Fred West, datado de 4 de março de 1994, quando estava na prisão à espera de julgamento, para John Bennett, chefe dos investigadores de polícia que descobriram as provas pavorosas dos crimes enterradas no número 25 da Cromwell Street, Gloucester. No bilhete, West admite ter cometido os assassinatos pelos quais a mulher dele foi condenada posteriormente.

serem feitas: um feto de oito meses havia sido cortado e arrancado do ventre da mãe e enterrado nas imediações.

Rose West deu à luz a primeira filha mulata (Tara West) em dezembro de 1978 e, dois meses depois, estava grávida de Louise West. Foi durante a segunda gravidez que Fred começou a trabalhar na Jordan's Brook fazendo pequenos serviços, já tendo conhecido e molestado a srta. A, quando começou uma relação afetiva com uma moça de dezessete anos chamada Alison Chambers. Fred convidou

Alison para morar no número 25 da Cromwell Street, onde logo um triângulo teve início outra vez. Porém, em setembro de 1979 Alison estava morta, o corpo esquartejado e enterrado no quintal da casa.

Parece que Heather West foi a última vítima de Fred e Rose, embora ela não tenha sido em absoluto a última pessoa a sofrer maus-tratos nas mãos deles. Aos catorze anos, era uma menina calada e tímida, que tinha feito poucos amigos na escola. Desesperada para sair de casa, candidatou-se a um emprego num acampamento de férias, mas foi recusada. Inconsolável, durante semanas Heather perambulou pela casa, abatida, até que um dia desapareceu misteriosamente. Fred e Rose insistiam em dizer que a filha havia ido para o País de Gales e até afirmaram que ela tinha telefonado para casa dizendo estar bem e feliz. Mas, na realidade, Fred, e possivelmente Rose, estrangularam a própria filha, cortaram-lhe a cabeça e esquartejaram seu corpo; depois enterraram os restos no quintal, perto de onde haviam escondido Alison Chambers.

Após a morte de Heather, Fred começou a fazer bicos na casa de uma vizinha, uma mulher chamada Kathryn Halliday. Ela lhe contou que era bissexual, e logo Fred e Rose deram início a um novo triângulo. Mas Kathryn notou que Rose estava cada vez mais violenta: "Rose West queria que eu fizesse coisas com ela que eram muito, muito agressivas... Queria orgasmos o tempo todo, como uma máquina"[4]. Por causa disso, Kathryn resolveu mudar do bairro, após o que as coisas pareceram se acalmar. Rose continuou seu trabalho de prostituta, e Fred começou a fazer filmes pornográficos, usando a esposa como modelo. Na verdade, foi só no verão de 1992 que surgiram suspeitas sobre algo estranho na conduta dos West. Certo dia, Fred seqüestrou uma criança pequena, e ambos estupraram-na e sodomizaram-na, filmando o incidente. Depois a criança, profundamente traumatizada, contou a um amigo o que havia acontecido, e este, à polícia.

Imediatamente os cinco filhos sobreviventes dos West foram colocados sob custódia do Estado. Ao ser interrogado, Stephen West disse que não havia sofrido nenhum abuso (nem emocional,

4 Idem.

nem físico), mas Anne Marie foi mais acessível (embora tenha se retratado depois). O mal estava feito. Fred foi preso e esperou na cadeia o julgamento por estupro. Rose ficou em casa para se virar como pudesse. Foi durante essa separação que começaram a surgir perguntas sobre o paradeiro de Heather. Havia muito tempo a família brincava dizendo que Heather estava enterrada no quintal, embora, evidentemente, nenhuma das crianças tenha acreditado nisso, porém, quando ninguém conseguiu encontrar sinal de Heather e outras perguntas surgiram a respeito do paradeiro de Rena Costello e Charmaine, a polícia começou a fazer uma busca completa no número 25 da Cromwell Street.

O resto, como se diz, é história. Ao todo, doze corpos foram exumados do número 25, enquanto os de Ann McFall, o filho não nascido, Rena e Charmaine Costello foram descobertos perto de Much Marcle.

Ao ser interrogado, Fred tentou proteger a mulher, dizendo repetidas vezes que ela não tinha conhecimento dos assassinatos. Rose, pelo contrário, manteve-se em silêncio. A única vez que teve uma reação foi ao ser informada do assassinato da filha, Heather. Por causa disso, algumas pessoas especularam que ela não deveria ter participado da morte da filha, embora seja difícil provar tal coisa, porque se ela sabia dos outros assassinatos e estava envolvida neles, é mais que provável que estivesse enredada também nesse hediondo último crime.

No dia 30 de junho de 1994, tanto Fred quanto Rosemary West foram formalmente acusados, e foi marcada uma data para o julgamento. Quando estavam juntos no banco dos réus, Fred tentou tocar Rose no ombro, mas ela se afastou dele, parecendo, evidentemente, dissociar-se dele por completo. Mas Fred ainda tentou aproximar-se da esposa, principalmente por meio de cartas que escreveu aos filhos, em que perguntava por ela. "Tudo quanto tenho é a minha vida", disse ele. "Vou dá-la a você também, querida". Fred West cometeu suicídio algumas horas depois, enforcando-se com uma corda improvisada que amarrou às barras da cela da prisão.

O julgamento de Rose West começou em 3 de outubro de 1995 no tribunal de Winchester Crown. Entre as testemunhas, nenhuma foi mais incriminadora do que Caroline Raine e a própria filha de Fred, Anne Marie, que descreveram Rose como uma mulher insensível e sádica que faria qualquer coisa para conseguir gratificação sexual. Rose, por outro lado, tentou convencer o júri de que era uma mulher tímida, completamente submissa à vontade do marido, ela própria uma vítima. Mas, ao depor — algo que o próprio advogado dela lhe aconselhara a não fazer —, Rose transformou-se no pior inimigo dela, pois riu, enfureceu-se, fez uma série de piadas de mau gosto e mais de uma vez criticou uma ou outra das moças mortas.

Depois de seis semanas de julgamento, Rose West foi condenada por participar de dez assassinatos, e o juiz recomendou que ela nunca deveria ter permissão de sair da cadeia. Hoje ela está presa no presídio de Durham e, numa atitude que fez lembrar o caso de Myra Hindley, vários ministros da Justiça afirmaram que ela nunca será libertada.

No dia 7 de outubro de 1996, a casa número 25 da Cromwell Street, que havia passado a se chamar "Casa dos Horrores" pela imprensa sensacionalista, foi demolida. Todos os tijolos e pedaços de concreto foram levados dali e reduzidos a pó, e tudo quanto era inflamável, enviado para o RAF Innsworth, onde foi lançado num incinerador.

Grace Marks
Uma adolescente fatal

Sentei-me diante do espelho um dia,
E evoquei uma imagem nua,
Sem os véus da beleza e alegria,
Que primeiro vi refletidos lá —
Uma visão de mulher, exasperada
Por algo mais que o desespero de seu sexo.

MARY ELIZABETH COLERIDGE
THE OTHER SIDE OF THE MIRROR, 1908

Em 1853, a escritora Susanna Moodie escreveu um livro intitulado *Life in the clearings versus the bush*, em que dedica um capítulo a uma visita à prisão onde conheceu uma das mais famosas assassinas do Canadá. Um século depois, essa prisioneira também se tornou tema de um romance de uma das maiores escritoras canadenses, Margaret Atwood. O título do livro é *Vulgo Grace* e a prisioneira referida era uma jovem chamada srta. Marks. Com apenas dezesseis anos na época dos assassinatos, a história de Grace Marks tocou profundamente o público vitoriano, com sua mistura altamente inflamável de sexo e violência entremeada ao mais imperdoável dos pecados: a insubordinação de uma criada.

> *[Grace Marks] é uma mulher de estatura mediana, com um corpo delgado e gracioso. Há um ar de melancolia desamparada em seu rosto que é muito penoso contemplar. Sua pela é clara e, antes do toque do sofrimento irremediável tê-la empalidecido, deve ter sido*

brilhante. Os olhos são de um azul vivo, os cabelos, castanho-avermelhados e o rosto seria muito bonito se não fosse o longo queixo recuado, que dá, como sempre deu à maioria das pessoas que têm esse defeito facial, uma expressão astuta e cruel.[1]

Foi o que Susanna Moodie narrou depois de sua primeira visita à Penitenciária da Província de Kingston, aonde a escritora havia ido, acompanhada do marido, para investigar as condições da vida na prisão a fim de escrever a continuação do primeiro livro, *Roughing it in the bush,* uma história sombria sobre a vida dos pioneiros do Alto Canadá[2]. *Live in the clearings versus the bush* pretendia ser um estudo do lado ocidental mais civilizado do Canadá, e, com isso em mente, Moodie achou que era dever visitar vários estabelecimentos oficiais.

A Penitenciária da Província de Kingston foi aberta em junho de 1835, no reinado de Guilherme IV, de modo que era um edifício relativamente novo quando Grace Marks passou por seus portões pela primeira vez. Embora abrigasse alguns dos homens condenados mais perversos do Canadá, Grace logo se tornou mais famosa que todos os presos. Depois de se referir a ela como "aquela assassina célebre", a escritora passou a descrever os crimes pelos quais Grace havia sido julgada e condenada.

A história começa em Richmond Hill, no Alto Canadá, quando, no início de julho de 1843, um cavalheiro chamado Thomas Kinnear[3] contratou uma jovem emigrante irlandesa, Grace Marks, como "empregada para todo tipo de serviço". Grace era filha de pedreiro e, segundo um depoimento que apareceu mais tarde no *Star Transcript & General Advertiser*, de Toronto, em 1843, Grace Marks tinha "quatro irmãs e quatro irmãos, uma irmã e um irmão mais velhos que eu". Oriunda de uma família tão grande, era da maior importância que ela saísse logo de casa e ganhasse

---

1 In: *Life in the clearings versus the bush*, de Susanna Moodie, Richard Bentley, 1853.

2 Hoje o Alto Canadá é conhecido como Ontário.

3 Na história de Susanna Moodie, Thomas Kinnear é chamado de Thomas Kinnaird.

a vida por conta própria da melhor maneira que pudesse. Portanto, Grace começou a trabalhar como criada aos treze anos, o que significa que, na época em que foi contratada por Thomas Kinnear (por um salário de três dólares por mês), já tinha vários anos de experiência nesse tipo de trabalho. Não há dúvida de que ela tinha certeza de saber de tudo o que precisava saber. Talvez tenha pensado que, como tivesse experiência no ramo, não seria obrigada a realizar todas as tarefas domésticas sozinha. Mas Grace não tinha contado com a outra empregada de Thomas Kinnear, uma mulher chamada Nancy Montgomery[4].

Antes da chegada de Grace, Nancy tinha feito todo o trabalho pesado sozinha, mas assim que a moça entrou em cena tudo mudou de figura. Nancy Montgomery, que estava tendo um caso amoroso ilícito com o patrão, não queria nada menos que parecer ser a dona da casa. Em resumo: Grace dependia para tudo de Nancy, que também exigia que ela fizesse todas as tarefas indesejáveis; naquela época, eram muitas. As empregadas contratadas para todo tipo de serviço tinham de varrer, espanar, esfregar o chão, levar e trazer coisas do amanhecer ao pôr-do-sol, e desde o começo do trabalho na casa de Thomas Kinnear não houve a menor harmonia entre Grace e Nancy Montgomery.

Infelizmente, pouco se sabe sobre Thomas Kinnear, exceto que vinha de uma família que morava perto de Fife, na Escócia, e, segundo Robert Stamp, em seu livro *Early aysin Richmond Hill,* era um "fazendeiro distinto", que levava uma vida muito confortável num lugar que ficava a menos de cinqüenta quilômetros de Toronto. Essa informação também é confirmada por uma entrevista que Margaret Atwood deu a David Wiley em 1997, na qual ela especula que Thomas era provavelmente "um cavalheiro que vivia em meio ao conforto... um emigrante que vivia do dinheiro recebido da pátria[5]. Filho caçula, sem dúvida enviado para as colônias por

---

4 Na história de Moodie, ela se refere a Hannah Montgomery, e em *The lives of the judges of Upper Canada and Ontario* (ver nota 10), ela é chamada de Mary Montgomery.

5 Em geral, o dinheiro era enviado pela família do emigrante.

causa da vida desregrada pelo irmão mais velho que havia herdado as propriedades e desejava se fazer passar por pessoa respeitável".

Mas, se pouco é conhecido de Thomas Kinnear, ainda menos o é acerca da quarta personagem da história: James McDermott. Contratado por Kinnear como criado, entre suas obrigações contava a provisão de alimentos aos empregados, havia começado a vida na Irlanda, onde, quando ainda era um adolescente inconseqüente, serviu como soldado do exército durante algum tempo. Não sendo o tipo de rapaz que gostasse de receber ordens, a carreira dele não durou muito, e McDermott desertou do posto, emigrando para o Canadá. Segundo sua confissão (que ele fez mais tarde a George Walton, na cadeia), logo depois que chegou ao país que havia acabado de escolher alistou-se no Primeiro Regimento da Província do Baixo Canadá e depois transferiu-se para a Companhia de Infantaria Ligeira de Glengarry. Mas, depois de ser dispensado desse último posto, viajou para Toronto, onde conseguiu um emprego na fazenda de Kinnear. É claro que o patrão de McDermott sabia pouco sobre a história do novo empregado; na verdade, só que era irlandês, algo em comum com a outra empregada de Thomas, Grace Marks. Tudo parecia correr bem. Mas três semanas depois de Grace Marks chegar à casa dois de seus membros estavam mortos, e James, que, ao que parece, só tinha vinte anos na época dos assassinatos, estava pendurado na ponta de uma corda.

O interessante é que, à luz do fato de não ser o mais confiável dos homens, foi por meio dos olhos de McDermott que Susanna Moodie resolveu contar toda aquela triste história, pois, embora ela não o tenha entrevistado pessoalmente, ele fez a seu advogado — um homem chamado Kenneth McKenzie — um relato completo e franco sobre a maneira pela qual ocorreram os assassinatos. Mais tarde, essa versão dos acontecimentos foi contada por McKenzie a Moodie, embora ela não tenha nada de acurada, pois Susanna acrescentou ou inventou muita coisa para adequar a história às finalidades dela (na realidade, muito poucos fatos deste caso são corroborados por mais de uma fonte, tornando quase impossível afirmar com certeza absoluta o que é verdade e o que constitui mera especulação). A despeito disso, a história contada por Moodie começa com McDermott dizendo que "Grace tinha muita raiva da diferença entre ela e a governanta, que ela odiava, e com a qual era muito insolente e atrevida"[6]. A animosidade entre elas era tão grande que McDermott insistiu em que Grace falasse um pouco mais. "Toda pequena reclamação que Nancy fazia a Grace era repetida para mim com exageros cruéis, até eu perder as estribeiras; comecei a achar que a infeliz era nossa inimiga comum."[7] Por fim, McDermott também acusou Grace de tentar envenenar Nancy e Kinnear misturando uma substância venenosa no mingau deles. (Mas essa acusação foi feita no dia 20 de novembro de 1853, isto é, várias semanas depois de McDermott ser condenado à morte, de modo que só se pode concluir que ele estava procurando incriminar Grace com a vã esperança de salvar a própria pele.)

A tensão na casa era palpável, e, enquanto Nancy andava de amores com Thomas Kinnear, Grace começou a namorar James McDermott. Pelo menos é assim que Moodie relata a situação, ao mesmo tempo que descreve Grace como uma *femme fatale*. Esse era um estereótipo muito comum durante as décadas de 1840 e 1850, embora tudo leve a crer que essa descrição tenha mais que ver com o desejo de Moodie de tornar sua história mais atraente. Afinal de contas, o que poderia ser melhor ou mais devasso que uma adolescente de dezesseis anos induzindo um jovem a cometer dois crimes horrendos e vis? É claro que a própria Grace tinha uma versão muito diferente dos fatos, pois, segundo a confissão dela (feita ao mesmo George Walton com quem McDermott havia falado), McDermott já tinha traçado um plano para matar tanto Montgomery quanto Kinnear antes mesmo de Grace aparecer na casa. A motivação dele parece ter sido a ameaça de Montgomery de pô-lo no olho da rua: "... a governanta repreendeu McDermott várias vezes por não fazer o trabalho direito; deu-lhe um aviso prévio de quinze dias, dizendo-lhe que, quando o mês terminasse, ele teria de ir embora... Cerca de uma semana depois, McDermott

6 In: Susanna Moodie, op. cit.

7 Idem.

perguntou-me [a Grace Marks] se eu guardaria segredo se ele me contasse que ia acabar com a raça de Kinnear e Nancy"[8].

Não há dúvida de que a verdade da história está em algum ponto entre essas duas versões, mas, seja como for, no dia 28 de julho de 1843 Thomas Kinnear anunciou que ia para Toronto resolver alguns negócios no banco e passaria a noite fora. Depois que ele partiu, Nancy saiu para visitar alguns vizinhos conhecidos, enquanto Grace e McDermott ficaram na fazenda. "Era uma oportunidade boa demais para ser desperdiçada", diz McDermott no relato de Moodie, "e, em vez de fazer nosso trabalho, ficamos recapitulando nossos piores pecados com um pouco de uísque do capitão". Depois a escritora começa um discurso veemente contra Grace Marks, sugerindo que ela era uma demônia que, sem nenhum remorso, instigou McDermott a tomar o caminho do mal. É claro que no mínimo isso ilustra mais uma vez a atitude extremamente ambígua em relação às mulheres durante a era vitoriana. As mulheres eram criaturas boas, frágeis e delicadas, tanto física quanto mentalmente, que nunca se envolveriam em crimes de natureza tão perversa. Mas, se toda moeda tem dois lados, também se poderia dizer o oposto disso: contrapondo-se a essa visão cor-de-rosa, muita gente também acreditava que, em determinadas circunstâncias, as mulheres podiam ser duas vezes mais cruéis que os homens, tentadoramente perversas com poderes sobrenaturais. Que Susanna tenha escolhido a segunda opção deveu-se muito provavelmente aos efeitos dramáticos da história, como já dissemos anteriormente: uma sereia de dezesseis anos é uma personagem muito mais magnética do que uma adolescente boba e mal-humorada levada a fazer uma coisa que nem sabe o que é. Portanto, segundo Susanna, Grace Marks conseguiu conquistar o amor de McDermott, pouco a pouco persuadindo-o de que Nancy era a encarnação do mal.

> *— Benzinho — disse eu [McDermott], meio brincando —, se você tem tanto ódio dela assim, basta dizer que num instante livro você dela para sempre.*

---

8 In: *Voluntary confession of Grace Marks to Mr. George Walton*, 17 de novembro de 1843.

Eu não achava que ela fosse me levar a sério. Os olhos dela cintilaram com uma luz horrível:

— Você não teria coragem! — replicou ela, fazendo um gesto de desprezo com a cabeça.

— Não teria coragem de fazer o quê?

— Matar aquela mulher para mim! — sussurrou ela.

— Você não sabe do que tenho ou não coragem de fazer! — respondi, afastando-me um pouco dela. — Se você prometer que foge comigo depois, vai ver o que eu vou fazer com ela.

— Faço tudo o que você quiser, mas primeiro tem de matá-la.

— Está falando sério, Grace?

— Seriíssimo[9].

Em seguida, os dois começaram a planejar o assassinato. Grace conta a McDermott que, embora Nancy Montgomery devesse dormir na mesma cama que ela, certas noites ela se ausentava, sugerindo que Nancy partilhava a cama de Thomas Kinnear. Segundo a pesquisa de Margaret Atwood, Nancy havia tido um filho ilegítimo antes de ser empregada por Kinnear. A autópsia dela revelou que estava grávida outra vez. Tudo isso, de acordo com Susanna, agravou uma situação que já não era nada boa, e, com tensões sexuais muito grandes, Grace e McDermott resolveram matar Nancy Montgomery com um porrete enquanto ela estivesse dormindo. Esse curso de ação é confirmado também por um breve relato das mortes que aparece num texto intitulado *The lives of the judges of Upper Canadá and Ontario,* que explicava que "o sr. Blake foi o promotor da Coroa na caso da Rainha *vs.* McDermott e Grace Marks, em 1843, pelo assassinato de Thomas Kinnear... Esses dois, McDermott e Marks, ficaram com inveja da posição de que desfrutava Nancy Montgomery e resolveram tirá-la do caminho deles"[10].

---

9 In: Susanna Moodie, op. cit.

10 In: *The lives of the judges of Upper Canada and Ontario: from 1791 to the present time,* Rowsell & Hutchinson, 1888.

Finalmente Nancy voltou para casa, e os três criados passaram uma noite muito agradável juntos. Segundo a confissão de Grace Marks, um homem chamado James Walsh foi ao chalé dela, que ficava na fazenda de Kinnear, e tocou flauta enquanto as duas mulheres dançavam na cozinha. Então, por volta das 10 horas da noite, todos foram dormir.

Com Kinnear em Toronto, Nancy optou por dormir com Grace; assim, as duas mulheres foram para o primeiro andar, deixando McDermott na cozinha, sem nada para fazer além de esperar a vítima cair no sono. E foi o que ele fez, acariciando o tempo todo o machado que tinha nas mãos, mas, na versão de Susana, estava terrivelmente dividido entre executar o crime e desistir dele. Sua principal motivação para o assassinato parece ter sido a zombaria de Grace Marks se ele não cumprisse a palavra. Mas, no depoimento de Grace, publicado no *Star Transcript & General Advertiser,* ela disse: "Implorei a ele que não fizesse nada naquela noite, pois ele poderia acertar a mim no lugar dela; e ele respondeu: 'Ela que se dane; então vou matá-la de manhã bem cedinho'".

A noite passou sem nenhum outro incidente, mas no dia seguinte os três se levantaram e, segundo uma versão, Grace escarneceu de McDermott, levando-o a matar Montgomery; de acordo com outra, os dois tramaram o crime juntos. Seja como for, numa hora qualquer do dia 29 de julho de 1843 Nancy foi assassinada. "Encontrei-a na pia da cozinha, lavando o rosto numa bacia de metal. Eu estava com o machado fatal na mão e, sem parar nem um instante para mudar de idéia, pois eu tinha começado a pensar que ela não passaria daquele dia, dei-lhe um golpe violento na nuca com o machado. Ela caiu no chão a meus pés sem soltar uma única palavra."[11]

O corpo de Nancy foi arrastado para a adega, onde, segundo Susanna, ela se recuperou o suficiente para tentar ficar em pé e fugir. McDermott amarrou um lenço em volta do pescoço de Nancy, dando uma das pontas a Grace. Puxaram com tanta força que os olhos de Nancy "começaram a saltar da órbita", depois do que ela caiu no chão, morta. (No depoimento de Grace, McDermott

---

11 In: Susanna Moodie, op. cit.

estrangulou Nancy sozinho.) Dizem que depois McDermott lançou-se à tarefa horripilante de cortar o corpo da vítima em quatro pedaços, embora nenhuma menção disso tenha sido feita durante o julgamento, no qual testemunhas afirmaram que o corpo de Nancy foi encontrado embaixo de uma tina de lavar roupa.

Depois de executado o crime, os dois assassinos começaram a fazer as tarefas diárias. O interessante é que foi a essa altura que, de acordo com a versão de Grace, ela concordou em ajudar a matar o patrão, dizendo a McDermot que ela não poderia ajudá-lo a matar uma mulher, mas o auxiliaria no assassinato de Kinnear. Os dois empregados começaram a arrumar a cozinha, pondo no lugar os utensílios nos quais Nancy tinha tropeçado ao ser arrastada pelas costas, para não falar do sangue que tinha manchado as mãos e as roupas dos dois criados. Pouco depois o trabalho foi interrompido pela chegada de um mascate desgrenhado, de quem McDermott comprou duas camisas, depois do que ele seguiu o caminho dele.

Por volta do meio-dia, Thomas Kinnear chegou em sua residência. Ao ver que Nancy não estava nem na casa, nem em nenhuma das edificações da fazenda, perguntou pelo paradeiro dela. Não querendo levantar suspeitas, McDermott informou o patrão de que ela tinha ido visitar alguns amigos na véspera e que ainda não tinha voltado. Kinnear pareceu um pouco contrariado, mas logo depois se acalmou, retirando-se para a sala de visitas para ler um pouco. Na hora do almoço, mostrou real preocupação com a ausência de Nancy. Ela sabia que ele estava para chegar de Toronto, de modo que o fato de ela não estar em casa esperando por ele causou-lhe bastante preocupação. Para se tranqüilizar, ele resolveu sair e perguntar por Nancy pela vizinhança. Isso foi o bastante para assustar McDermott, que, depois de receber ordens de selar o cavalo de Kinnear, foi para o estábulo. Lá, carregou uma velha espingarda de caçar patos, que tinha escondido atrás da porta; entrou na casa para (segundo ele próprio disse) tentar persuadir Kinnear a não sair para procurar por Nancy.

McDermott disse a Kinnear que a sela tinha sido destruída por vândalos, provavelmente durante a noite, e não era possível usá-la. Mas Kinnear já estava muito desconfiado e, em vez de acusar o empregado por ter cortado a sela, saiu para examinar o objeto estragado. Entrando no estábulo (no depoimento de Grace Marks, que é muito mais fidedigno, o assassinato foi cometido na cozinha), McDermott pegou a espingarda e deu um tiro no peito do patrão. "Ouvi o estampido", disse Grace mais tarde. "Corri para a cozinha e vi o sr. Kinnear morto no chão e McDermott sobre ele; a arma de cano duplo estava no chão. Ao ver aquilo, tentei fugir; ele disse: 'Sua desgraçada, volte aqui e abra a porta do alçapão."[12] Mas Grace disse que se recusou a fazer o que McDermott tinha pedido e por isso ele disparou contra ela. Felizmente o tiro só acertou o batente da porta da cozinha. Então McDermott pediu-lhe desculpas, dizendo que não sabia que havia uma segunda bala na espingarda e que só queria assustá-la. Em seguida, os dois fizeram as pazes e colocaram o corpo de Kinnear na adega ao lado do corpo de Nancy Montgomery. "Muito pouco sangue escorreu do ferimento", observou McDermott. "Ele sangrou internamente. Usava uma camisa muito bonita, e, depois de lhe dar o tiro e me apoderar da carteira dele, tirei-lhe a camisa e o vesti com a que eu tinha comprado do mascate."[13]

Grace também trocou de roupa e pôs um vestido de Nancy. Depois disso não havia muito mais que fazer além de roubar os objetos valiosos da casa que pudéssemos carregar e fugir. Essa talvez seja a parte mais dramática da história: os dois criminosos fugindo não só do Estado, mas do país.

> *Depois do duplo assassinato, ambos fugiram para Toronto e, na manhã seguinte, pegaram o barco para Lewiston, no Estado de Nova York. O sr. F. C. Capreol, de Toronto, ouvindo falar dos crimes e da fuga, fretou um barco na tarde do mesmo dia, depois de pedir ajuda ao chefe de polícia de Toronto, e os dois foram para Lewiston durante a noite, e antes da manhã seguinte os fugitivos estavam presos.*[14]

---

12 In: *Voluntary confession of Grace Marks,* op. cit.

13 In: Susanna Moodie, op. cit.

14 In: *The lives of the judges of Upper Canada and Ontario,* op.cit.

A essa altura, Grace Marks lança mais uma luz interessante sobre a relação dela com McDermott, dizendo que, em vez de dormir juntos, ficariam em salas separadas no barco. Essa estratégia talvez tenha sido empregada para manter as aparências, uma vez que nenhum deles queria chamar atenção, mas é mais provável que se devesse ao fato de que, a despeito de a imprensa pintar os dois assassinos como devassos, na realidade Grace não estava tendo uma relação afetiva íntima com McDermott; na verdade, nunca tinha tido.

Na manhã seguinte os dois foram presos e levados de volta a Toronto, onde aguardaram o julgamento, que se realizou diante de um público enorme no dia 3 de novembro de 1843.

Nesse ínterim, enquanto Grace estava na prisão, o *Chronicle and Gazette* de Toronto publicou uma reportagem sobre ela no dia 12 de agosto de 1843: "A moça, em vez de mostrar algum vestígio de remorso e dor na consciência, parece muito calma, com os olhos abertos e claros, como se tivesse tido um sono profundo e reparador". É claro que essa visão não passa de especulação infundada. A observação tinha mais que ver com a maneira de o público ver Grace do que com qualquer coisa que o jornalista tivesse testemunhado. Apesar disso, a descrição reforçaria o que o público já tinha sido levado a acreditar até que o julgamento propriamente dito começasse e todos pudessem ver a ré com os próprios olhos.

Depois de vários meses na cadeia, ambos os prisioneiros foram levados ao tribunal, embora James McDermott tenha sido julgado antes da cúmplice. Mas o estranho é que só o assassinato de Thomas Kinnear foi denunciado, pois tanto a promotoria quanto a defesa chegaram à conclusão de que não fazia sentido repetir tudo duas vezes. O castigo seria o mesmo, isto é, pena de morte, de modo que o assassinato de Nancy Montgomery foi deixado de lado.

Um júri de doze homens prestou juramento. Apesar de um pequeno contratempo — as pessoas reunidas na sala do tribunal pensaram que o chão ia ceder pelo fato de haver muitos espectadores apinhados num espaço tão exíguo —, o julgamento começou ao meio-dia. Foi breve, durou menos de doze horas, no decurso das quais grande número de testemunhas da promotoria prestou depoimento. Entre elas estava James Newton (um dos vizinhos de

Kinnear), que descobriu o corpo do amigo escondido na adega, e outro vizinho chamado Francis Boyd, que disse ter "descoberto o corpo do sr. Kinnear numa parte escura da adega, deitado de costas, com a mão esquerda sobre a testa, os pés separados por cerca de vinte centímetros, os olhos parcialmente abertos; estava descalço; usava um casaco leve; não parecia ter havido luta"[15]. Uma outra testemunha foi David Bridgeford, um coronel daquele distrito que afirmou estar presente quando o corpo de Nancy Montgomery foi encontrado embaixo de uma tina de lavar roupa. Bridgeford também afirmou que, depois de examinada, descobriram que Nancy estava grávida.

James Walsh, que tinha passado a noite tocando flauta com os três empregados, também prestou depoimento, assim como uma mulher chamada Hannah Upton, que disse que McDermott tinha ido à casa dela para pedir pólvora na véspera do dia em que Kinnear levara o tiro. Mas talvez a prova mais convincente tenha sido apresentada por George Kingsmill, que tinha prendido McDermott e Grace Marks depois da fuga e encontrara com eles vários objetos que pertenciam a Kinnear, entre os quais uma sacola com roupas dele e uma caixinha de rapé de ouro.

Era um caso fácil de resolver, ou pelo menos era óbvio que a equipe de defesa de McDermott (dirigida por Kenneth McKenzie) pensava assim, pois, além de interrogar minuciosamente as testemunhas da acusação, o trabalho dele foi inusitadamente frio e desanimado; não trouxe testemunhas para depor em favor da inocência do cliente, e a única prova que apresentou ao júri foi a falta de testemunhas oculares "da perpetração do crime".

À uma da manha do sábado, 4 de novembro, o júri retirou-se para deliberar sobre o destino de James McDermott e voltou dez minutos depois, declarando o prisioneiro culpado.

Agora era a vez de Grace Marks sentar-se no banco dos réus. Será que teria outro destino? Será que escaparia da forca? No dia seguinte, Grace Marks foi levada para a sala do tribunal, e,

---

15 In: *The trials of James McDermott and Grace Marks, at Toronto, Upper Canada, November 3rd and 4th*, 1843.

como no caso de James McDermott, uma série de testemunhas prestou depoimento contra ela. Embora a maioria das pessoas tenha falado mal do caráter de McDermott e afirmado tratar-se de homem que não merecia confiança, sobre Grace quase todos falaram de um comportamento exemplar e das boas maneiras dela. A equipe de defesa (também dirigida por Kenneth McKenzie) também lutou muito mais por ela, afirmando que tinha sido obrigada a fazer o que fez por James McDermott, que lhe disse que, se não o ajudasse, ele a mataria. Para sustentar essa tese, a defesa apresentou a bala disparada contra o batente da porta da cozinha, uma prova irrefutável de que ela tinha sido ameaçada. Além de tudo isso, sentada no banco dos réus com apenas dezesseis anos de idade, Grace sem dúvida parecia uma figura inocente. Com certeza uma adolescente tão bonita não poderia estar envolvida num ato tão cruel. Com certeza deve ter sido coagida a participar do crime.

Mas essa estratégia não deu certo (pelo menos não inicialmente). O júri declarou-a culpada. A essa altura, dizem que Grace, que se tinha mantido calma durante todo o julgamento, desmaiou. Quando o juiz resumiu o caso, embora tenha mencionado que não alimentava nenhuma esperança de perdão, encaminharia para "as autoridades a recomendação de clemência do júri"[16]. Felizmente para Grace a sorte (sem dúvida combinada à tenra idade e à beleza) estava do lado dela; poucos dias depois, a sentença de morte foi comutada para prisão perpétua.

James McDermott não teve essa sorte. Dois dias depois de Grace entrar na Penitenciária da Província de Kingston, no dia 19 de novembro de 1843, McDermott foi enforcado diante de um grande número de pessoas. Não, segundo Kenneth McKenzie, que ele tenha ido para a forca com o mínimo de humildade. Ao saber que, ao contrário de Grace, sua sentença não tinha sido comutada, McDermott "lançou-se no chão da cela, gritando e berrando como um maníaco, e dizendo que não podia e não ia morrer, que a lei não tinha o direito de matar a alma de um homem junto com o corpo"[17].

---

16 Idem.

17 In: Susanna Moodie, op. cit.

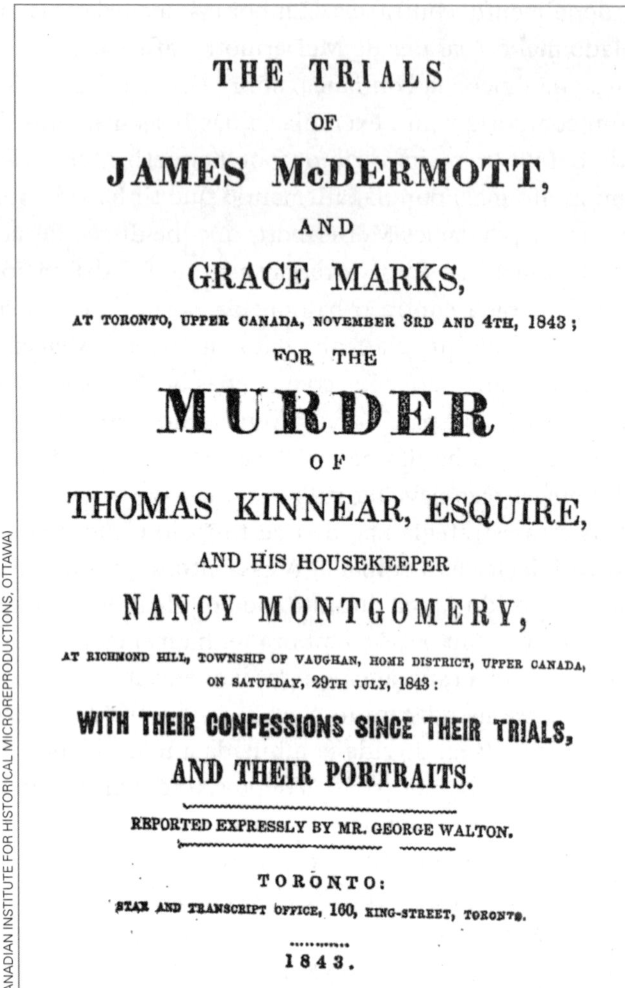

THE TRIALS

OF

JAMES McDERMOTT,

AND

GRACE MARKS,

AT TORONTO, UPPER CANADA, NOVEMBER 3RD AND 4TH, 1843;

FOR THE

MURDER

OF

THOMAS KINNEAR, ESQUIRE,

AND HIS HOUSEKEEPER

NANCY MONTGOMERY,

AT RICHMOND HILL, TOWNSHIP OF VAUGHAN, HOME DISTRICT, UPPER CANADA, ON SATURDAY, 29TH JULY, 1843:

WITH THEIR CONFESSIONS SINCE THEIR TRIALS, AND THEIR PORTRAITS.

REPORTED EXPRESSLY BY MR. GEORGE WALTON.

TORONTO:

STAR AND TRANSCRIPT OFFICE, 160, KING-STREET, TORONTO.

1843.

CANADIAN INSTITUTE FOR HISTORICAL MICROREPRODUCTIONS, OTTAWA)

Página de rosto de um panfleto publicado em Toronto em 1843, depois da condenação de Grace Marks e James McDermott e da execução desse último pelo assassinato do patrão e da governanta. Grace foi solta em 1872, mas o que lhe sucedeu continua um mistério. O julgamento dela causou sensação na época e o interesse por ele foi reavivado em 1996 com a publicação do romance premiado de Margaret Atwood, Vulgo Grace.

Grace, ao contrário, declarou que preferia ter morrido com McDermott a sofrer os tormentos da consciência. Em vez da forca, ficou apodrecendo na cadeia, pois, embora a Penitenciária de Kingston fosse um estabelecimento relativamente novo, o regime não tinha nada de moderno. As crianças (tanto meninos quanto meninas) podiam ser encarceradas lá a partir dos sete anos, e os castigos por mau comportamento incluíam surras de chicote, privação de comida ou confinamento na solitária. Dickensianas é uma descrição fiel das condições da prisão, principalmente quando se toma conhecimento do relato de Susanna Moodie de um castigo em particular: "Havia uma espécie de máquina que parecia um caixão de pedra, dentro do qual os presos amotinados eram confinados por um certo tempo".

Era um regime duríssimo, destinado a maximizar o sofrimento do interno. Por isso não é de surpreender que após Susanna Moodie ter conhecido Grace Marks em Kingston a prisioneira tenha sido mandada para um asilo de loucos em Toronto. Não era raro os condenados serem transferidos: ou estavam realmente loucos ou, como é mais provável, fingiam estar para escapar das condições horríveis da prisão durante algum tempo.

Susanna, ao visitar também o asilo, encontrou-se mais uma vez com "aquela assassina célebre". A experiência esteve longe de ser agradável. Mesmo levando em conta a preferência de Susanna pela "prosa floreada," não há dúvida de que é possível encontrar certa verdade na seguinte descrição:

> *Entre aqueles maníacos delirantes reconheci o rosto singular de Grace Marks — não mais triste e desesperado, mas iluminado pelo fogo da insanidade, brilhando com uma alegria horrenda e endemoniada. Ao perceber que havia estranhos observando-a, ela fugiu gritando como um fantasma e entrou num dos cômodos laterais. Parece que, até nos ataques mais terríveis de sua doença, ela era constantemente assombrada por uma lembrança do passado. Pobre moça! Quando será que o longo horror da punição e remorso vai acabar? Quando será que ela vai se ajoelhar aos pés de Jesus, vestida com as roupas imaculadas de sua integridade, a mancha de sangue*

tirada de sua mão, e sua alma redimida, e perdoada, em sã consciência? É pavoroso olhar para ela e contemplar seu destino acorrentado seu crime. Que exemplo impressionante ela é daquele texto terrível: "A vingança é minha, retribuirei, diz o Senhor!"[18].

Poucas semanas depois desse encontro, e apesar da suspeita de gravidez, Grace Marks já se tinha recuperado o suficiente para ser removida outra vez para a Penitenciária de Kingston.

Durante os vinte e oito anos seguintes, Grace Marks aparece muito poucas vezes nos arquivos da prisão — que estão longe de ser completos —, embora se possa imaginar que ela se tenha portado bem. Há várias menções de ela ter durante algum tempo trabalhado na casa do diretor. Embora não se saiba quem era o diretor, em geral se acredita que fosse o administrador da penitenciária. Naquela época (principalmente na América do Norte), não era raro os prisioneiros trabalharem fora da cadeia, e as mulheres, em particular, eram contratadas muitas vezes como diaristas da casa dos ricos.

Em seu romance *Vulgo Grace*, Margaret Atwood desenvolve esse tema e começa a história com Grace andando para lá e para cá no quintal do diretor: "Sou uma prisioneira modelo e não crio problemas. É isso que a mulher do diretor diz, ouvi-a dizer isso por acaso. Sou muito boa para ouvir as coisas sem querer. Se eu for muito boa e muito calada, talvez, no final, eles me deixem ir embora"[19].

Com o passar dos anos, Grace Marks tornou-se uma celebridade de segundo escalão, e vários visitantes da prisão passaram a fazer petições à Coroa em favor do perdão para ela. Ocorreu algo muito parecido no caso de Myra Hindley na Grã-Bretanha, sobre o qual um amigo, lorde Longford, fez uma campanha durante muitos anos para a comutação da sentença dela e, por fim, por sua liberação. Mas, enquanto Hindley morreu em 2002, no hospital, sob a vigilância de guardas armados, Grace Marks teve mais sorte, pois conseguiu a liberdade em 1872.

---

18 Idem.

19 In: *Alias Grace*, de Margaret Atwood, Bloomsbury, 1996.

A vida dela depois que saiu da prisão não é muito conhecida. Viajou para o Estado de Nova York junto com o diretor da prisão e a filha deste, onde teve acomodação temporária. Depois disso, Grace Marks desapareceu sem deixar vestígios e, embora alguns escritores tenham mencionado que se casou, não há provas convincentes de que isso possa ter realmente ocorrido. O mais provável é que tenha mudado de nome e desaparecido a fim de viver sossegadamente em algum lugar que não chamasse a atenção de ninguém.

Um enigma durante a vida, Grace Marks continuou sendo um mistério até a morte, cuja data também é desconhecida. Não é de admirar que ela tenha sido uma tela maravilhosa sobre a qual os escritores crivaram a própria história e projetaram os próprios preconceitos.

Por coincidência, os túmulos das duas vítimas, Thomas Kinnear e Nancy Montgomery, que ficam no cemitério presbiteriano de Richmond Hill também praticamente desapareceram sem deixar vestígios. Sem nada que os fizesse reconhecer na época em que foram enterrados, até a cerca que foi colocada em volta dos túmulos foi retirada mais tarde, impossibilitando a localização de qualquer um deles.

Aileen Carol Wuornos
A amante da morte

Minha conclusão a respeito da entrevista é:
hoje estamos executando uma pessoa louca. Aqui
está alguém que perdeu completamente o juízo.
Nick Broomfield, que tentou fazer uma
entrevista com Aileen Wuornos em 1993

Não há nenhum elemento redentor no caso de Aileen Carol Wuornos. Do começo ao fim, essa é uma história absolutamente triste e desoladora, a história de uma gravidez na adolescência, abuso infantil, pobreza extrema, estupro, vida errante e prostituição. Se os antecedentes de uma pessoa algum dia puderem ser usados como circunstâncias atenuantes para os crimes que cometeram, esse certamente seria um deles.

Aileen Carol Wuornos nasceu em 29 de fevereiro de 1956, filha de Diane Pitman, que só tinha dezessete anos quando deu-a à luz, mas estava casada com Leo Pitman, o pai de Aileen, desde os quinze, e já tinha tido um filho, Keith. Leo Pitman tinha o diagnóstico de esquizofrenia paranóide e mais tarde seria condenado por pedofilia, depois de sodomizar meninos de dez anos de idade. Cometeu suicídio em 1969 quando estava na prisão.

Aileen nunca conheceu o pai; passou os primeiros meses de vida com a mãe e o irmão. Diane Pitman tinha dificuldade cada vez maior de criar os dois filhos, acabando por abandoná-los na casa dos pais e desaparecendo para levar a própria vida.

Os pais de Pitman (que mais tarde adotaram legalmente as duas crianças, dando-lhes o sobrenome de Wuornos) não eram as pessoas mais indicadas para educar as crianças. Lauri e Britta Wuornos, oriundos da Finlândia, viviam em Rochester, Michigan. Lauri, o avô, era um homem violento que bebia muito e batia freqüentemente na mulher. Com duas crianças na casa, ele passou a bater nelas também. A mulher Britta era um pouco melhor. Nunca protegeu as crianças do marido violento e muitas vezes também bebia tanto quanto ele. Como o pouco dinheiro que tinha o casal gastava em bebida, as crianças passaram fome muitas vezes, o que dificultou a vida delas quando chegou a hora de ir para a escola. Tinham dificuldade de se concentrar, quando conseguiam, e disseram que foi durante essa época que Aileen começou a vender favores sexuais aos meninos mais velhos da escola em troca de sanduíches e biscoitos.

Depois de um começo de vida muito difícil, a vida de Aileen ficou ainda pior quando, aos treze anos de idade, ela acusou um amigo dos avós de tê-la estuprado. O crime nunca foi investigado, mas logo depois Aileen engravidou. Primeiro, ela disse que era o resultado do estupro, depois que era culpa do avô e, por fim, que a criança era fruto da relação que tinha tido com o irmão Keith. Seja qual for a verdade, Aileen foi imediatamente despachada para uma casa de mães solteiras, cujos assistentes afirmaram que ela era uma criança complicada, nada cooperativa, com uma atitude muito agressiva para com qualquer tipo de autoridade. Também era incapaz — ou pelo menos foi o que disseram dela —, de estabelecer qualquer tipo de amizade com as outras moças. Finalmente Aileen deu à luz um menino, que ela deixou para ser adotado. Mil novecentos e setenta e um não foi, como ficou evidenciado depois, um ano auspicioso para a família Wuornos. Em julho, Britta morreu do que a maioria das pessoas achou que era falência hepática devido a bebida, embora houvesse muitas outras, entre as quais Diane, que estavam convencidas de que Lauri poderia ter matado a mulher.

Diane Pitman (mãe biológica de Aileen e Keith) reapareceu e ofereceu aos dois filhos abandonados um lar para viverem com ela no Texas, mas eles recusaram. Ambos ficaram sob a custódia do Estado, porém Aileen em seguida abandonou a escola e começou a viajar pelo país de carona, ganhando dinheiro com a prostituição. Keith também virou as costas para a mãe e começou a vida de pequenos delitos, sem dúvida para financiar o vício em drogas, cada vez mais exigente. Em 1976, Lauri Wuornos cometeu suicídio aspirando a fumaça do carro ligado dentro da garagem da casa dela. Poucos meses depois, em 17 de julho, Keith Wuornos morreu, de câncer. O surpreendente é que deixou dez mil dólares para Aileen numa apólice de seguro de vida. Se ela estivesse mais bem preparada para a vida adulta, poderia ter conseguido algum tipo de estabilidade comprando um *trailer* ou investindo num apartamento. Mas, infelizmente, isso nunca aconteceu. Em vez disso, Aileen gastou todo o dinheiro em bebida, drogas e num carro novo, que destruiu pouco tempo depois de comprar.

Depois Aileen rumou em direção ao calor da Flórida, e parece que as coisas começaram a melhorar para ela quando conheceu um homem de sessenta e nove anos chamado Lewis Fell. Apesar da diferença de idade, eles se casaram, e Fell, um homem moderadamente rico, deve ter feito Aileen feliz. Mas o casamento logo acabou. Fell alega que Aileen lhe pedia dinheiro com uma freqüência cada vez maior. Quando ele finalmente recusou, ela o golpeou com a própria bengala dele. Também foi presa por agredir um balconista de bar, atingindo-o na cabeça com um taco de bilhar. Fell ficou com tanto medo da esposa que obteve uma ordem de prisão contra ela para impedi-la de se aproximar dele. O casamento foi anulado, e, sem ter outra opção, Aileen voltou a viver na estrada.

Aileen Carol Wuornos andava à deriva, numa vida regada a álcool, drogas, prostituição e pequenos delitos. Começou falsificando cheques e finalmente tentou cometer um assalto à mão armada, pelo qual foi presa e julgada. Solta, foi presa de novo por mais uma tentativa de falsificação de cheque. Também compareceu aos tribunais por roubar um carro e uma arma. Durante toda a vida de crimes, a polícia se lembra de que ela era uma jovem inescrupulosa, sem nenhum vestígio de remorso, e muito menos de medo. A principal emoção que Aileen manifestava era de puro ódio.

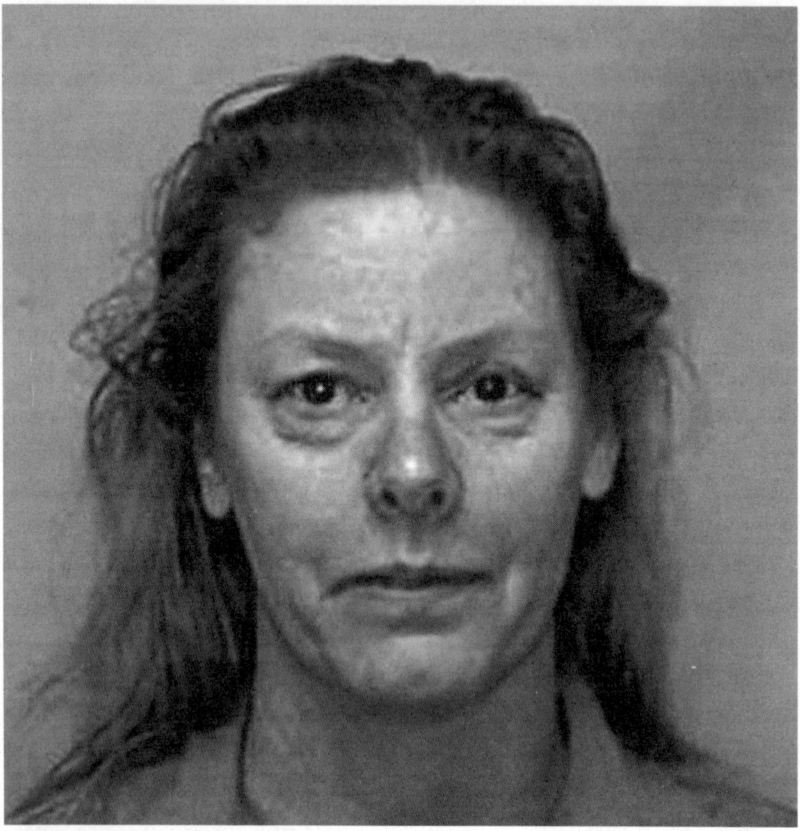

PA PHOTOS/EPA

Foto de Aileen Carol Wuornos tirada algum tempo depois da sua prisão em 1991. Foi condenada pelo assassinato de seis homens, pelo que recebeu seis sentenças de morte, e passou a ser conhecida, embora erroneamente, como a primeira assassina serial dos Estados Unidos.

No verão de 1986, Aileen conheceu uma mulher chamada Tyria Moore num bar *gay* de Daytona. Houve uma atração instantânea entre elas, começaram a uma relação afetiva e depois alugaram um apartamento. Tyria, que trabalhava como camareira de hotel, saiu do emprego porque Aileen não gostava que ela tivesse contato com outras mulheres. E as duas passaram a viver do que Aileen ganhava como prostituta. Ela freqüentava paradas de caminhões, lanchonetes de beira da estrada, bares, motéis, galerias, clubes de sinuca e becos sórdidos, todo lugar onde pudesse conhecer homens e conseguir clientes. Mas uma carreira bem-sucedida de prostituta depende muito da aparência da mulher, e o prolongado consumo de álcool e drogas cobrou tributo à beleza de Aileen. Ela engordou, a pele tornou-se acinzentada, os cabelos começaram a afinar e logo deixou de ser capaz de atrair uma quantidade de homens suficiente para ganhar o pão. Sem dinheiro, ela e Tyria não tinham como pagar nem a hospedagem em hotéis baratos. Em vez disso, passaram a andar de um lugar para outro, dormindo ao relento com freqüência ou, quando tinham sorte, num galpão ou barracão de fazenda. A pressão sobre a relação afetiva deve ter sido enorme, assim como a necessidade de dinheiro. Tyria, que mais tarde seria testemunha da acusação, disse que foi mais ou menos nessa época que Aillen começou a falar mais abertamente sobre os abusos sofridos quando criança e o profundo desejo de vingança.

O corpo de Richard Mallory foi descoberto no condado de Volusia no dia 13 de dezembro de 1989, numa área arborizada a noroeste da praia de Daytona. Tinha levado três tiros no peito de uma pistola calibre 22. Proprietário de uma pequena empresa de eletrônica, com fama de beberrão, tinha feito vários inimigos no trabalho despedindo empregados regularmente. Richard Mallory, de cinqüenta e um anos, também tinha o hábito de freqüentar teatros de pornografia e bares em que mulheres se apresentavam nuas da cintura para cima. Embora fosse um sujeito detestável e impopular, a polícia não descobriu nenhuma pista do assassino.

Na verdade, as últimas horas de Richard Mallory tinham sido passadas em companhia de Aileen Carol Wuornos. Ele lhe havia dado carona num Cadillac e, depois de beber quantidades colossais de vodca e dirigir durante algumas horas, resolveu fazer sexo num bosque próximo à praia de Daytona. Entretanto, Aileen tinha outros planos: atirou no cliente e depois roubou dele dinheiro, cartão de crédito, relógio, um detector de radar e uma máquina fotográfica. Finalmente, cobriu o corpo de Mallory com um pedaço de carpete velho que tinha encontrado no bosque. E foi embora no carro de Mallory, que abandonou em algum lugar ermo do interior.

Poucos meses depois, Aileen cometeu outro assassinato: a vítima dessa vez foi um operário da construção civil de quarenta e três anos, chamado David Spears, que a havia feito subir em seu caminhão quando a viu pedir carona. Aileen deu seis tiros em Spears com a mesma arma usada para matar Richard Mallory, depois do que largou o corpo (que estava nu, exceto por um boné vermelho de beisebol) num matagal perto de Tampa.

Em poucos meses, Aileen tinha matado mais cinco homens.

Charles Carskaddon deu carona a Aileen Wuornos no dia 6 de junho de 1990 quando se dirigia a Tampa para encontrar-se com a noiva. Empregado de um rodeio de Boonville, Missouri, em regime de meio período, sentia-se um homem de sorte naquele dia, pois tinha acabado de conseguir um novo emprego. Em algum ponto da viagem, Carskaddon parou o carro, provavelmente para fazer sexo com a passageira prostituta; porém, em vez de transar com ele, ela lhe deu nove tiros na parte inferior do peito e no abdômen, e depois roubou não apenas o dinheiro e algumas jóias, mas também a arma, uma automática calibre 45.

No dia 7 de junho de 1990, Peter Siems, um missionário de sessenta e cinco anos, desapareceu. O corpo dele nunca foi encontrado, ainda que a polícia acredite que o mais provável é que ele esteja descansando no fundo de um dos numerosos pântanos da Flórida. Siems dirigia o carro (cujo banco de trás estava cheio de Bíblias) rumo a Nova Jersey, aonde ia visitar alguns parentes. Mas, em algum ponto, parou para dar uma carona. Segundo o depoimento prestado mais tarde por Aileen, ela entrou no carro e pouco depois o matou a tiros.

Menos de um mês depois, no dia 4 de julho de 1990, Wuornos e Tyria Moore envolveram-se num acidente de carro quando o veículo em que viajavam, um Sunbird da Pontiac, que tinha pertencido a Peter Siems, saiu da estrada. O acidente foi testemunhado por um casal que mais tarde deu à polícia a descrição das duas mulheres que viram fugir da cena do acidente. Foi uma prova crucial. Quando a polícia descobriu que o carro pertencia a Peter Siems, Aileen e Tyria tinham desaparecido da região.

Entrementes Aileen tinha visualizado outra vítima. Eugene Troy Burress foi assassinado no dia 30 de julho de 1990. Esse motorista de cinqüenta e um anos que fazia entrega de carnes em uma *van* tinha saído da fábrica onde trabalhava, em Ocala, para percorrer o itinerário normal quando deu carona a Aileen em algum ponto da estrada para Daytona. Aileen deu-lhe um tiro nas costas e outro no peito; mais tarde o corpo dele em decomposição foi avistado por pessoas que faziam piquenique; foi enterrado numa cova rasa na Floresta Nacional de Ocala, perto da State Road, 19, no condado de Marion.

A data do assassinato seguinte é ligeiramente incerta, mas no dia 10 ou 11 de setembro de 1990, Charles "Dick" Humphreys, um ex-delegado de polícia, ofereceu carona a Aileen: levou sete tiros na cabeça e no tronco. Fiel a seu estilo, Aileen roubou o carro e o abandonou em menos de uma semana.

A sétima e última vítima de Aileen Wuornos foi Walter Jeno Antonio, um motorista de caminhão de sessenta e dois anos de idade que lhe havia dado carona e depois a levara a um lugar sossegado para fazerem sexo. O corpo dele foi encontrado perto de uma trilha remota por onde transportavam madeira, no condado de Dixie, com três ferimentos de bala nas costas e um na cabeça, mas dessa vez a polícia investigava o caso, tendo distribuído retratos falados de duas mulheres que tinham sido vistas fugindo do acidente que havia envolvido o veículo de Peter Siems.

Felizmente a polícia teve uma resposta positiva aos retratos falados: várias pessoas telefonaram para identificar Tyria Moore e Aileen Carol Wuornos como suspeitas. Aileen também era conhecida por diversos outros sobrenomes, pois, durante os anos de prostituta de paradas de caminhões, tinha usado vários nomes de guerra. O fato de estar sendo publicamente procuradas pela polícia deve ter aumentado a tensão entre as duas, cuja relação já sofria uma pressão enorme, tanto que Tyria resolveu abandonar a amante e viajou para a Pensilvânia para visitar parentes, segundo disse.

Nesse ínterim, Aileen tinha começado a vender alguns dos artigos que havia roubado durante a orgia de matanças. Procurou especialmente casas de penhores, onde recebeu dinheiro vivo em troca do detector de radar e da máquina fotográfica de Richard Mallory. Nessa mesma semana também empenhou um anel que tinha pertencido a Walter Antonio e algumas ferramentas de David Spears. Na Flórida, todas as pessoas que negociam com uma

JOE SKIPPER/REUTERS

No dia da execução de Aileen Wuornos, 9 de outubro de 2002, ativistas contra a pena de morte reuniram-se do lado de fora da prisão onde ela deveria morrer. Depois da suspensão da execução, em setembro daquele ano, Jeb Bush, governador da Flórida e irmão do presidente da República, confirmou a sentença.

casa de penhores são obrigadas por lei a deixar a impressão digital do polegar no recibo, e a polícia, desesperada para encontrar uma pista qualquer que a levasse ao autor da enxurrada de mortes nas estradas, já tinha começado a fazer uma busca minuciosa na área à procura desse material. Logo encontrou um documento relativo a um detector de radar e uma máquina fotográfica que, depois de serem rastreados pelos números de séries, descobriu terem pertencido a Richard Mallory. A impressão digital do recibo era de uma tal de Cammie Marsh Greene, um dos pseudônimos de Aileen. A mesma impressão digital também apareceu numa licença de porte de arma de uma certa Lori Grody (outro nome falso de Aileen) que não havia sido paga.

Aileen foi presa por Larry Horzepa, da delegacia do condado de Marion, depois de uma longa operação policial secreta. Na época da prisão, ela vivia da maneira mais precária, dormindo na varanda de um bar freqüentado por motociclistas chamado Last Resort, em Orange Springs, perto da costa leste da Flórida. Com o passar dos anos, o Last Resort se tinha tornado uma espécie de lar para Aileen. Ela e Tyria tinham freqüentado o local no começo do namoro, jogando boliche, usando a vitrola automática, brincando e bebendo com os homens. Aileen, especialmente, tinha gostado da cultura motociclista do lugar. Portanto, era lógico que fosse presa ali, ainda que a detenção dela tivesse sido por causa de irregularidades na licença de porte de arma dela, e não por ter matado sete homens. A essa altura, a polícia não tinha provas suficientes para acusá-la dos assassinatos, pois ainda não havia encontrado a arma dos crimes, nem Tyria Moore.

O segundo problema logo foi resolvido quando Tyria Moore foi localizada na Pensilvânia. Estava na casa da irmã e, ao ser informada da situação e jurar dizer a verdade, declarou que ela sabia do assassinato de Richard Mallory porque, após matá-lo, Aileen Moore havia ido para casa no Cadillac e lhe contara tudo quanto tinha feito. Em seguida, Tyria disse que Aileen não se tinha arrependido do ato, após o que ela pediu à amante para não lhe contar mais nada. "Eu disse a ela", acrescentou Tyria, "que não queria saber de mais nada... Então, toda vez que ela voltava para casa depois daquilo e dizia certas coisas, contando-me onde tinha conseguido alguma coisa, eu falava que não queria saber"[1]. Segundo Tyria, ela própria nunca participou dos assassinatos; eram todos executados por Aileen.

A polícia levou Tyria Moore para a Flórida, onde ela ia "ajudá-los" fazendo de conta que teria uma conversa sigilosa com Aileen.

No dia 14 de janeiro de 1991, Tyria Moore conversou com Aileen na prisão pelo telefone. A chamada era acompanhada de perto pela polícia. Ansiosa por tranqüilizar a amante, Aileen disse a Tyria que só tinha sido presa por uma irregularidade na licença de porte de arma. Portanto, deve ter sido um choque quando Tyria, pressionada pelos investigadores, disse a Aileen que, na verdade, ela tinha sido detida por suspeita de matar sete homens. Num telefonema posterior, Aileen disse a Tyria que não a deixaria ir para a cadeia, que ela confessaria ter cometido os assassinatos sozinha, e, em 16 de janeiro e 1991, Aileen Carol Wuornos cumpriu a palavra.

No começo, Aileen insistiu na versão de ter matado os sete homens em legítima defesa. "Se eu não matasse aqueles caras", disse ela durante uma entrevista, "eu teria sido estuprada umas vinte vezes. Ou morta. Nunca se sabe. Mas eu os peguei antes"[2].

No caso do primeiro assassinato, de Richard Mallory, pode ter sido verdade, pois, como a repórter Michele Gillens descobriu depois, Mallory tinha cumprido uma pena de dez anos por estupro violento em outro Estado. Mas esse fato não veio à tona durante o julgamento de Aileen e, vários anos depois de sua condenação, ela confessou que a alegação de autodefesa tinha sido mentira. Enquanto isso, a equipe de advogados de Aileen conseguiu persuadi-la a se confessar culpada dos seis assassinatos subseqüentes para escapar da sentença de morte e receber em seu lugar seis sentenças de prisão perpétua. Esse plano foi posto em prática e, se não fosse um promotor público insistir na pena de morte, ela poderia estar viva até hoje.

---

1 Disponível em: www.crimelibrary.com/series4/wuornos/8/htm

2 In: *Women who kill*, de Carol Ann Davis, Allison & Busby, 2002.

No dia 14 de janeiro de 1992, Aileen Wuornos foi a julgamento na Flórida pelo assassinato de Richard Mallory. As provas contra ela eram contundentes. O dr. Arthur Botting, o médico-legista que havia feito a autópsia de Mallory, explicou que a vítima provavelmente tinha levado entre quinze e vinte minutos dolorosos para morrer. Mas a evidência mais incriminadora foi apresentada pela ex-amante de Aileen, Tyria Moore, que disse mais uma vez que, ao voltar para casa depois de matar Mallory, Aileen não parecia nem um pouco perturbada; também não estava bêbada nem sob efeito de drogas. Tyria também disse que Aileen não tinha mencionado o fato de Mallory ter tentado estuprá-la. O promotor apresentou ao júri as provas das outras mortes. No Estado da Flórida há uma lei conhecida como Lei Williams[3], segundo a qual as provas relativas a outros crimes de natureza semelhante àquele que está sendo julgado podem ser consideradas como tais se esses crimes demonstrarem que existe um tema recorrente, um padrão. Não há dúvida de que a defesa de Aileen teria tido dez vezes mais probabilidades de ter êxito se os outros assassinatos[4] não tivessem sido apresentados como prova. Mas a promotoria acusou Aileen de ser uma assassina em busca de dinheiro: "Ela matou por ganância. Não ficou satisfeita com dez, vinte, trinta dólares; queria tudo. Não era o bastante controlar o corpo dele, queria o máximo — o carro, a propriedade, a vida"[5]. A promotoria encerrou a argumentação.

Menos de duas semanas depois, foi a vez de a defesa tentar provar que, se Aileen não era inocente, pelo menos tinha sido levada a atacar. Tricia Jenkins, da equipe de advogados de Aileen, tentou dissuadir sua cliente de tomar a palavra, mas nada impediria a ré de ter seu dia de glória no tribunal. Ao contrário do depoimento original, em que afirmou ter matado Richard Mallory para

---

3 A Lei Williams costuma ser empregada mais freqüentemente nos casos de abuso infantil, em que o/a acusado/a fez muitas vítimas no decorrer da vida.

4 Aileen não foi acusada da morte de Peter Siems, pois o corpo dele nunca foi encontrado.

5 In: Carol Ann Davis, op. cit.

roubá-lo, agora Aileen insistia em contar, em termos muito crus, que ele a tinha estuprado, sodomizado e torturado. "Eu disse que não [faria sexo com ele]", disse ela ao prestar depoimento:

> *— Vai, sim, sua vaca — replicou ele. — Vai fazer tudo o que eu mandar. Se não fizer, vou matá-la e fazer sexo com você depois de morta, exatamente como com as outras putas. Não tem importância, o corpo ainda vai estar quente.*
>
> *Ele amarrou meus pulsos ao volante e meteu na minha bunda. Depois tirou do porta-malas uma garrafa onde havia Visine misturado com álcool, e disse que essa garrafa era uma das minhas surpresas. Esvaziou-a no meu reto. Doeu muito porque ele tinha me machucado muito. Depois vestiu-se, pegou um rádio e sentou-se na capota do carro, acho que durante uma hora. Eu estava muito bêbada. Eu gritava e tentava soltar as mãos. Por fim ele me desamarrou, pôs um fio do rádio em volta do meu pescoço e tentou me estuprar de novo. Nós lutamos. Eu peguei minha arma. Atirei nele. Fiz o possível para esconder que tinha atirado porque achei que a polícia não ia acreditar que o havia matado em legítima defesa.*[6]

Ao ser interrogada por John Tanner, o depoimento de Aileen foi arrancado aos pedaços, e ela ficou muito irritada. Tanner acusou Aileen de mentir, dizendo que tudo quanto havia declarado no tribunal era contrário à confissão original, que havia sido gravada. A essa altura, a defesa aconselhou Aileen a não responder mais a nenhuma pergunta de Tanner e, durante o resto do interrogatório, ela seguiu invocando o direito que lhe dava a Quinta Emenda de não se auto-incriminar num total de vinte e cinco vezes.

Aileen cometeu um grande erro ao prestar depoimento no tribunal, e tudo quanto a defesa podia fazer era reiterar o argumento original de que Aileen era uma mulher mentalmente perturbada, com um distúrbio de personalidade limítrofe.

---

6 Extraído de um artigo intitulado "Sexual violence against women and a woman's right to self-defense", de Phyllis Chesler, Ph.D. *Criminal Practice Law Report*, v. 1, nº 9, outubro de 1993.

No dia 27 de janeiro de 1992, o juiz Uriel Blount pediu ao júri que deliberasse e desse o veredito. Duas horas depois os jurados voltaram para anunciar que consideravam Aileen Carol Wuornos culpada de assassinato em primeiro grau. Em resposta, Aileen gritou: "Espero que vocês sejam estuprados, seus rebotalhos dos Estados Unidos!"

Os dias que seguiram foram ocupados com a fase de cumprimento da pena, e alguns especialistas, que eram as testemunhas da defesa, foram chamados para prestar depoimento sobre o estado mental de Aileen. Declararam que ela realmente sofria do distúrbio de personalidade limítrofe e sua infância violenta só havia exacerbado o problema. O seguinte trecho é do apelo posterior de Aileen, que documenta o julgamento e a sentença originais:

> *Um especialista, o dr. Krop, declarou que Wuornos carecia de controle de seus impulsos e tinha uma cognição reduzida. O dr. Toomer disse que Wuornos acreditava estar em perigo iminente na época do assassinato e o remorso que mostrou revelava que ela não sofria de distúrbio de personalidade anti-social. O dr. Bernard, psicólogo e especialista do Estado, concordou que Wuornos tinha personalidade limítrofe, mas também achava que ela sofria de personalidade anti-social. O dr. Bernard também concordava que ela tinha distúrbio das faculdades e perturbação mental na época do crime, mas acreditava que o distúrbio não era substancial e a perturbação não era extrema. O dr. Bernard concordou que havia evidência de provas atenuantes não previstas por lei, entre as quais os problemas mentais de Wuornos, alcoolismo, a perturbação e deficiências genéticas ou ambientais.*

Tricia Jenkins também descreveu Aileen como "uma criança lesada, primitiva", porém nada impediria o júri de anunciar uma decisão unânime em favor da pena de morte, e no dia 31 de janeiro o juiz Blount condenou-a à cadeira elétrica.

Aileen Wuornos foi colocada no Corredor da Morte, no condado de Breward. Logo depois, em 31 de março, ela foi considerada culpada pelo assassinato de Dick Humphreys, Eugene Troy Burress e David Spears, pelos quais recebeu mais três sentenças de morte. Em junho, foi considerada culpada pela morte de Charles Carskaddon e, em julho, pela de Walter Gino Antonio. Aileen recebeu penas de morte por cada um desses assassinatos. E esse teria sido o fim da história de Aileen Carol Wuornos não fosse um programa de entrevistas da televisão norte-americana e vários grupos feministas que pretendiam fazer de Aileen uma grande *cause célèbre*. Vários grupos de mulheres insistiram em dizer que Aileen não só tinha agido em legítima defesa, como também que não havia tido um julgamento justo: que tinha sido inadequadamente aconselhada pela defesa; que a aplicação da Lei Williams tinha prejudicado o caso dela; e, como se não bastasse, que todo o sistema judiciário tinha preconceitos tanto contra as lésbicas como contra as prostitutas.

Mas o mais curioso defensor de Aileen foi uma cristã de meia-idade chamada Arlene Pralle, que tinha visto a foto de Aileen num jornal de sua cidade e lhe havia escrito quando ela estava na cadeia. A carta dizia o seguinte: "Meu nome é Arlene Pralle. Sou evangélica. Você vai achar que estou louca, mas Jesus me pediu que lhe escrevesse". Arlene Pralle incluiu seu número de telefone na carta, e, longe de considerá-la louca, Aileen ligou para ela e rapidamente as duas se tornaram grandes amigas. Pralle chegou a ser uma das mais ardentes defensoras de Aileen e logo estava dando entrevistas em programas de televisão, jornais e revistas. Numa entrevista para a *Vanity Fair*, Pralle descreveu a amizade com Aileen como "uma ligação da alma. Somos como Jônatas e Davi da Bíblia. É como se uma parte de mim estivesse presa na cadeia com ela. Sempre sabemos o que a outra está pensando ou sentindo". E dizia para quem quisesse ouvir que falaria da infância horrível de Aileen, dos maus-tratos sofridos nas mãos do avô materno, da gravidez precoce em decorrência de estupro e os abusos subseqüentes que sofreu enquanto trabalhava como prostituta. No dia 22 de novembro de 1991, Arlene Pralle e o marido adotaram Aileen legalmente como filha, dizendo que Deus lhes havia ordenado que fizessem isso.

Pouco depois Arlene começou a negociar as ofertas[7] de filmes para o cinema e para a televisão que haviam começado a chegar aos borbotões. Embora Aileen, enquanto estivesse condenada, não pudesse ganhar dinheiro com os filmes, vários negócios foram fechados. Os programas de entrevista *Montel Williams* e *Geraldo*, em particular, pagaram entre 7 e 10 mil dólares para entrevistar Aileen enquanto ela estava no Corredor da Morte. Também foi feito um filme para a televisão chamado *Overkill*, uma versão completamente satanizada da história de Aileen. Foi estrelado por uma atriz chamada Jean Smart, que era muito mais bonita que a mulher que estava representando, especialmente quando se considera o rosto de Aileen devastado pela bebida e pelas drogas. Na verdade, o filme transformou aquela triste história em mentira, fazendo de Aileen uma bela *femme fatale,* quando, na verdade, ela era uma mulher desmazelada, pouco sedutora, que trabalhava como prostituta e freqüentava bares.

Na verdade, a versão mais fiel da história de Aileen Wuornos foi contada por um inglês que fazia documentários, Nick Broomfield, e sua obra foi intitulada *Aileen Wuornos: the selling of a serial killer.* Nele, Arlene Pralle, junto com um advogado chamado Steve Glazer, foram filmados pedindo dinheiro (cerca de 10 mil dólares) a Broomfield como pagamento por uma entrevista com Aileen. Ela tinha dado a Arlene e a Glazer direitos exclusivos sobre sua história, dizendo que poderiam vendê-la depois de sua execução. Era praticamente uma licença para imprimir dinheiro e, como Broomfield viu por experiência própria, uma licença que eles exploraram ao máximo. Mas não eram só esses dois que se aproveitavam da situação. Quase todos os que entraram em contato com Aileen estavam tentando vender alguma coisa. Entre eles estava Tyria Moore e, por mais incrível que pareça, a polícia. Segundo o documentário de Broomfield, a polícia planejava vender

7 Na verdade, a história de Aileen foi recontada em três filmes, dois livros, um livro de história em quadrinhos e, por mais estranho que pareça, numa ópera de Carla Lucero, que disse: "Sinto muita pena dessa mulher. Ela nunca desistiu do conceito de amor e foi traída por todos, absolutamente todos".

os direitos exclusivos de sua investigação a Hollywood um mês *antes* de Aileen ser presa. Se foi verdade, tratava-se de uma mostra estarrecedora de ganância e traição, no centro da qual estava Aileen Carol Wuornos com suas seis penas de morte pendendo sobre os ombros. Os advogados dela fizeram o possível para não deixar essas coisas acontecerem, afirmando muitas e muitas vezes que ela estava mentalmente perturbada na época em que cometeu os crimes, mas Aileen não se impressionou muito com os esforços, dizendo numa entrevista a um repórter da ABC, em fevereiro de 2001: "Fui condenada à morte. Preciso morrer por ter matado essas pessoas".

O governador da Flórida, Jeb Bush, concordou, embora tenha promulgado uma suspensão da execução em setembro de 2002, pedindo mais exames de sanidade mental da prisioneira. Depois que três psiquiatras entrevistaram Aileen e afirmaram que ela tinha plena consciência dos crimes e sabia exatamente por que estava sendo condenada à morte, Jeb Bush mandou cumprir a sentença.

JOE SKIPPER/REUTERS

O carro fúnebre que transportou o corpo de Aileen Carol Wuornos depois de sua execução. Ela foi a segunda mulher a ser executada na Flórida desde a Guerra Civil norte-americana, que começou em 1861. Esse Estado reintroduziu a pena de morte em 1976.

Às 9h47 de 9 de outubro de 2002, Aileen Carol Wuornos foi executada com uma injeção letal (nessa época, o uso da cadeira elétrica tinha sido abolido no Estado da Flórida). Aileen teve licença de fazer uma última declaração, para a qual não havia limite de tempo, mas é provável que não tenha precisado de mais de trinta e cinco segundos para dizer a seguinte frase truncada: "Só queria dizer que vou navegar com a rocha e estarei de volta lá pelo Dia da Independência, com Jesus, 6 de junho. Como no filme, com a grande nave-mãe, estarei de volta"[8]. Depois disso foi levada para a sala de execução, onde foi amarrada com correias a uma mesa; em seguida, aplicaram-lhe três injeções de uma combinação letal de substâncias relaxantes que fazem o coração parar. Foi a décima mulher a ser executada nos Estados Unidos e a segunda na Flórida desde que a pena de morte foi reintroduzida nesse Estado em 1976.

A irmã de Troy Burress, Leta Prater, que testemunhou a execução, disse: "Quero ter certeza absoluta de que ela morreu. Gostaria de tê-la visto na cadeira elétrica. Meu irmão não foi dormir. Levou mais de um tiro... Fiquei completamente arrasada [com a morte dele]. Ainda estou. Ele era mais que um irmão. Era o meu melhor amigo. Sinto muita saudade dele"[9].

Aileen Carol Wuornos costuma ser citada como a primeira assassina serial norte-americana. Nunca houve dúvida de que ela era mulher e de que matou muitos homens. Mas houve assassino serial do sexo feminino antes dos assassinatos cometidos por Aileen. O que torna o caso dela inusitado é, em primeiro lugar, o método que ela usou para matar as vítimas, e o segundo é o fato de serem todos homens, que, até o momento da morte, eram desconhecidos para ela. As mulheres que matam tendem a usar veneno ou, quando estão no ambiente doméstico, a primeira coisa à mão, que normalmente é uma faca. Em geral, o revólver é uma arma usada por homens. É mais freqüente as mulheres matarem pessoas que

8 United Press International.

9 Extraído de um artigo de Ron Word publicado no *Sarasota Herald Tribune*.

conhecem, parentes, amigos, amantes, e assim por diante. Uma mulher sair e matar um estranho completo é de fato muito raro.

Dito isso, Aileen Carol Wuornos não foi a primeira a usar um revólver para matar um estranho, e, infelizmente, por causa do mundo em que vivemos, não será a última.

MYRA HINDLEY
A face do mal

Há um pequeno grupo de nomes cristãos que já foram populares, mas caíram em desuso por causa de sua associação com uma pessoa odiosa. Na Alemanha, praticamente não existem Adolfos de menos de cinqüenta anos. E você pode contar nos dedos de uma mão as Myras nascidas neste país [Grã-Bretanha] desde 1966.

PETER STANFORD, EM ARTIGO PUBLICADO NO *THE GUARDIAN*, DE 15 DE NOVEMBRO DE 2002

Esta narrativa contém todos os elementos de abertura de um filme de horror pois, numa noite lúgubre de inverno, em meio a uma chuva de congelar os ossos, uma cena estranha transcorria no crematório de Cambridge. Sob a escolta da polícia, um caixão passava por uma porta de pedra, sob a qual havia uma inscrição em latim: *Mors janua vitae* (A morte é a porta da vida). Lá dentro tocavam o *Adágio* de Albinoni para um pequeno grupo de pessoas, entre as quais o representante dos serviços da prisão. O caixão foi colocado na parte frontal da sala, em cima de um estrado alto, e o serviço fúnebre teve início.

Era a cremação de Myra Hindley, que tinha morrido aos sessenta anos de pneumonia, depois de sofrer um ataque cardíaco. O serviço havia sido planejado inicialmente para ocorrer perto do hospital onde ela havia morrido, mas a equipe do crematório de West Suffolk recusou, alegando que se sentiria muito mal se atendesse esse pedido. Não foi surpresa para ninguém. Myra Hindley era a pessoa mais detestada da Inglaterra. Por causa de uma certa fotografia tirada na época da prisão dela em 1966, também se tornou um símbolo do mal; o nome dela não era sinônimo apenas de assassinato, mas de tudo quanto é considerado pervertido e iníquo.

Myra Hindley nasceu em 23 de julho de 1942 em Manchester. Os pais, Hettie e Bob, eram um casal de operários; Bob trabalhava como montador de aviões e Hettie operava uma máquina numa fábrica têxtil. Por causa da guerra, Bob esteve ausente durante os três primeiros anos de vida de Myra, mas, depois que voltou, não se fez amar pela família. Era um homem violento que não pensava em mais nada além de espancar a mulher e os filhos e em gastar a maior parte do que ganhava num bar. Quando Maureen, a segunda filha de Hettie, nasceu, em 1946, Myra foi mandada para a casa da avó materna. Era para ser uma temporada curta, até Hettie conseguir firmar-se na vida outra vez, porém Myra ficou com a avó até pouco antes de fazer vinte anos.

Na escola, Myra era considerada uma menina inteligente e madura, mas faltava muito às aulas, pois a avó (que só tinha cinqüenta e poucos anos) preferia que ela ficasse em casa fazendo-lhe companhia. As faltas resultaram no fato de Myra não ter a melhor educação do mundo. Sem conseguir passar no exame de admissão para o ginásio, Myra teve de freqüentar um curso que existiu na Grã-Bretanha até a década de 1960 para as crianças reprovadas no exame de admissão, no seu caso, na escola Ryder Brow. Contudo, ela tirou o máximo proveito de uma situação precária e logo mostrou aptidão para textos criativos e poesia, além de gostar de atletismo e natação. Também era uma babá muito procurada e várias pessoas se lembram de que ela era muito competente nesse trabalho, mostrando um afeto genuíno pelas crianças.

Aos quinze anos, Myra fez amizade com um rapaz chamado Michael Higgins. Era um par inusitado, pois Michael era um adolescente tímido e frágil, dois anos mais novo que Myra. A despeito disso, eram o melhor amigo um do outro. Myra protegia Michael, ficando inconsolável quando ele se afogou certo verão numa represa local. Chorou semanas a fio e, segundo a mãe, sofreu de depressão grave. Coletou dinheiro para fazer uma coroa que queria pôr no caixão de Michael, após esse episódio não se passou muito tempo para ela abandonar a escola sem qualquer qualificação.

O primeiro emprego dela foi na loja Lawrence Scott and Electrometers, como auxiliar de escritório. Era um trabalho insípido, repetitivo e monótono. Fora isso, Myra se divertia, namorando rapazes, dançando, fumando e bebendo. Também começou a usar maquiagem e a tingir o cabelo para parecer mais velha. Talvez seja por isso que, com apenas dezessete anos, ficou noiva de Ronnie Sinclair. Era a proposta de vida adulta — tomar juízo, casar-se e ter uma família —, mas o noivado não durou muito. Myra ficava cada vez mais entediada com o que havia começado a considerar um modo de vida sem graça. Estava farta das pessoas comuns e sem ambição que a cercavam; queria algo melhor. Durante esse período, Myra mudou de emprego quatro vezes e chegou a pensar em se alistar nas forças armadas, bem como em ir para o exterior trabalhar como babá. Mas a vida lhe reservava outros fatos: em janeiro de 1961 ela conheceu um homem que a arrebataria mais que qualquer outro indivíduo antes ou depois. O nome dele era Ian Brady, e juntos formariam um dos mais célebres casais de criminosos do século XX.

De todos os empregados da Millwards (uma empresa antiquada de produtos químicos de Manchester), Ian Brady era o mais estranho. Era um jovem retraído, fechado, que raramente sorria. Gostava de ler, embora o gosto dele fosse questionável, pois tinha obsessão do nazismo. A biblioteca dele incluía *Mein Kampf*, de Adolf Hitler, bem como vários textos e livros existencialistas sobre sexo e tortura, sendo o marquês de Sade um de seus autores prediletos.

Brady nasceu em 1938 nos Gorbals, uma das favelas mais violentas de Glasgow. A mãe dele, Margaret (conhecida depois como Peggy) Stewart, era solteira nessa época e nunca disse ao jovem Ian o nome do pai; só lhe tinha contado que era um jornalista que havia morrido quando ela estava grávida. Quando Ian tinha três meses de idade, a mãe, incapaz de criar o filho, além de ter de trabalhar como garçonete, pôs um anúncio oferecendo-o para adoção. Mary e John Sloane responderam ao apelo. Já tinham quatro filhos, mas Ian Brady logo se juntou ao grupo.

Quando jovem, Ian sempre se metia em confusões. Era um desordeiro, um adolescente violento de Glasgow, autor de inúmeros roubos. Aos dezesseis anos recebeu uma sentença de liberdade vigiada e ordens de voltar a morar com a mãe Maggie, que, a essa altura, tinha se casado e mudado para Manchester. Porém o maior choque sofrido por Brady nessa época não foi a sentença de liberdade vigiada, mas saber que Mary Sloane não era a mãe biológica dele. Maggie visitava Ian quando ele era pequeno, sempre se apresentando como amiga da família. Descobrindo as verdadeiras origens, pela primeira vez na vida teve de enfrentar o fato de ter sido adotado.

A adaptação de Ian em Manchester foi muito complicada. Ele tinha um forte sotaque glasgowiano, e os adolescentes locais zombavam dele por isso. Mal conhecia a mãe, e não morria de amores pelo padrasto. Aos dezessete anos estava numa instituição Borstal para jovens infratores, onde devia ficar por dois anos por cumplicidade num roubo. Depois de solto, Ian retraiu-se ainda mais. Conseguiu um emprego de operário e, durante certo tempo, deu-se bem no trabalho; em 1959, depois de aperfeiçoar os conhecimentos de contabilidade, começou a trabalhar no setor de estoque da Millwards. Um ano depois, Ian Brady foi apresentado à nova secretária, uma jovem chamada Myra Hindley. Numa carta que mais tarde ela enviou ao jornalista e diretor de documentários Duncan Staff, Myra descreve sua paixão: "Sempre fui uma sonhadora romântica apaixonada por astros do cinema — fiquei louca por James Dean e por Elvis —; tinha lido e ouvido a frase 'louca de amor', sem jamais ter pensado que aconteceria comigo. Mas, assim que Ian Brady olhou para mim e sorriu timidamente, foi exatamente o que aconteceu".

A partir de 1963, várias crianças e adolescentes começaram a desaparecer na região de Manchester. A polícia, que fez buscas exaustivas, chegando até a usar cães e homens-rã, mandando imprimir centenas de cartazes e entrevistando milhares de pessoas, achava que havia uma ligação entre os desaparecimentos, provavelmente obra de um ou dois homens.

A primeira a desaparecer foi uma adolescente de dezesseis anos chamada Pauline Reade. Ela ia ao Railway Workers' Social Club, onde deveria se encontrar com algumas amigas. Segundo o depoimento que essas amigas deram mais tarde, assim que os pais souberam que seria servido bebidas alcoólicas, recusaram-se a deixar as filhas irem àquele local. Joan Reade (mãe de Pauline) não sabia nada sobre essa questão do álcool, e por isso Pauline, usando o melhor vestido, foi para lá sozinha.

À meia-noite a sra. Reade estava muito preocupada. Pauline ainda não tinha voltado, e ela e o marido saíram à procura da filha. De manhã ainda não tinham nenhuma pista do paradeiro dela. Desesperados, chamaram a polícia, que, por sua vez, realizou uma busca completa na área. Parecia que Pauline tinha evaporado.

Após tornarem-se colegas de trabalho na Millwards, a relação entre Ian Brady e Myra Hindley se estreitou. Myra precisava de alguém que desse sentido à vida dela e Brady preenchia os requisitos. Em comparação com os amigos comuns, Ian era uma figura glamourosa, sempre vestido de preto, com o cabelo bem penteado para trás. Embora basicamente autodidata, também parecia um jovem muito letrado. Myra começou a ler os mesmos livros que ele e ouvia atentamente Ian falar com orgulho sobre suas "filosofias". Logo Ian Brady se mudou para a casa da avó de Myra; depois disso, o casal ficou inseparável, embora tenha sido durante os primeiros tempos que Myra provavelmente tomou consciência do lado mais sombrio do amante.

Ian iniciou Myra na pornografia. Após algum tempo, ela disse que o namorado também a havia drogado, numa experiência que tinha por fim ver quanto tempo ela ficaria sedada. O incidente assustou Myra o suficiente para ela querer fugir, e ela candidatou-se a um emprego na Naafi (a instituição que fornece refeições e presta outros serviços às forças armadas britânicas), onde faria serviços de escritório na Alemanha. Myra viajou para Londres para fazer uma entrevista e quando voltou para casa disse à família que tinha conseguido o emprego. Mas os parentes dela abominaram tanto a idéia de ela ir para o exterior que a jovem cancelou seus planos e continuou se encontrando com Ian.

Como o namorado era obcecado pelos livros que lia, com suas teorias existencialistas sobre o amor e a vida, talvez não seja de admirar que o jovem casal logo tenha começado a falar a respeito de seqüestrar e matar uma menina. Mais tarde, em cartas que enviou ao periódico *Guardian*, Myra justificou seus atos insinuando que não tinha escolha:

Eu sabia, assim que ele começou a falar no crime perfeito, que eu o ajudaria, que tinha muito pouca escolha. Repito: mesmo que eu fosse à polícia, não havia provas, era a minha palavra contra a dele. E aí, se a polícia lhe contasse que eu tinha feito essas declarações contra ele, ele ia ficar sabendo o que eu tinha feito e, embora eu soubesse que ele não era estúpido a ponto de fazer nada que pudesse chamar a atenção sobre si, também sabia que esperaria a hora certa, enquanto pensava no que fazer e em como fazer sem levantar suspeitas.

Eu teria de abandonar meu emprego, o que não era problema; eu podia ir embora e sumir, mas como contar à minha família tudo o que havia acontecido e tudo quanto havia sido dito por ele sem aterrorizar meus parentes?

Eles não podiam se mudar; uma família não tem condições de arrancar suas raízes e ir para outro lugar, encontrar um local onde viver, empregos etc. e continuar vivendo com medo, olhando por cima dos ombros o tempo todo. Eu sabia que estava numa armadilha e que teria de fazer o que ele quisesse.[1]

Como forma de justificar os atos, essa carta é precária, na versão mais otimista, mas o que ela revela é que Myra estava se deixando transformar numa mulher que faria qualquer coisa que o amante lhe pedisse. Afinal de contas, era excitante, empolgante mesmo, diferente de ir ao cinema ou ao bingo, passatempos que seus colegas de trabalho adoravam. Os pedidos de Ian faziam Myra se sentir superior — excitavam-na. Pauline Reade não teve a menor chance.

Na noite em que Pauline desapareceu, Myra parou o carro e perguntou à adolescente se ela poderia ajudá-la a procurar uma luva. Pauline morava a apenas duas casas depois daquela onde residia David Smith, o cunhado que tinha apenas dezessete anos (casado com Maureen, irmã de Myra), de modo que já conhecia a jovem; se não a conhecia bem, pelo menos o bastante para cumprimentá-la. Myra explicou que tinha deixado a luva cair na charneca

1 Trecho de um artigo intitulado "Myra Hindley in her own words," publicado pelo *Guardian* de 29 de fevereiro de 2000.

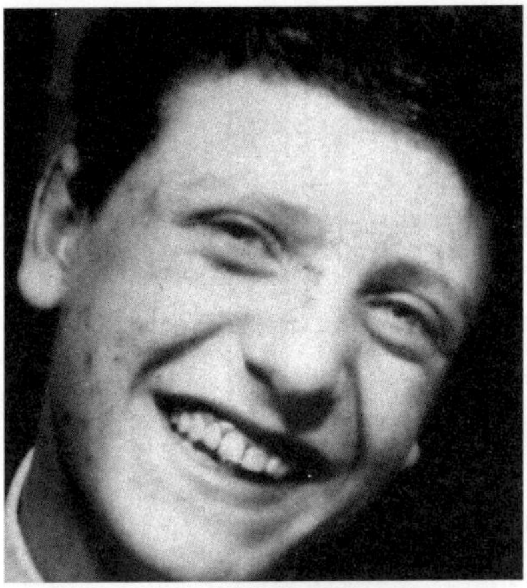

As jovens vítimas de Ian Brady e Myra Hindley. No sentido anti-horário, começando do, alto à esquerda: Edward Evans, dezessete anos; Keith Bennett, doze; John Kilbride, doze; Lesley Ann Downey, dez; Pauline Reade, dezesseis. O corpo de Keith Bennett nunca foi encontrado; o de Pauline Reade só foi descoberto em 1987, mais de vinte anos após o assassinato, depois que Myra Hindley deu novas informações à polícia.

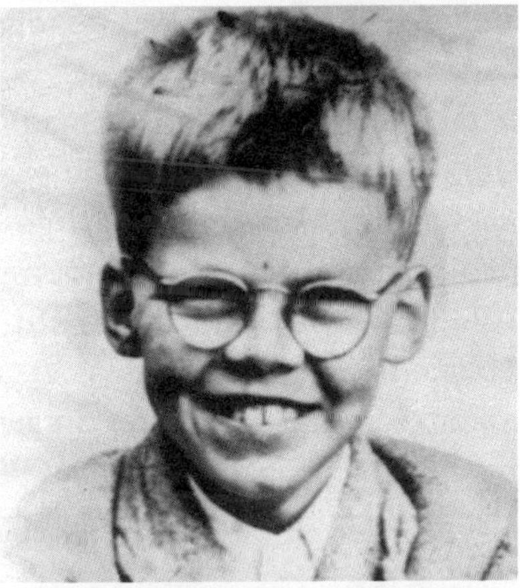

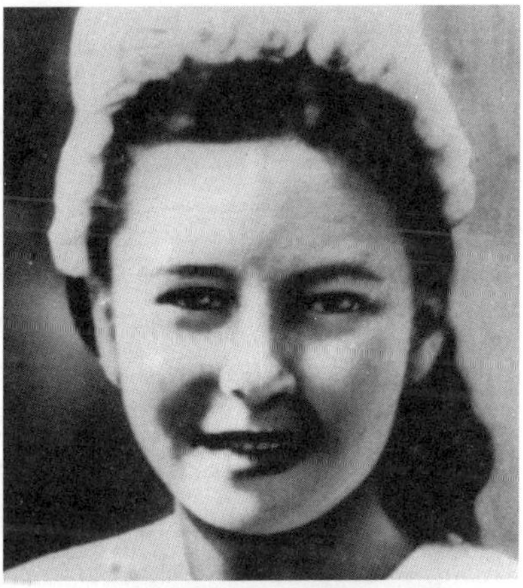

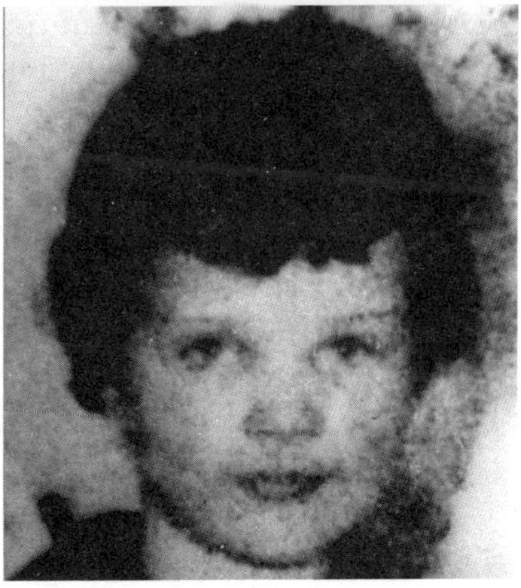

PA PHOTOS

algumas horas antes. Como recompensa, disse que daria a Pauline diversos discos; a procura não levaria muito tempo.

Pauline entrou no carro, e Myra foi para Saddleworth Moor, seguida por Brady, de motocicleta. Saddleworth é um lugar deserto, caracterizado pelo cenário pedregoso. Depois de levar Pauline para lá, é impossível dizer o que exatamente sucedeu em seguida, porém no final de sua provação Pauline Reade tinha sido estuprada por Ian Brady e a seguir teve a garganta cortada. O corpo dela foi enterrado numa cova rasa, depois do que Myra e Ian retornaram às suas respectivas casas.

O segundo adolescente que desapareceu foi John Kilbride, de doze anos, que morava em Aston-under-Lyne, perto de Manchester. Era o dia 11 de novembro de 1963, só quatro meses depois de Pauline Reade ter desaparecido.

John tinha ido ao cinema de tarde com um amigo chamado John Ryan. Depois do filme, eles foram ao mercado a fim de ganhar uns trocados ajudando os comerciantes a arrumar os artigos nas bancadas. Era o tipo de trabalho que adoravam fazer, enquanto ajudavam, tiravam uma graninha. John Ryan viu o amigo pela última vez em frente de um estande que vendia carpetes.

Quando John Kilbride não voltou para casa na hora do jantar, Sheila e Patrick Kilbride começaram a ficar preocupados. Chamaram a polícia, mas a busca foi em vão: ele também havia simplesmente desaparecido da face da terra.

Dessa vez Myra e Ian pegaram a vítima juntos, embora não haja dúvida de que John só tenha entrado no carro por ter visto uma mulher lá dentro. Foi levado para a charneca, onde foi estuprado e depois estrangulado com um pedaço de corda. O corpo dele, como o de Pauline Reade, foi enterrado numa cova rasa.

Anos depois, em uma de suas cartas ao *Guardian,* Myra tentou novamente explicar como se sentia na época:

> *Com o assassinato de John Kilbride, uma criança, eu vi que tinha atravessado o Rubicão.*
> *Ele [Brady] disse "que bom", admitindo que ter cruzado o Rubicão era o mesmo que admitir o que ele martelava incessantemente na minha*

cabeça: que o que estava feito estava feito e não podia ser desfeito, não tinha volta, e mesmo depois do primeiro assassinato estávamos irremediavelmente ligados um ao outro, e mais ainda depois do segundo. Naquele exato momento ele levantou os olhos para a televisão — estava passando um jogo de futebol, ou um noticiário esportivo de fim de noite. Ele disse: "Olhe só aquela multidão toda. Quem sentiria falta de uma pessoa, duas, três etc., entre todos os milhões de habitantes deste país?" Eu não respondi que os pais e a família sentiriam a falta — ele nunca pensava neles, e eu sabia que teria de arranjar coragem em algum lugar para fazer o mesmo[2].

Repetindo: vendo a situação hoje, Myra, sem nenhuma perspectiva de sair da cadeia, tentava mostrar que achava seus atos deploráveis, ao mesmo tempo que também procurava sutilmente lançar a culpa toda nos ombros de Ian.

Keith Bennett foi a terceira vítima de Ian e Myra. Também de doze anos de idade, foi seqüestrado a caminho da casa da avó. Como John Kilbride, foi estuprado, estrangulado e enterrado na charneca (mas, ao contrário das outras vítimas, o corpo dele nunca foi encontrado).

Lesley Ann Downey tinha dez anos de idade. Morava em Ancoats, outro distrito de Manchester, e tinha ido a um parque de diversões com dois dos irmãos e alguns amigos, mas lá separou-se do grupo e foi seqüestrada. Myra e Ian levaram-na para casa (a avó de Myra estava fora, visitando parentes) e mandaram a criança tirar a roupa, com exceção dos sapatos e meias. Depois foi obrigada a posar para fotografias pornográficas, que Ian esperava vender no mercado negro. As fotografias mostravam-na de mãos amarradas, e, a certa altura, a boca foi amordaçada com uma echarpe preta.

Havia um gravador no quarto, que Ian ligou. A primeira coisa que se ouviu quando a fita de dezessete minutos foi posta para tocar no tribunal foi o grito de uma criança, seguida do choro de Lesley Ann: "Não... Por favor, Deus, ajude-me." A voz seguinte na fita era a de Ian, mandando-a ficar quieta e fazer o que ele mandasse.

---

2 Idem.

Ouve-se Lesley Ann dizer que tem de ir para casa; a mãe está esperando por ela; em seguida ouve-se a voz de Myra dizendo: "Não perca seu tempo". Dali a pouco, depois que Lesley Ann implorou a Myra que a ajudasse, esta manda-a calar a boca, senão iria apanhar.

Depois do julgamento, Myra diria que estava fora do quarto quando Ian matou Lesley Ann, mas na fita, quando Ian ameaça cortar a garganta de Lesley, a voz de Myra podia ser nitidamente ouvida no fundo, de modo que devia saber que a criança estava prestes a ser assassinada. No dia seguinte, o corpo de Lesley Ann foi jogado dentro do carro, levado para Saddleworth Moor e enterrado.

A última vítima de Ian Brady e Myra Hindley, mas a primeira a colocar a polícia na pista deles, foi um jovem chamado Edward Evans. Na noite de 6 de outubro de 1965, Ian Brady conheceu Edward Evans, que tinha só dezessete anos, no balcão do bar da Estação Central, aonde tinha ido comprar cerveja. Ian convidou Edward a ir à casa dele tomar um drinque e Edward aceitou, entrando num carro que Myra estava dirigindo. De volta à casa, Myra, com o pretexto de fazer algumas coisas que a mãe lhe havia pedido, foi até a casa de David Smith. Este estava completamente à mercê do namorado da cunhada, e, como Myra antes dele, tinha mergulhado de cabeça no tipo de livros que Ian lia, na maneira de ele falar e nas coisas que ele pregava. Era freqüente passar noites inteiras bebendo e conversando com Ian, e não é absurdo supor que este tenha começado a ver David como mais um possível cúmplice, que poderia ajudar Myra a atrair vítimas para a morte.

Por volta das 11h40 da noite, Myra pediu a Smith que a acompanhasse à casa dela, algo que ele teve a maior satisfação em fazer. Ao chegarem lá, Myra perguntou a Smith se ele gostaria de entrar e tomar um drinque. Ele disse que sim, os dois entraram na casa e Ian levou David para a cozinha. Lá havia algumas garrafas de bebida alcoólica em miniatura no aparador; Ian pediu a David que se servisse e depois saiu da cozinha, voltando à sala de visitas, e deixando a porta ligeiramente entreaberta. David Smith não tinha a menor idéia de que havia mais alguém na sala. Após alguns instantes, ouviu um berro medonho, seguido de gritos de Myra pedindo ajuda a David. Segundo o depoimento que prestou depois,

PA PHOTOS

Agindo com base em suspeitas, mas com muito poucas provas, a polícia fez buscas em Saddleworth Moor, uma área deserta e remota dos Pennines, no limite entre Lancashire, Derbyshire e Yorkshire, em outubro de 1965, depois da prisão de Ian pelo assassinato de Edward Evans. Por fim, as equipes de policiais encontraram dois corpos — o de Lesley Ann Downey e de John Kilbride —, fatos que levaram Ian e Myra a julgamento em abril de 1966 por três assassinatos.

David achou que alguém tinha invadido a casa e estava atacando Ian, de modo que correu para a sala, onde encontrou Ian dando uma machadada na cabeça do que parecia ser um manequim de loja. No momento seguinte, o "manequim" estava estatelado no chão, enquanto Ian o golpeava repetidamente com as costas do machado, gritando obscenidades o tempo todo. Para seu horror, David deu-se conta de que não era nenhum manequim, pois viu o sangue empapar o tapete.

Edward Evans morreu de catorze golpes de machado no crânio. Mais tarde, quando David Smith prestou depoimento, disse que Myra talvez estivesse na cozinha durante a maior parte do tempo em que o rapaz sofreu o ataque. Aquilo tudo tinha sido uma

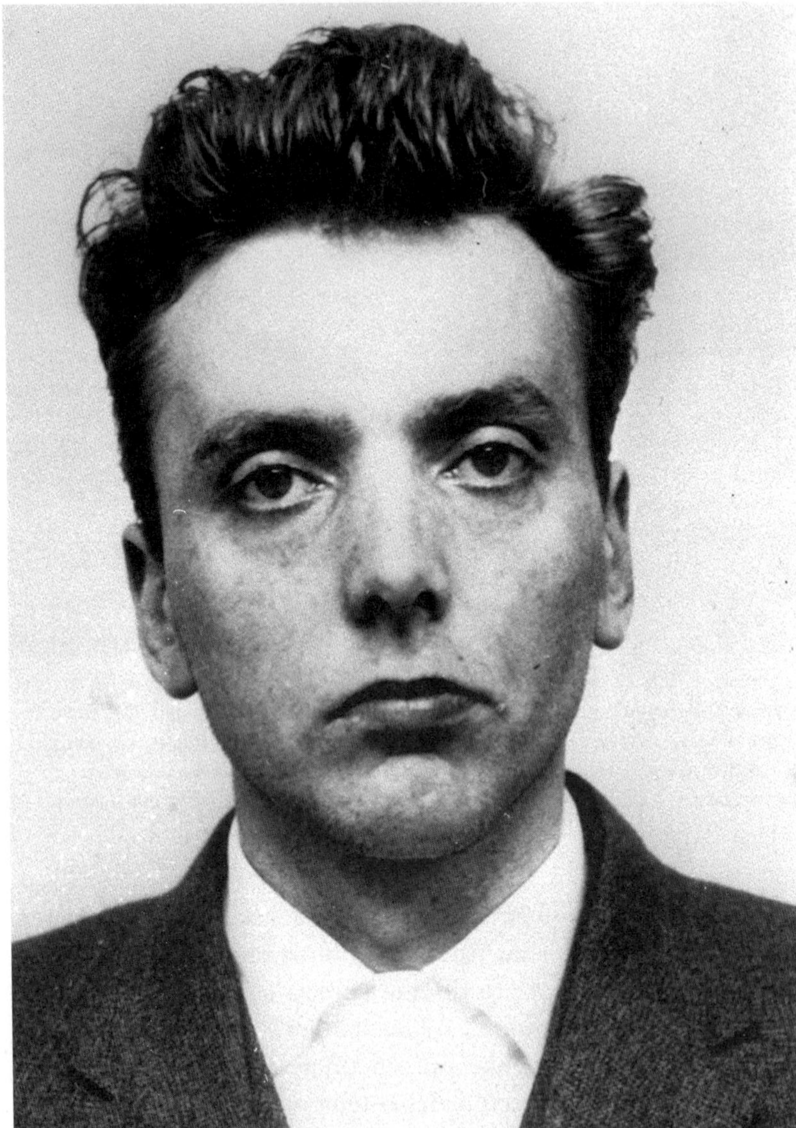

loucura tão grande que lhe empanou a memória. Mas, estivesse na cozinha ou na sala, Myra tinha plena consciência do que se passava.

Ian, Myra e David, ao qual os outros disseram que tinha de ajudá-los, pois agora estavam envolvido no assassinato, começaram

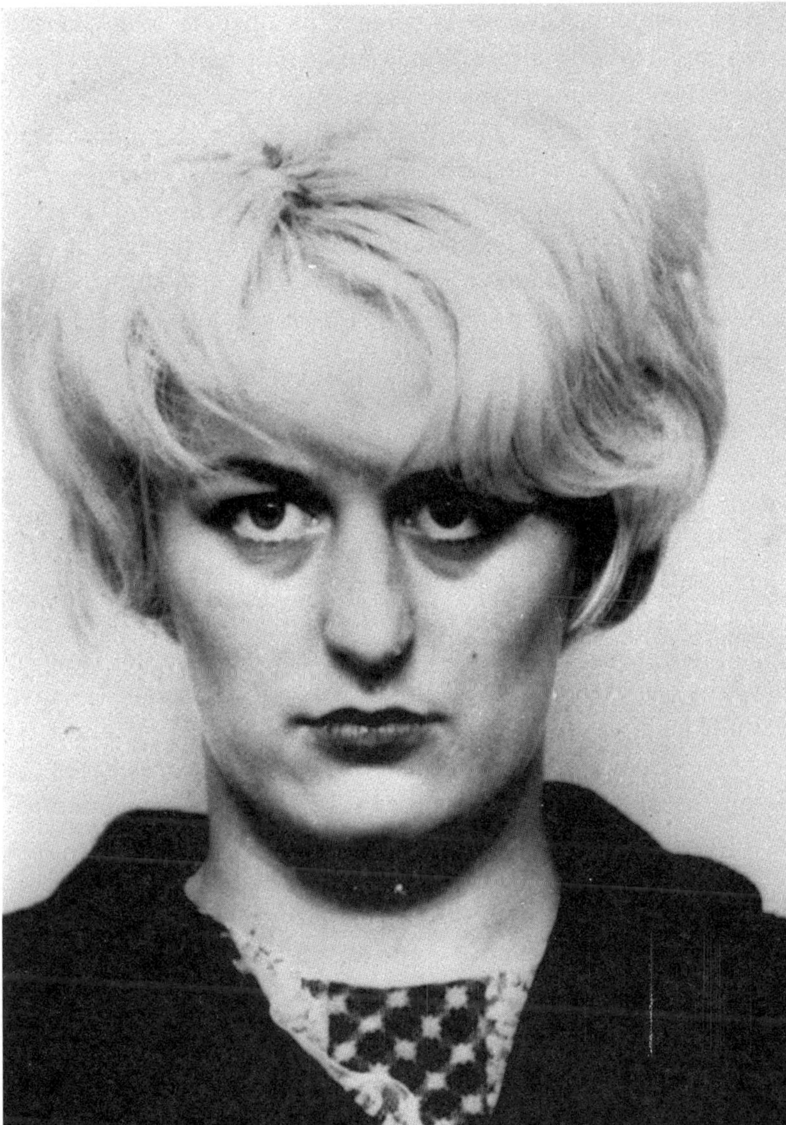

Ian Brady e Myra Hindley na época da prisão deles, em outubro de 1965. Foi só em 1987 que Myra contou à polícia os assassinatos de Pauline Reade e Keith Bennett. Nesse ínterim, essa fotografia se tinha tornado um símbolo do mal, estigma que carrega até hoje. Tanto Ian quanto Myra tiveram sorte de escapar da pena de morte, pois esta havia sido abolida na Grã-Bretanha apenas quatro semanas antes da prisão deles.

a limpar a sujeira. Lavaram as paredes, os tapetes e o linóleo com detergente. A certa altura, David se lembra de ouvir Ian dizer "que tinha sido a maior sujeira até agora". Finalmente o corpo de Edward foi enrolado em plástico e depois em lençóis e colchas; em seguida, foi colocado num armário, embaixo da escada.

David Smith foi para casa por volta das 3 horas da manhã. Estava nauseado e entorpecido com a experiência. Assim que chegou contou tudo a Maureen, irmã de Myra. Na manhã seguinte, o casal foi a um telefone público e ligou para a polícia, dizendo que achavam que o corpo ainda estava na casa.

Ian Brady foi preso no dia 7 de outubro de 1965. A polícia descobriu o corpo de Edward Evans exatamente onde Smith havia dito que estaria, no armário trancado, embaixo da escada. O que a polícia não percebeu na hora foi a relevância da prisão no que dizia respeito às crianças e adolescentes desaparecidos, mas foi apenas uma questão de tempo para os outros crimes virem à luz.

Durante os cinco dias seguintes, enquanto Ian era interrogado sobre o assassinato de Edward, Myra insistia em ficar na delegacia, esperando a liberação do namorado. A polícia acabou pedindo à mãe de Myra que fosse buscá-la e levá-la para casa. Só nessa hora que Myra compreendeu que Ian não ia sair dali. Foi um choque do qual ela levou dias para se refazer. Nesse meio-tempo, Ian havia lhe pedido que destruísse vários papéis dele, mas a casa tinha sido interditada e ainda estava sendo examinada pela equipe de legistas, de modo que Myra não conseguiu entrar. O pior de tudo foi que ela também não conseguia ter acesso ao carro de Ian, pois rapidamente a polícia encontrou uma carteira que continha pedaços de papel com instruções para se livrar de um corpo. Ao mesmo tempo, a polícia, após fazer uma busca na casa da avó de Myra, descobriu um caderno que também pertencia a Ian e continha, além de vários rabiscos, uma lista de nomes. Numa das linhas estava escrito: "John Sloan, Jim Idiota, Frank Wilson, John Kilbride, Alec Guinness, Jack Polish..."

O delegado Talbot, que dirigia o inquérito, juntou esse caderno a alguns álbuns com fotografias de Ian e Myra posando em Saddleworth Moor. David Smith havia dito ao delegado que o casal fazia piqueniques lá com freqüência. Disse também que Ian lhe tinha contado que usava o lugar para enterrar vítimas. Ao ser interrogado, Ian negou, dizendo simplesmente que "era tudo parte de uma ficção para impressioná-lo". A despeito disso, a polícia começou a fazer uma busca na charneca, uma tarefa ingrata, dada a extensão do lugar, e, além disso, destinada ao fracasso. A prova crucial que ligaria Ian e Myra ao desaparecimento de crianças só foi encontrada durante uma segunda busca na casa da avó de Myra, quando os investigadores encontraram um recibo de aluguel de armário número 74.843. Esse recibo levou a polícia à Estação Central de Manchester e depois a duas malas. Lá encontraram as fotografias pornográficas de Lesley Ann Downey, bem como a fita gravada durante a tortura dela.

Quase ao mesmo tempo um policial deparou-se na charneca com algo que parecia um osso que saía do chão. Inicialmente pensaram tratar-se do corpo de John Kilbride, mas na verdade eram os restos mortais de Lesley Ann.

No dia 21 de outubro de 1965, no Hyde Police Court, Ian Brady e Myra Hindley foram acusados do assassinato de Edward Evans e Lesley Ann Downey. Durante o interrogatório ambos negaram as acusações e tentaram enredar David Smith às mortes, dizendo que tinha sido ele quem tinha atraído Lesley Ann à casa onde Ian a fotografaria; adicionaram ao relato que Lesley Ann saíra incólume da casa com David.

Felizmente para David, a polícia não se convenceu. As provas apontavam para Ian e Myra e a atenção estava toda voltada para a descoberta do corpo de John Kilbride. A polícia estava certa de que ele estava em algum lugar da charneca, e depois de um estudo meticuloso das fotografias de Brady o trabalho árduo foi recompensado. A cova de John Kilbride foi encontrada e a morte dele acrescentada à lista cada vez maior de crimes de Ian e Myra[3].

O julgamento teve início em 19 de abril de 1966 no tribunal de Chester Assize. O curioso é que tanto o promotor quanto o advogado de defesa se opuseram categoricamente à presença de

3 O corpo de Pauline Reade só foi encontrado em 1987, e o de Keith Bennett nunca foi descoberto.

mulheres no júri (o caso foi considerado terrível demais), de modo que foi decidido convocar doze homens. Igualmente estranho, considerando que Myra tinha desempenhado um papel secundário nos assassinatos, foi o fato de ela e Ian serem julgados simultaneamente. Isso não a favoreceu em nada, pois ela estaria ao lado de Ian enquanto quase todos os atos depravados que ele havia cometido eram discutidos abertamente no tribunal. O caso ganhou as manchetes dos jornais como "O julgamento do século", pois era a primeira vez na história jurídica da Grã-Bretanha que se via uma mulher envolvida em crimes sexuais com vítimas infantis. A revolta pública contra a natureza desses crimes foi tão grande que se fez necessário construir uma tela de vidro à prova de bala em torno da área onde ficava o banco dos réus.

Quando o julgamento começou, Ian e Myra negaram todo e qualquer envolvimento na morte de Edward Evans, Lesley Ann Downey e John Kilbride, mas as provas (principalmente a fita gravada de Lesley Ann Downey, cujos dezessete minutos de duração foram ouvidos no tribunal) eram suficientemente persuasivas para refutar suas numerosas mentiras.

No dia 6 de maio de 1966, depois que o júri se retirou para deliberar por duas horas e catorze minutos, Ian Brady foi considerado culpado do que o sr. Justice Fenton descreveu como "três assassinatos premeditados, executados a sangue-frio", e, em conseqüência, recebeu três penas de prisão perpétua. Myra foi condenada pelo assassinato de Edward Evans e Lesley Ann Downey, mas como foi considerada "apenas codjuvante" no assassinato de John Kilbride recebeu duas penas de prisão perpétua.

O *Guardian* descreveu a reação deles: "Brady, que parecia indiferente, desceu os degraus do banco dos réus flanqueado por dois guardas da prisão. Hindley saiu calma"[4].

Eles escaparam da pena de morte por muito pouco, pois a Lei sobre Assassinatos de 1965, que abolia a pena de morte, tinha sido aprovada apenas quatro semanas antes de o casal ser preso.

---

4 In: "Life sentences for Brady and Hindley", de Geoffrey Whitely, publicado no *Guardian*, de 7 de maio de 1966.

Na prisão, Myra Hindley continuou apaixonada por Ian, comunicando-se com ele por cartas quase todas as semanas. A distância entre eles só começou a se manifestar quando souberam das perspectivas muito diferentes a respeito das penas de prisão perpétua. Ian, depois de ser encarcerado, reconheceu quase imediatamente que nunca seria solto, e, em 1978, fez uma declaração pública muito estranha, dizendo que não pretendia pedir liberdade condicional: "Reconheço que o peso dos crimes pelos quais Myra e eu fomos condenados justifica a prisão perpétua, independentemente da manifestação do remorso pessoal e de mudança comprovada"[5].

Myra, pelo contrário, lutou contra seu destino com unhas e dentes, e em 1970 tinha interrompido por completo a comunicação com seu cúmplice, voltando-se para um grande número de fontes que pudessem apoiar sua causa, entre as quais advogados, jornais e alguns amigos influentes que havia feito ao longo do caminho. O mais importante desse último grupo foi lorde Longford, ex-ministro do Trabalho que começou a visitar Myra na cadeia em 1969. Ela também fez amizade com David Astor, ex-editor do *Observer*, que financiou parte da campanha jurídica de Myra, lutando pela libertação dela. E ela lutou, quase até o fim.

O primeiro pedido de liberdade condicional feito por Myra foi julgado em 1985, vinte anos depois da prisão, por Leon Brittan, então ministro da Justiça. Foi rejeitado, tendo Brittan acrescentado que o caso de Myra não deveria ser julgado outra vez nos cinco anos seguintes (embora, em sua opinião, ela devesse cumprir pelo menos mais quinze anos). Em 1986, Myra recebeu mais um golpe quando o Tribunal Europeu de Direitos Humanos classificou o caso dela como "inadmissível". Talvez tenha sido isso que levou Myra a admitir em 1987 que, como a polícia havia suspeitado o tempo todo, ela não esteve envolvida apenas nos três crimes pelos quais tinha sido condenada, mas também no assassinato de Pauline Reade e de Keith Bennett. Com a ajuda de Myra, a polícia fez uma nova busca na charneca e, no dia 1º de julho de 1987, o corpo de Pauline Reade finalmente foi localizado.

---

5 Disponível em: www.crimelibrary.com

Mas, apesar de outras tentativas, a libertação ainda não ocorreria. Sucessivos ministros da Justiça passaram o caso dela um para o outro como se fosse um cálice envenenado. Para Myra e seus defensores, parece (com certa razão) que os crimes tinham, com o passar do tempo, ficado piores. Afinal de contas, depois de demonstrar remorso e de passar mais de trinta anos na cadeia (o juiz do caso dela tinha sugerido uma pena de vinte e cinco anos), ela agora satisfazia todos os quesitos para a liberdade condicional, mas não contava com um fator crucial: a opinião pública.

O fato era que ninguém poderia perdoar Myra Hindley por ser a mais monstuosa das criaturas: uma mulher enredada no assassinato de crianças. Que Ian tenha cometido os crimes era uma verdade intragável, mas uma mulher tê-lo ajudado e ser cúmplice dele fez dela o alvo da maior parte — ou de toda — da abominação e repugnância do público.

Ironicamente, além disso, quanto mais os defensores dela insistiam em dizer que a reabilitação de Myra era genuína, que era na ocasião outra pessoa e uma católica devotada, mais o público achava que ela era cínica, um monstro manipulador que diria e faria qualquer coisa para conquistar a liberdade. Manter Myra Hindley na cadeia tornou-se, como disse o jornalista Peter Standford em 2002, "um artigo de fé". Na época da morte dela, o caso, junto com todo o dilema de saber se os políticos deveriam ou não ter o direito de invalidar as decisões de um juiz, estava mais uma vez a caminho do Tribunal Europeu de Direitos Humanos.

Myra não desfrutou de boa saúde nos anos seguintes; sofria de angina, osteoporose, aneurisma cerebral e várias suspeitas de derrame. Muita gente acha que ela tinha pedido aos médicos que, se entrasse em coma, não a ressuscitassem. Aos sessenta anos, deve ter compreendido que a morte ia ser a única porta para a liberdade.

Talvez a última palavra a ser apresentada neste caso devesse ser a da mãe de Keith Bennett, a sra. Winnie Johnson: "Eu tinha esperanças de que [Myra] dissesse alguma coisa antes de morrer, mas parece que não disse, de modo que tenho de continuar convivendo com isso. Ela é tão ruim quanto [Ian]. Na verdade, é pior que ele, ela é a mais pervertida dos dois. Brady nunca quis sair da prisão, mas ela tentou desde o primeiro dia. Vai direto para o inferno, é para lá que merece ir. Não me pergunte se tenho alguma simpatia por ela, pois não tenho"[6].

Esperamos que, com a morte de Myra Hindley, a sra. Johnson e os pais das outras vítimas consigam finalmente ter paz. Deus sabe que eles merecem.

---

6 Trecho de *Scotsman*, 16 de novembro de 2002.

KARLA HOMOLKA
Os pombinhos

Nunca deixe ninguém saber que nossa
relação não é absolutamente perfeita.
Não retruque quando Paul falar.
Sempre sorria quando estiver com Paul.
Seja uma namorada perfeita para Paul.
Se Paul pedir uma bebida, traga-a logo e de boa vontade.
Lembre-se de que você é burra.
Lembre-se de que você é feia.
Lembre-se de que você é gorda.
Não sei por que lhe digo essas coisas, pois você nunca vai mudar.

TRECHO DE UM BILHETE ENCONTRADO NUM
DOS LIVROS DE GINÁSTICA DE KARLA HOMOLKA

Dependendo da versão na qual você acredita, Karla Homolka é culpada de desempenhar o papel principal em três dos crimes mais bárbaros do Canadá, ou então é apenas uma esposa que sofria maus-tratos e tudo quanto fazia era por ordem do marido abusivo que controlava até os pensamentos dela.

No dia 14 de junho de 1991, Leslie Mahaffy saiu da casa dos pais em Burlington, Ontário, para ir ao velório de um colega de escola, Chris Evans, que tinha morrido junto com três adolescentes num acidente de carro. Com quinze anos, Leslie Mahaffy era uma adolescente cheia de vida; sabia que tinha de estar em casa às 10 horas da noite, mas, no passado, nunca se tinha dado ao trabalho de cumprir o toque de recolher. Essa noite também não era exceção, pois ela só voltara para casa às 2 horas da manhã, quando viu que a mãe, Debbie Mahaffy, tinha trancado a porta da frente a fim de dar uma lição à filha. Sem se abalar, Leslie foi telefonar para uma colega a fim de pedir que a deixasse passar a noite na casa dela, mas foi a mãe da colega que atendeu e disse a Leslie que fosse para casa e enfrentasse as conseqüências dos atos dela. Infelizmente, foi exatamente o que a adolescente resolveu fazer. Em lugar de bater na porta e entrar em casa Leslie Mahaffy desapareceu misteriosamente.

Pouco menos de um ano depois, no dia 16 de abril de 1992, outra adolescente de quinze anos sumiu. Seu nome era Kristen Dawn French e ela ia para casa a pé, depois de sair da Holy Cross High School, a ao passar pelo estacionamento vizinho a duas igrejas viu um carro Nissan dirigido por uma mulher jovem e atraente. A mulher pediu informação a Kristen French acerca do caminho para chegar ao Pen Centre, mas segundos depois a adolescente confiante foi ameaçada pela faca de um homem que se havia aproximado furtivamente por trás dela, empurrando-a para o banco de trás do carro. Kristen French nunca mais foi vista com vida.

Na verdade, ambas as jovens tinham sido seqüestradas e levadas para a casa de Paul Bernardo e Karla Homolka.

Visto de fora, o número 57 da Bayview Drive era uma casa rosa belíssima de Cape Cod, construída nas praias do lago Ontário, em Port Dalhousie, mas a beleza desaparecia quando abria a porta. O lugar era um reflexo exato do casamento de Bernardo: por fora, a imagem de uma relação amorosa perfeita; por dentro, um pesadelo sombrio e terrível.

Karla Homolka conheceu Paul Bernardo em 1987, quando tinha dezessete anos. Viajava a trabalho para Toronto e, ao que parece, foi amor à primeira vista. Quando voltou para a casa dos pais, em St. Catharines, não conseguia falar de praticamente mais nada. Descreveu Paul para as amigas como incrivelmente bonito, para não mencionar o fato de estudar para se tornar contador. Logo Paul, que morava em Scarborough, ia passar todos os fins de semana com a namorada na casa dos pais dela. Conquistou a família toda (que incluía as duas irmãs de Karla, Lori e Tammy, além dos pais da moça) com tanta rapidez que a sra. Homolka começou a se referir a Paul como o seu "filho de fim de semana". Ninguém podia falar nada contra ele: a aparência, a carreira que tinha se proposto seguir, os modos, tudo parecia impecável. Quando, em

1990, Karla anunciou que Paul a tinha pedido em casamento, todos ficaram felicíssimos.

O casamento estava marcado para junho de 1991, mas antes de ele se concretizar uma tragédia se abateu sobre o lar dos Homolka. Na véspera do Natal de 1990, a filha caçula Tammy (que tinha dezesseis anos) morreu subitamente do que o médico-legista descreveria depois como causas "acidentais". Foi um golpe terrível para as pessoas próximas, mas o pai e a mãe de Tammy não sabiam que a realidade do "acidente" era mais terrível do que jamais poderiam imaginar. Na verdade, o adorado genro, junto com a filha mais velha, tinham instigado toda aquela triste história.

Se você der crédito a Karla Homolka (e há muita gente que não dá), desde os primeiros tempos do envolvimento dela com Paul Bernardo ela foi submetida a maus-tratos, em forma de humilhação a respeito da aparência, do trabalho, da família e dos amigos. A primeira vez que ele a espancou, disse Karla, foi em 1988. Em seguida, Paul começou a chorar e a lhe dizer que sentia muitíssimo, o que, por sua vez, levou Karla a sentir que ela é que era a culpada da situação. Mas a verdadeira violência só começou no outono de 1990 quando ele bateu nela, esmurrando-a e chutando-a em vários ataques ferozes. No depoimento prestado em 1995, Karla disse: "Ele costumava dizer que o motivo de eu ter a aparência que tinha era ele. Dizia que eu não era nada sem ele e me xingava, xingava de puta, de vaca, de boceta, coisas desse tipo. Fazia-me sentir totalmente dependente dele"[1]. Claro, para alguém de fora, a pergunta óbvia é por que Karla não o abandonou imediatamente depois da primeira violência. Por que continuou naquela relação abusiva? Toda a história de Karla é permeada de perguntas igualmente incômodas; há muitos momentos nos quais ela poderia ter dado um basta naquilo tudo, dito "não", chamado a polícia, contado o que estava acontecendo aos pais ou a uma amiga. Mas ela manteve silêncio, escondeu os maus-tratos de todos, e tudo continuava como se não houvesse nada de errado.

1 In: *Deadly innocence*, de Scott Burnside e Alan Cairns, Warner Books, 1995.

No verão de 1990, Paul mencionou pela primeira vez que queria fazer sexo com outras mulheres, principalmente com adolescentes. Segundo a maneira de pensar dele, era ótimo para um homem ter mais relações sexuais fora do casamento, mas não era bom uma mulher fazer isso. Ironicamente, foi mais ou menos nessa época que a polícia lhe pediu uma amostra de DNA por causa de investigação sobre uma série de estupros violentos que tinham ocorrido em sua cidade natal, de Scarborough. Os estupros tinham começado em 1987, com um ataque a uma mulher jovem que, além do abuso sexual (que envolveu sexo anal), também levou socos no rosto e quase foi estrangulada com um fio elétrico. Outra vítima, dessa vez uma jovem de quinze anos, também sofreu estupro anal e foi obrigada a fazer sexo oral no agressor. Os estupros continuaram regularmente até meados de 1990, quando surgiu um retrato montado com partes de fotografias de vários rostos, usado para ajudar a polícia a encontrar um criminoso, acompanhado pela manchete: "Você já viu este homem?" O artigo, escrito por Rob Lamberti para o *Toronto Sun*, dizia o seguinte: "O estuprador de Scarborough agora tem um rosto. E parece o vizinho do lado. Pela primeira vez desde que a onda de medo criada pelo estuprador começou em Scarborough, em maio de 1987, uma vítima conseguiu ajudar a polícia a criar um retrato do homem".

As pessoas que conheciam Paul acharam o retrato falado surpreendente, pois parecia exatamente o rosto dele. Era tão parecido que um de seus melhores amigos telefonou para a polícia dando o nome de Paul como um possível suspeito. É claro que Paul era um entre milhares de homens que estavam sendo examinados, mas, embora o amigo tenha dado o endereço dele à polícia, e ela tivesse uma amostra do DNA, na época não foi feito mais nada contra ele.

No fim de 1990 Paul tornou-se mais atrevido, dizendo que queria fazer sexo com Tammy, a irmã caçula de Karla. "Eu não queria que ele fizesse nada daquilo", disse Karla mais tarde no tribunal. "Eu era totalmente contra." Apesar disso, Paul convenceu a noiva de que era isso o que ele queria fazer e ela tinha de ajudá-lo conseguindo drogas no local de trabalho dela (Karla trabalhava na clínica veterinária Martindale Animal Clinic) para colocar na bebida de Tammy. Desesperada para manter o namorado satisfeito e acreditando que ele só ficaria alguns minutos com a irmã, Karla concordou.

Na véspera de Natal, depois que os pais foram dormir, Tammy, Paul e Karla ficaram vendo televisão. À medida que a noite avançava, Tammy tomava as bebidas misturadas com Halcion (um comprimido para dormir). Por fim, ela caiu no sono. Karla embebeu um pano com Halothane (um anestésico) e o colocou no rosto da irmã. Tammy foi despida, Paul ligou uma câmera de vídeo, e iniciou uma relação vaginal com a vítima adolescente. Depois ele exigiu que Karla também tirasse a roupa e acariciasse os seios de Tammy, além de fazer sexo oral e com os dedos na irmã. Uma amostra do vídeo gravado diz o seguinte:

Paul: Você vai me chupar?
Karla: Sim.
Paul: Chupa os peitos dela. Agora. Chupa!
Karla: Anda depressa, por favor.
Paul: [Fala algo inaudível seguido de] Você não está chupando.
Karla: Estou, sim.
[Pouco depois]
Paul: Chupa. Lambe a xota dela. Lambe direito. Lambe para valer. Lambe mais.
Karla: Estou lambendo.
Paul: Enfia os dedos lá dentro.
Karla: Não, não consigo"[2].

Todos esses atos estarrecedores foram filmados pela câmera. Embora fizesse o que o noivo mandava, pode-se perceber que Karla não está empolgada, nem com boa vontade. Não sorri para a câmera, mesmo quando Paul exige especificamente que ela faça isso; segundo Karla, ela apanhou muito depois por ignorar essa ordem. Quando aparece sorrindo em outras fitas de vídeo durante o estupro de Leslie Mahaffy e Kristen French, Karla Homolka

---

2 Idem.

Karla e Paul brincando de cavalinho numa piscina, uma fotografia que não dá a menor pista da violência, depravação e sadismo sexual que impregnava a relação dos dois. Karla deve sair da prisão em julho de 2005, mas dizem que tem medo de ser libertada — uma "pesquisa de opinião sobre pena de morte" incentiva os visitantes do website *a fazer apostas sobre a data em que ela será morta depois que sair da cadeia.*

afirmou em seu depoimento que só estava fazendo de conta que estava satisfeita para não "estragar" outro filme de Paul, o que lhe daria um pretexto para espancá-la.

Após o estupro de Tammy, Paul e Karla iniciaram a limpeza do local, mas Tammy começou a vomitar muito. Karla tentou desobstruir as vias aéreas da irmã virando-a de cabeça para baixo, e Paul tentou uma respiração boca-a-boca, em vão. Por fim, Karla ligou para o 911 e, enquanto o casal esperava a chegada da ambulância, vestiram Tammy apressadamente e esconderam a filmadora e a fita.

Tammy Homolka foi declarada morta no St. Catharines General Hospital no fim daquela noite, e tanto Karla quanto Paul pareciam arrasados. Foram levados para a delegacia, onde ambos declararam que Tammy, no decorrer da noite, tinha bebido muito álcool e caído no sono; depois acordou e começou a vomitar; foi aí que sufocou. O polical que os interrogou perguntou-lhes por que Tammy tinha estranhas marcas vermelhas em torno da boca e das narinas. As marcas eram tão feias que o policial as comparou com o tipo de mancha vista no rosto de pessoas que saem de edifícios em chamas. No início Karla disse que não tinha a menor idéia do porquê do rosto de Tammy se encontrar naquele estado, mas pouco depois sugeriu que talvez as marcas fossem "arranhões do carpete", feitos quando ela e Paul tinham movimentado a irmã na tentativa de ressuscitá-la. É claro que as marcas eram, como Karla sabia muito bem, resultado do pano embebido em Halothane que ela tinha colocado na boca da irmã. Mas Karla não queria contar nada do que sucedera à polícia, declarando posteriormente que fizera isso porque não queria que os pais a odiassem. Depois disse que toda vez que se recusava a cumprir as ordens de Paul ele ameaçava mostrar a fita de vídeo aos pais dela. "Eu achava que tinha de fazer qualquer coisa que Paul mandasse porque ele tinha essa coisa horrível para me chantagear. Eu achava que não tinha escolha." Mais tarde, foi exatamente isso que a defesa de Karla usou quando foi encontrada uma fita que a mostrava vestida com as roupas prediletas de Tammy, simulando ser a irmã caçula enquanto fazia sexo com Paul. Na fita ouve-se Karla dizer que Paul costumava se masturbar perto de Tammy enquanto ela dormia. Karla também usa um tom de voz agudo, tentando imitar a voz da irmã, e diz: "Sou sua pervertidinha... Te amo tanto... Você me dá tanto tesão quando entra em mim. Diga que me ama...", e Paul dizia que amava muito Tammy.

Mas parece que aquilo ainda não era suficientemente escabroso, pois o pior ainda estava por vir: duas semanas antes do casamento, Paul seqüestrou Leslie Mahaffy.

Segundo o depoimento de Karla no tribunal, ela acordou na noite de 14 de junho de 1991 quando ouviu Paul dizer que havia uma moça na casa que ele tinha seqüestrado e queria estuprar. A seguir Paul desapareceu e passou o resto da noite e a maior parte do dia seguinte trancado no quarto de hóspedes com a vítima. Mais tarde, quando Karla estava no andar térreo, ele levou a moça para o quarto de casal e mandou Karla ir lá dar uma olhada. Karla encontrou Leslie Mahaffy sentada no chão com uma venda nos olhos. O que aconteceu depois foi uma combinação de crueldade mental e abuso sexual. Paul e Karla gravaram tudo numa fita, até mesmo Karla abusando sexualmente da adolescente e Paul tendo relação vaginal e anal com ela, que estava com os tornozelos e pulsos amarrados. Finalmente, depois de resolver se Leslie Mahaffy deveria ou não ser morta, Karla encontrou alguns comprimidos de Halcion e obrigou Leslie a engoli-los. Com a câmera agora desligada, Leslie era estrangulada. Karla insistiu em dizer que foi Paul quem cometeu esse crime hediondo; Paul afirmou que foi Karla. O corpo de Leslie Mahaffy foi jogado no porão onde, no dia seguinte, foi esquartejado (Karla acusou Paul mais uma vez, e Paul incriminou Karla), as partes do corpo misturadas com massa de cimento e lançadas no lago Gibson.

Menos de duas semanas depois, Karla Homolka casou-se com Paul Bernardo numa cerimônia que os amigos descreveram como um conto de fadas. Depois que o casal assinou o livro de registro, cantaram o hino *Ó amor perfeito,* e durante a festa fizeram um brinde a Tammy. Durante o julgamento, Karla insistiu em dizer que ela não queria se casar com Paul, mas não tinha escolha, pois ele tinha a fita de Tammy, além de provas em vídeo da participação dela na morte de Leslie Mahaffy. Karla disse também que, após Leslie ter morrido, os maus-tratos físicos e mentais de Paul atingiram níveis inimagináveis. Duas amigas que vestiram Karla para o casamento dizem lembrar-se de marcas roxas espalhadas por toda a caixa torácica da noiva. Apesar disso, o casamento foi realizado. Como se a situação não fosse suficientemente bizarra, em algum momento daquele dia um programa de rádio anunciou que um casal de meia-idade e alguns pescadores tinham encontrado partes de um corpo humano misturadas com blocos de cimento no lago Gibson. A caçada tinha começado, e não se tratava apenas do estuprador de Scarborough, mas também de um assassino de adolescentes. A polícia não tinha, ainda, a menor idéia de que se tratava do mesmo homem.

Karla e Paul Bernardo passaram a lua-de-mel no Havaí, durante a qual os maus-tratos a Karla continuaram. Segundo declarações dela, Paul não a espancava só com os punhos e os pés, mas com todo um arsenal de outros objetos, entre os quais um cinto. Depois que voltaram para casa, a violência continuou. Era parte da vida cotidiana, disse Karla, e quando Paul resolveu que uma amiga dela chamada Jane (que ainda era virgem) seria a próxima vítima Karla colaborou submissamente com o plano.

Jane foi convidada a ir à Bayview Drive, onde Karla misturou Halcion à bebida dela. Logo depois que Jane ficou inconsciente, Paul tirou-lhe a roupa e fez sexo vaginal e anal com ela. Uma fita de vídeo mostra Karla fazendo sexo oral com Jane, embora no julgamento Karla tenha afirmado não se lembrar de nada.

Jane sobreviveu miraculosamente ao ataque e acordou algum tempo depois sentindo-se entorpecida e com o corpo dolorido, mas sem se lembrar de absolutamente nada a respeito da provação. Kristen French não teria a mesma sorte.

Numa quinta-feira, 16 de abril de 1992, Paul e Karla seqüestraram Kristen French num estacionamento de St. Catharines e levaram-na para o número 57 da Bayview Drive, onde ela foi trancada no quarto de hóspedes. Quando o promotor perguntou no julgamento de Paul Bernardo se ela, Karla, sabia o que ia suceder a Kristen, ela disse que sim com um aceno de cabeça.

— Eu sabia que ela ia ser morta — disse Karla — porque ela ia ver o rosto de nós dois no carro, e também por causa do que tinha acontecido a Leslie Mahaffy; ela teve de ser morta porque Paul achou que ela podia identificá-lo.[3]

Imediatamente depois de levarem Kristen para casa, Paul subiu ao primeiro andar e ficou sozinho com a vítima. Várias horas se passaram, depois do que Paul chamou Karla para o quarto de casal, onde Kristen estava ajoelhada, no chão. O que aconteceu depois foi, em muitos aspectos, uma repetição da tortura que Leslie Mahaffy sofreu, mas com algumas variações grotescas. Por exemplo: no segundo dia do seqüestro, Paul saiu de casa para comprar pizza e vídeos, deixando Karla sozinha para vigiar Kristen. Aqui também foi levantada uma questão no tribunal: por que Karla não tentou fugir e libertar Kristen? Ela teve muitas oportunidades e poderia ter salvo a vida da adolescente, mas a desculpa de Karla foi muito parecida com todas as outras que deu. Primeiro, disse estar assustada porque, apesar de não querer se meter na trama, ela estava envolvida, sem a menor sombra de dúvida. Em segundo lugar, disse que tinha muito medo de que, quando estivessem tentando fugir, Paul voltasse, perdesse a cabeça e matasse as duas.

Perdida a oportunidade de fuga, a tortura de Kristen continuou. Vários outros vídeos foram feitos e em mais de uma ocasião Paul diz que vai matar Kristen porque ela não está realizando as funções dela devidamente. A natureza sádica de Paul aparece totalmente: espanca Kristen, usa diferentes objetos domésticos para penetrar o corpo dela e ameaça urinar sobre ela e cometer outros atos vis. A certa altura, Kristen é obrigada a ficar de quatro, com as costas arqueadas, enquanto Paul a penetra por trás, ameaçando esmurrá-la nas costas o tempo todo se ela não se mantiver arqueada. Também exige que Kristen faça sexo oral em Karla e Karla faça o mesmo com ela.

O mais horrível de tudo é que a provação de Kristen durou quatro dias. No domingo de Páscoa ela foi estrangulada, e Paul e Karla puseram o corpo no porão; depois foram para a casa dos pais

---

3 Idem.

de Karla para o jantar de Páscoa. Ao voltar, Paul e Karla colocaram o corpo de Kristen na banheira de hidromassagem, onde Karla foi encarregada de esfregá-lo da cabeça aos pés para remover todo tipo de prova que pudesse ser descoberta por um médico-legista e aplicar-lhe duchas para limpar todo vestígio de líquido seminal. Depois o casal livrou-se do corpo num matagal, perto de Burlington.

Algumas semanas depois, no dia 12 de maio de 1992, dois policiais bateram à porta do número 57 da Bayview Drive para perguntar a Paul Bernardo onde ele estava no dia em que Kristen French desapareceu. Nesse momento, Karla estava no trabalho, mas afirmou que, ao voltar para casa, Paul estava muito alegre. "Ele disse que passou pelo interrogatório com a maior calma do mundo e tinha se saído muito bem; estava muito orgulhoso de si." Paul achou que tinha se saído tão bem no interrogatório que apenas alguns dias depois sugeriu que seqüestrassem e estuprassem outra adolescente. Quando Karla se opôs, Paul espancou-a tão violentamente que ela acabou telefonando para o pai, que foi buscá-la e levou-a embora. Mas a independência de Karla duraria só vinte e quatro horas; na noite seguinte, ela e Paul fizeram as pazes.

Foi só em 5 de janeiro de 1993 que Karla finalmente abandonou o marido para sempre. Segundo Karla, entre a primeira tentativa de deixá-lo e a segunda ela sofreu vários espancamentos e humilhações, que incluíram uma sessão de sexo com uma prostituta em Atlantic City, ser perseguida pela casa com um cassetete elétrico[4] e ser obrigada a dormir no porão, onde tinham deixado o corpo de Kristen. Depois que foi embora pela segunda vez, Karla foi imediatamente examinada num hospital, onde ficou durante três dias para tratamento das contusões graves e dores fortes, ao que se somou uma bateria de exames para verificar se não havia nenhum osso quebrado. Depois que recebeu alta, os pais dela chegaram à conclusão de que o melhor lugar para ela ir — de modo que Paul não pudesse encontrá-la — era a casa dos tios Calvin e Patty Segger. Mas em nenhum momento Karla revelou aos pais o

---

4 No original, *stun gun*, uma arma que produz uma corrente elétrica muito forte e pode ser usada para deixar animais ou pessoas inconscientes. (N. T.)

que ela e Paul tinham feito com Leslie Mahaffy ou Kristen French. Foi a polícia que finalmente a obrigou a abrir o jogo.

Desde que Paul Bernardo tinha chamado a atenção da polícia para o estupro em Scarborough, as autoridades tinham mantido o nome dele num arquivo. O estranho foi que, tendo em vista a gravidade dos crimes, as amostras de DNA retiradas de Paul e de inúmeros outros homens em 1990 nunca foram realmente examinadas. Isso não se deveu, como algumas pessoas insinuaram, à incompetência, mas apenas ao fato de o sistema de medicina legal estar completamente sobrecarregado de trabalho, ao mesmo tempo, que não dispunha de um número suficiente de funcionários: uma combinação letal à luz dos "assassinatos de colegiais". Foi só em janeiro de 1993 que os resultados saíram dos laboratórios com o nome de Paul Kenneth Bernardo no topo da lista. Paul passou a ser vigiado imediatamente — a essa altura, a polícia também foi visitar Karla, que estava separada dele.

No dia 9 de fevereiro de 1993 três policiais da unidade de crime sexual do Metro Toronto interrogaram Karla na casa dos tios. Fizeram-lhe uma série de perguntas, até mesmo se Paul gostava de sexo anal, e, pouco antes do final da entrevista, informaram-na de que o marido estava prestes a ser preso por uma série de crimes sexuais. Depois que a polícia foi embora, Patty Segger fez perguntas à sobrinha sobre a natureza dos crimes sexuais que Paul havia cometido. A certa altura, perguntou a Karla se Paul já tinha matado alguém. Ela respondeu que sim. A tia perguntou então se uma das vítimas tinha sido Leslie Mahaffy. Karla respondeu novamente que sim.

No dia seguinte, Karla entrou em contado com um advogado, George Walker, e marcou uma entrevista com ele, durante a qual confessou a parte dela no que tinha passado a ser conhecido como "assassinatos de colegiais". Enquanto isso a polícia vigiava Paul Bernardo, e resolveu telefonar para o advogado de Karla e dizer-lhe que estava prestes a prender o marido dela, não só por acusações de estupro, mas também por causa do assassinato de Mahaffy e French. Só então é que George Walker disse que Karla talvez estivesse disposta a fazer uma barganha com a polícia no tocante à defesa dela e apresentar provas contra o marido em troca de uma pena menor. Assim, Paul Bernardo foi preso no dia 17 de fevereiro de 1993 por suspeita de ser tanto o estuprador de Scarborough quanto o assassino de colegiais. Uma semana depois, foi feita uma negociação entre Karla e a promotoria da Coroa por meio de dois advogados dela: ela receberia uma pena de doze anos de prisão pelos dois assassinatos, mas em troca o julgamento seria muito breve e, com bom comportamento, ela teria condições de pedir liberdade condicional depois de cumprir três anos.

No dia 6 de julho de 1993, Karla foi considerada culpada pelo assassinato tanto de Leslie Mahaffy quanto de Kristen French. Contudo os jornalistas levaram um choque, pois o advogado de Karla afirmou na ocasião que o tribunal também examinaria provas "relativas à responsabilidade criminal de Karla na morte da irmã caçula, Tammy Homolka". Entre o momento em que foi acusada e o início do julgamento, Karla havia escrito uma carta aos pais:

Querida mamãe, papai e Lori,
Esta é a carta mais difícil que já escrevi na vida e é provável que todos vocês passem a me odiar depois de lê-la. Guardei isso dentro de mim por muito tempo e simplesmente não consigo mais mentir para vocês. Tanto Paul quanto eu somos responsáveis pela morte de Tammy. Paul estava apaixonado por ela e queria fazer sexo com ela. Queria que eu o ajudasse. Queria que eu pegasse soníferos em meu trabalho para drogá-la. Ameaçou-me e me maltratou física e emocionalmente quando me recusei. Nada do que eu disser vai fazer que vocês compreendam o que ele me fez passar. Por isso, concordei estupidamente em fazer o que ele mandou. Mas algo — talvez a combinação das drogas com a comida que ela ingeriu naquela noite — fez que ela vomitasse. Fiz o máximo que pude para salvá-la. Sinto muito. Mas nenhuma palavra que eu disser pode trazê-la de volta... Eu trocaria alegremente a minha vida pela dela. Não espero que vocês me perdoem, pois eu mesma nunca vou me perdoar.

Karla xoxo.

Em virtude da negociação com a promotoria, o julgamento de Karla foi breve. As declarações sobre o crime de que Leslie Mahaffy e Kristen French foram vítimas foram lidas em voz alta para as respectivas famílias. Em seguida, os advogados de Karla apresentaram uma lista de fatores atenuantes em defesa da cliente, entre os quais a relativa juventude, a ficha imaculada na polícia até a época dos assassinatos, os maus-tratos sofridos nas mãos do marido e relatórios psiquiátricos. Esses últimos afirmaram em particular que "ela sabia o que estava acontecendo, mas se sentia totalmente impotente e incapaz de agir em defesa própria ou de qualquer outra pessoa. Em minha opinião, ela estava paralisada pelo medo e, nesse estado, tornou-se obediente e prestativa".

O juiz Francis Kovac resumiu o julgamento dizendo que, embora o envolvimento de Karla em todos os três assassinatos fosse "monstruoso e depravado," ela não tinha sido o principal perpetrador, papel esse reservado ao marido. Sem a total cooperação de Karla com a polícia, talvez Paul Bernardo nunca tivesse ido a julgamento. Para horror do público, Kovac então condenou Karla aos termos já acordados que haviam sido negociados entre a defesa e a promotoria. Agora o terreno estava preparado para um dos julgamentos de assassinato mais escandalosos já realizados num tribunal de justiça do Canadá: o de Paul Kenneth Bernardo 5.

A principal testemunha de acusação era Karla, evidentemente. Fiel à palavra dada, ela subiu ao banco das testemunhas e começou a descrever como, pouco menos de uma década atrás, ela havia conhecido o futuro marido e se tornado enfeitiçada por ele. Depois descreveu minuciosamente os maus-tratos sofridos nas mãos dele; em seguida, apresentou ao júri todos os passos dados no estupro e assassinato de Tammy, Leslie e Kristen. Mas foi só quando a equipe de defesa de Paul Bernardo teve oportunidade de interrogar Karla é que começou realmente o tiroteio.

Em 4 de julho de 1995, o Dia da Independência dos Estados Unidos, John Rosen começou a interrogar Karla colocando duas

---

5 Na verdade houve uma diferença de dois anos entre o julgamento de Karla e o de Paul; o dele começou em 18 de maio de 1995.

fotos da irmã Tammy à frente dela. A primeira delas mostrava Tammy viva; a segunda, um retrato do cadáver. "Eu poderia pensar", disse ele com veemência, "que de 24 de novembro de 1990 a janeiro de 1993 essas fotografias, esse pesadelo, atormentaram sua consciência em todos os momentos de sua existência". Karla respondeu que sim; e então Rosen escarneceu dela, mostrando-lhe duas fotografias de Leslie Mahuffy. Depois repetiu o mesmo procedimento, dizendo a Karla que a consciência dela certamente tinha ficado tão perturbada com o segundo assassinato que a levaria a tomar uma providência. Então Rosen mostrou-lhe duas fotografias de Kristen French e repetiu novamente o mesmo processo; depois disso Rosen pressionou Karla a revelar por que, depois de finalmente ter escapado de Paul, ela não foi direto à polícia.

A resposta de Karla foi que estava, como sempre estivera, aterrorizada com a existência de Paul Bernardo e da ameaça do que ele poderia fazer. Rosen não estava obtendo nenhum resultado com essa estratégia, e respondeu que Karla só confessou a cumplicidade dela nos crimes à polícia depois de "ter garantias de uma troca com a qual poderia continuar vivendo... desde janeiro de 1993, você manteve silêncio, manteve silêncio até ser procurada pela polícia". Surpreendentemente Karla discordou, mas as acusações de Rosen eram exatamente o que o público pensava desde a negociação de Karla com a Coroa. Toda vez que ela repetia não ter tido escolha além de fazer tudo quanto Paul Bernardo mandava, Rosen só zombava dela. Salientou o fato de que, durante toda a relação com Paul, Karla lhe havia mandado quinhentos cartões-postais, cartas e bilhetes, todos expressando amor eterno por ele. Evidentemente, alguns eram mais explícitos que outros, como aquele enviado no dia em que Paul fazia vinte e cinco anos, oferecendo-lhe a opção de "uma rapidinha, uma simples, a preferida, filmes, com fotografias". Outras eram simples cartas de amor: "Te amo, te amo, te amo, te amo com toda a minha alma. Você é o máximo, o maior, seu malvado". Mas a implicação era clara: se Paul a maltratava tanto, por que ela ainda escrevia essas coisas para ele, e por que, quando houve tantas oportunidades, principalmente quando Paul começou a lhe dizer que queria dormir com a irmãzinha,

Karla nunca falou nada com ninguém? A resposta de Karla foi "por Deus" que ela queria fazer isso, mas Rosen ainda não estava satisfeito e continuou a jogar pesado com ela por dias a fio. Naturalmente, a intenção dele era mostrar que Karla era a pessoa sexualmente dominante, e não Paul; que era Karla quem gostava de sexo pervertido e, finalmente, que Karla é quem tinha matado Leslie Mahaffy e Kristen French.

De certo modo, Rosen conseguiu o que queria, pois, por mais que Karla tenha sofrido maus-tratos, a maioria das pessoas não conseguia entender por que ela consentia nos abusos terríveis de Paul e no assassinato de três adolescentes, uma das quais, a irmã. Como disse Rosen: "Você está vivendo com alguém que detesta e fala em seqüestrar uma menina na rua, e, apesar disso, você não corre para a delegacia de polícia e diz: 'Estou vivendo com um maníaco e vocês têm de detê-lo antes que mais alguém se machuque'"[6]. Mas Rosen não teve tanto êxito assim quando chegou a hora de provar que fora Karla quem realmente tinha matado Leslie e Kristen. O fato é que Karla se manteve firme durante o resto do depoimento e não deu a Rosen espaço para manobras. Finalmente saiu do banco das testemunhas e voltou à cela da prisão feminina, deixando Paul Bernardo enfrentar a situação sozinho.

Embora tivesse sido aconselhado pela defesa a não dar depoimento, Paul Bernardo ignorou a preocupação dos advogados e, no dia 15 de agosto de 1995, foi para o banco das testemunhas. Segundo Paul, foi Karla quem teve a idéia de drogar Tammy e ensinar a ela "o que era sexo", foi Karla quem insistiu em se casar e foi Karla quem decidiu que Leslie Mahaffy tinha de morrer. Paul, por outro lado, declarou que tinha querido libertar Leslie, principalmente porque ela tinha ficado vendada durante toda a provação e por isso não poderia identificar os agressores. Alegou coisas parecidas quando o assassinato de Kristen French foi discutido: que foi Karla quem estrangulou a moça enquanto ele estava fora do quarto. Depois disso, disse ele, o casamento deteriorou-se rapidamente. Ele ainda estava perturbado com o que havia sucedido a Tammy e

---

6 In: *Scott Burnside & Alan Cairns*, op. cit.

admitiu que tinha batido em Karla em várias ocasiões. O depoimento não foi longo, durou apenas três horas. Mas será que deixou clara a questão crucial a que o júri tinha de responder, isto é, qual dos dois era culpado de matar as colegiais? Conclusão: sem a oportunidade de condenar Karla, o júri voltou com um veredicto de culpado, e Paul Bernardo foi condenado à prisão perpétua sem qualquer chance de ter liberdade condicional antes de cumprir um mínimo de vinte e cinco anos de prisão. A sentença era justificada, mas, fora do tribunal e cercado por repórteres, John Rosen enfatizou que, ao condenar Paul Bernardo, o júri não tinha inocentado Karla, nem aprovado a negociação que ela havia feito com a Coroa.

— Esse veredicto — disse ele — representa a opinião do júri sobre a culpa ou inocência do sr. Bernardo baseado na evidência do que ouviram, e em nada mais. Acho que se os jurados pudessem falar, alguns deles, se não todos, diriam que a opinião pessoal sobre a negociação feita com Karla Homolka é diferente da

Uma manifestação de protesto diante do tribunal de St. Catharines quando Karla estava sendo levada para a prisão federal de Kingston, Ontário, para começar a cumprir a sentença de vinte anos pela participação nos três assassinatos. A opinião pública canadense estava enfurecida com a brandura relativa da pena, especialmente por causa do envolvimento no estupro e assassinato da irmã de dezesseis anos.

opinião da Coroa. Tenho certeza de que esses jurados teriam preferido ouvir o què ambos teriam a dizer no banco dos réus para poder julgar ambos...

Faz nove anos que Karla Homolka está na prisão e, segundo uma norma aprovada no dia 17 de janeiro de 2003 pelo Conselho Nacional de Liberdade Condicional, ela deve ficar lá até cumprir a pena, em julho de 2005. Mas não é só o Conselho de Liberdade Condicional e o público que desejam que Karla continue atrás das grades: em mais uma virada bizarra nessa história, a própria Karla não sabe se quer a liberdade. Isso se deve em grande parte ao fato de a vida dela ter sido indiretamente ameaçada por uma "pesquisa de opinião sobre pena de morte" na internet, segundo a qual o grande público pode apostar no dia mais provável do ano em que ela será morta. Um desses *sites* (há vários) chama-se "Pesquisa sobre a pena de morte de Karla Homolka: quando essa história terminar, todos teremos ganho!" Na época da publicação deste livro, a maioria das apostas indicava datas entre 2005 e 2006.

Este livro foi composto em Apollo MT
para a Editora Planeta do Brasil
em setembro de 2004.